B

世界之中

张笑宇 ——

著

GUANGXI NORMAL UNIVERSITY PRESS

广西师范大学出版社

·桂林·

自序

据说在短视频时代，书是越来越难卖了。以前像我们这样的非虚构作者，都是凭喜好写书的。你喜欢哲学，他喜欢历史，那么就写本关于哲学或历史的书，挣点文字搬砖工的劳动报酬。但现在感谢互联网的压力，我们写一本书，得先想想能不能热卖，尤其是按照很多平台的成功经验，好像还得贩卖一下焦虑，才能卖得好。

所以一位对中国出版行业非常理解的编辑告诉我，你写历史题材，得抓住当代中国人的知识焦虑。这其中最大的一个焦虑，就是关于身份认同的。翻译成白话就是中国人凭什么成了中国人，我作为一个中国人意味着什么。

我说这可是中国啊，真有那么多人关心身份政治吗？他说当然了，你想男人三大爱好，两性、足球、政治。两性不让谈，足球谈了就生气，那就只剩下政治了。现实政治红线太多，那最适合谈的当然就是身份政治。民族、国家、历史，都是身份政治的一部分。

我觉得这个分析当然是很一针见血的，但我们作研究的人最不擅长的就是迎合身份政治，因为我们在学校里学到的内容就是：当你没别的可炫耀的时候，你就只能炫耀你的身份，这就是身份政治为什么有那么多拥趸的原因。

这也就是为什么，我们北大毕业生默认的一句人生箴言，就是毕业十年后别提你是北大的。因为如果这么做，那就意味着你毕业十年后取得的成就都没能超过这个成就。

个人是这个道理，国家好像也是这个道理。这就是为什么塞缪尔·约翰逊博士说："爱国主义是无赖最后的避难所。"因为无赖除了彰显他的身份之外，好像没别的成就可以提。

有段时间知识分子都是拿这句话来批判过激的民族主义和民粹主义的，似乎一个落后又愚昧的民族才会靠身份政治打鸡血获取自豪感。但"活久见"的是，这届美国大选之后，我们发现美国人好像也开始搞"非我族类，其心必异"了。至少他们好像确实不太愿意有人打个飞机过去生孩子就能变成美国人，哪怕这是他们宪法里已经写进去的事实。

这可能就是为什么大家都在感叹文科已死。我们上课时学关于身份政治的内容基本都是反面教材，到了政治家那里反而成指导手册了，我们这些做题家还是学生思维，活该做不了官也赚不到钱。

言归正传，我们要吃饭，所以要卖书。要卖书，好像是得迎合一下身份焦虑。所以据说替中国回答"终极三问"，也就是中国是什么、从哪儿来、到哪儿去的书，都能卖得好。

其实在这片土地上写这类书，就好像在日本写《名侦探柯南》一样，结论是给定的:柯南一定把案子给破了，你要关心的只是他怎么破。同样的道理，你读这类书，要关心的就是中国过去为什么行，将来为什么还能行，这就够了。

但是我们知识分子有个坏毛病，腿脚有问题，又老想站着还把钱挣了。这就像我有一次参加某个企业家交流会，有人慷慨激昂:我们只能相信中国经济好，因为我们别无选择。我当时就在想，你老婆孩子好像拿的是澳洲护照吧，你也不是没选择啊。如果你用没选择来论证你对一个事情有信心，那你讲这个话的客观作用好像只能是打击我对这个事的信心啊。

我作为一个热爱这片土地和这片土地上同胞的三好青年，着实不想挣这种钱。但是市场规律是要遵循的，焦虑是要贩卖的，身份政治是要回应的。所以我思来想去，只能找到一个似乎略显刁钻的角度。

现在摆在你面前的这本书，聊的还是关于中国为什么成为中国的历史。但是我想聊的不是你自己怎么成了你自己，而是在这个过程中，别人怎么帮你成了你自己。用学术术语来说，就是域外的世界力量是怎么塑造中国成为我们今天熟悉的这个中国的。

我本来给这本书起的名字叫"把世界还给中国"，意思是说，塑造我们中国成为中国的有很多来自世界的力量。有北方游牧民族的，有中亚波斯印度的，有南洋大航海探险的，当然也有西方的政治理论。没有这些力量的塑造，就没有我们熟悉的秦汉唐宋元明清。假设我们觉得中国过去行，我们得看到这些力量的作用。假设我们希望中国将来行，我们就还要继续期待这些力量发挥作用。

但是后来编辑说这个名字不妥，这意思好像是说世界过去是中国的所有物，后来被夺走，现在要归还中国对世界的合法所有权，你可不能这样表态，啊。"世界上只有一个中国"的意思不是世界上除了中国没有别的国家了。

我一想也对，只好商量改成现在这个题目，叫作"世界之中"，意思是中国不光是中国人的中国，也是全世界的中国。

这个道理乍看起来好像有点唐突，但仔细想一想，逻辑也很简单。这就像上海不光是上海人的上海，而且是中国的上海；深圳不光是深圳人的深圳，而且是中国的深圳。你能这么叫证明你本身的优秀性超越了地域性。像我的老家山东省日照市岚山区高兴镇厉家湖村，就没资格叫中国的厉家湖，因为来自五湖四海的朋友愿意为厉家湖这片热土添砖加瓦的，肯定比不上愿意为上海和深圳添砖加瓦的。

你能够用你域外的上位概念来指称你，这是一种光荣和责任，这意味着来自域外的力量愿意来你这里发光发热，而你也愿意接纳他们，让你成为他们一种更好的选择。

这就是我们热爱这片土地和这片土地上的人民的理由。不是因为我们没的选择，而是因为它一直在提供着不一样的选择。

是为序。

目录

第一章

中国为什么叫中国

中国文明的起点

既然本书的主题是世界之中，那么第一篇故事，我想从中国之开始为中国聊起。

从纯粹的历史研究角度讲，中国之开始为中国，自然可以从智人迁徙到这片大陆开始算起。但是我们都知道，这个主题当然不是远古人类的迁徙与分布规律，而是一个文明产生自我认同和自我觉醒的那个开始。

在宗教典籍里，这个开始当然可以被表述为神学意义上的"创世记"。在民间传说中，许多说书人的开场白是"自从盘古开天地，三皇五帝到如今"。在《史记》中，司马迁把《五帝本纪》作为开篇，也就是把中华文明的始祖追溯到了轩辕黄帝。而照某些疑古派援引的在西方考古学界也属于老旧观点的说法，夏朝文献不足征，中国历史只有不到4000 年。

我在这本书里不想与所谓"夏朝不存在"的老旧观点多费唇舌。半个世纪以来，关于上古中国的考古发掘多有巨大突破，除了相当程度上佐证了古代记载以外，还令我们知道在文献之外还存在如良渚这样的大型古城政权。大致说来，就黄帝部落而言，虽然我个人相信历史记载并不完全是神话传说，但还没有足够的考古发现予以证实。然而今天我们可以用相对充足的文献和考古记录，组成充分的证据链来确证尧舜的事实存在。那么，把中国之开始为中国的时间点，越过夏朝的考古发掘而上推到尧舜，总不会还有人反对吧？

尧舜果真存在？尧舜时代的起点可以作为中华文明的起点？让我们一步一步来讨论这两个问题。首先，三皇五帝在过去一直被视为传说成分大于真实成分。难道今天我们就能够在很大程度上实证尧和舜吗？这要从山西省南部一个叫作陶寺的考古遗址说起。

陶寺遗址在山西省临汾市襄汾县县城东北约七公里的位置，20 世纪 50 年代就被发现了。五六十年代的考古发掘认为这里是一个超大型龙山时代的遗址，后来则被命名为陶寺文化。目前学界的共识是，陶寺文化的主干前身可以明确上溯到黄河中游地区的庙底沟文化，距今约 5300 年。距今 4300 年前后，庙底沟二期文化的一支北上临汾盆地，发展成为陶寺早期文化。陶寺文化消亡于约 4000—3900 年前。

从 1999 年起，在梁星彭的带领下，陶寺遗址发掘取得重大突破。到 2015 年前后，国内许多考古学者已经基本形成共识：就遗址出土的证据链条来看，陶寺遗址在年代，地理位置，遗址的内涵、规模、等级以及它所反映的文明程度等方面，都与尧都相当契合。[1]

为什么这么说呢？陶寺遗址的所在，本来就有深厚的方言和文献基础。山西襄汾、临汾南部、乡宁东部和曲沃一带的方言称太阳是"尧

1　参见何驽：《陶寺考古：尧舜"中国"之都探微》，《帝尧之都 中国之源：尧文化暨德廉思想研讨会文集》，中国社会科学出版社，2015 年，第 63—123 页。

王"，发音近似"窑窝"，或记为"鸦窝""尧窝"。这一极为特殊的称谓，使用地域几乎完全与陶寺遗址及周边地区重合。陶寺遗址的命名源自陶寺镇，但此地历来没有陶姓家族。而在古人对《尚书》的注解中曾称"尧初为唐侯，后为天子，都陶"，很可能这里的"陶"就是陶寺命名的来源。《毛诗·唐谱》中说："唐者，帝尧旧都之地。今日太原晋阳，是尧始居此，后乃迁河东平阳。"经田建文考证，此处唐与晋的地理位置，与陶寺遗址仅隔一座名叫塔儿山的小山。

不过，这些方言和史料终究不能作为直接证据，它们最多只能说明，这里可能是帝尧的发源地之一。那么为什么我们能够判断陶寺遗址就是尧舜之都呢？

其中最关键的一点，就是陶寺出土的古观象台遗址。陶寺古观象台的形制基本是一座"巨石阵"。但与英国著名的巨石阵不同，陶寺的古观象台既有宗教祭祀意义，也有实际的天文观测意义。遗憾的是，陶寺"巨石阵"的巨型夯土柱今已不存，残存的遗址仅有一道弧形夯土墙和一道更外层的夯土基础，内层弧形夯土墙上有十条人工挖出的浅槽缝，外层夯土台基上又有一道宽 1.8 米的"迎日门"遗迹。从现存的观测点望过去，总共形成十三根夯土柱和十二条缝，由此构成了一座能够观象授时的观象台。

自 2003 年 12 月 22 日冬至到 2005 年 12 月 23 日，陶寺考古队进行了两年的实地模拟观测，基本还原了观象台的工作原理。从观象台中心的观测点望去，太阳出现在夯土柱构成的观测缝中的时间，恰好就是特定节令的时间。十二道观测缝中，第一道缝没有观测日出功能，剩下的观测缝里 7 号缝居中，从中看到太阳的时间，恰好就是一年中的春分和秋分。由 7 号缝向南间隔五道缝，观测到的是冬至日半出；向北间隔五道缝，观测到的则是夏至日半出。由此确定春分秋分

今人复原的陶寺古观象台

和夏至冬至后，剩下的八道缝还可以确定十六个时间点。这似乎暗示陶寺时代使用的远古历法一年有二十个节气，而不是我们今天使用的二十四节气。

陶寺观象台测算时令节气的作用，恰好能与《尚书·尧典》的记载对应参照。《尧典》中有这样一段话，说的是帝尧：

> 乃命羲和，钦若昊天，历象日月星辰，敬授人时。分命羲仲，宅嵎夷，曰旸谷。寅宾出日，平秩东作。日中，星鸟，以殷仲春。厥民析，鸟兽孳尾。申命羲叔，宅南交。平秩南讹，敬致。日永，星火，以正仲夏。厥民因，鸟兽希革。分命和仲，宅西，曰昧谷。寅饯纳日，平秩西成。宵中，星虚，以殷仲秋。厥民夷，鸟兽毛毨。申命和叔，宅朔方，曰幽都。平在朔易。日短，星昴，以正

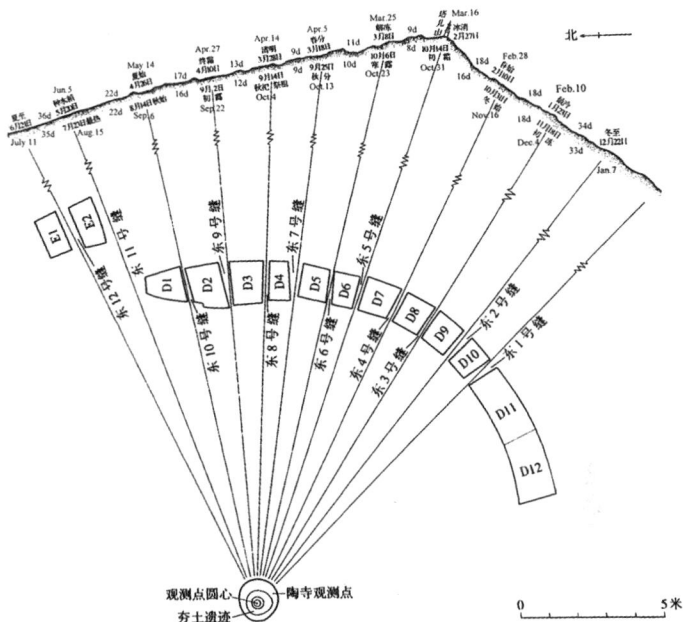

陶寺观象台实地模拟得到的二十个节令太阳历[1]

仲冬。厥民隩，鸟兽氄毛。帝曰："咨！汝羲暨和。期三百有六旬有六日，以闰月定四时成岁。"允厘百工，庶绩咸熙。

这段话里"历象日月星辰"说的当然就是运用观象台进行天文观测，而"敬授人时"当然就是为人类的社会生活，尤其是农业耕作确定节气时令了。

"寅宾出日""寅饯纳日"则很可能是结合观象台部分构造实施的某种祭天仪式。陶寺观象台共分三层，第一层和第二层由十三根夯土柱和

---

1 何驽:《陶寺:中国文明核心形成的起点》，上海古籍出版社，2022 年，第 134 页。

十二道观测缝构成，但是这十三根夯土柱并不是处在同一层上，而是其中两根柱子被人为外移，构成了一道宽约 1.8 米的门。这其实并不利于天文观测，但是如果站在最外围的夯土台向内走，则可通过此门来到核心处。因此，陶寺遗址发掘领队何努认为这很可能是用于在夏至日和冬至日举行"出日"和"纳日"的祭祀仪式。由此，我们就可以非常清楚地解释《尧典》中的这段记载到底是什么意思了。至于羲和、羲叔、和仲、和叔的任务，我们稍后再行讨论。

另一个有趣的点在于帝尧确定的太阳历。"期三百有六旬有六日"中的"期"是"周匝四时曰期"的意思，也就是每 4 年加 1 天为闰日，这一年有 366 天。但实际上，一个太阳回归年是 365.2422 天，余数 $0.2422 \times 4 = 0.9688$ 天，不满 1 天。如果按 1 天置闰来算，久而久之就会导致历法与实际天象的不符。如何修订这种不符？答案正是观测天象。

《史记·夏本纪》中说："帝中康时，羲和湎淫，废时乱日。胤往征之，作《胤征》。"这段历史发生在夏代，因而这里的羲和并不是帝尧任命的羲和，而是对天文官职位的称呼。这里是说，胤奉了夏帝的命令，讨伐荒废职守的羲和。这一方面可以看到，观测天文的职位如此重要，以至于掌握这一职位的人可能是某种意义上拥有私兵的世袭贵族。就像古罗马世代把持祭祀职位的贵胄一样，需要专门的武力讨伐。另一方面也可以看出，由于古代历法必须经常以实际的天文观测为修正，才能确定农时，因此天文观象是一个极其重要的职位。

总而言之，陶寺观象台的发现和功能定性，是对《尚书·尧典》中有关帝尧"历象日月星辰，敬授人时"最准确、最直接的实证。再加上陶寺晚期遗址中出土的"文尧"字样扁壶残片以及陶寺出土的龙盘与《竹书纪年》中关于"帝尧陶唐氏……常有龙随之"的记载相对应，由此组成的证据链已经足以令考古学家说出这样的话："尽管目前还不到

'一锤定音'的时候，但目前没有哪一个遗址像陶寺这样与尧都的历史记载等方面如此契合。"[1] 在治学向来十分严谨的考古学界，这句话基本相当于"我相信那就是尧的都城"了。

既然陶寺遗址出土的大量文物及证据链能够基本说明其为尧都的问题，那么我们也来顺便解释一下尧舜的关系。

在《史记》中，司马迁记载了一个君臣相知、尧舜禅让的政治神话。舜的父母和兄弟都想杀了他，他却依然维持孝悌之道。尧把两个女儿嫁给他，又让九个儿子跟他相处。舜把尧的两个女儿调教得恭守妇道，让那九个儿子都有进益。他住的地方"一年成聚，二年成邑，三年成都"。而尧死后，舜把尧的儿子丹朱放逐到"南河之南"，"诸侯朝觐者不之丹朱而之舜，狱讼者不之丹朱而之舜，讴歌者不讴歌丹朱而讴歌舜"，解决了舜帝位继承合法性的问题。

司马迁讲述的故事过于理想化，以至于听上去实在不像是现实世界，也不像远古时代的价值观。后来曹丕代汉时，动用各种手段逼汉献帝禅让。事成之后他有一句经典的吐槽："舜禹之事，吾知之矣。"讽刺的自然就是这一系列神话。而据《竹书纪年》的说法，"昔尧德衰，为舜所囚也"，又有"舜囚尧，复偃塞丹朱，使不与父相见也"，与《史记》中的禅让说法完全不同。

那么，结合陶寺的考古发现，我们又会看到怎样的尧舜？《尚书·尧典》中说："舜让于德，弗嗣。正月上日，受终于文祖。"文祖是后来周人的说法，可以理解为祖庙。如果舜受让于尧，并且以继承祖庙的形式秉持尧的权柄进行统治，那么他也不应离开陶寺，另寻别处建都。这也就是《水经注》里引用的汉人应劭的说法，"尧舜并都之也"。

---

1 《37年考古形成证据链陶寺很可能系尧帝都城》，人民网，2015年6月19日。

陶寺出土的"文尧"字样扁壶残片

而从陶寺遗址的实际发掘情况来看，似乎能支持这种说法。陶寺早期城址与中期城址的王族墓地并不在一处。早期王族墓地位于早期宫城外东南，中期王族墓地则位于中期小城内。中国人向来有"祖坟"的观念，倘若两个王族一脉相承，中期王族却不葬入祖坟，实在有违传统。所以，陶寺早中期由不同王族进行统治的可能性很大。

陶寺早期王墓随葬品组合为龙盘、鼍鼓、陶鼓、石磬、彩绘陶器、日用陶器、彩绘木器等。中期王墓随葬品则有彩绘陶器、玉器、玉石列钺、漆器、漆柷、青石列厨刀、蠃蜯猪肉等，龙盘、鼍鼓、陶鼓、石磬和日用陶器等早期重要器物消失了。这里有一定神学意味的龙盘、鼍鼓的消失，则是图腾符号的重大变化，这也只能用王族更替来解释了。

此外，据体质人类学的人骨形态分析，陶寺早期与中期的人骨在体质形态和DNA上都存在明显的差别，直接表明了陶寺早期与中期人群在族属上的差别。上述证据表明，陶寺文化早期与中期政权，分别由两个没有血缘关系的王族建立。[1]

但是，从遗址发掘情况来看，陶寺早中期政权交替时并未出现明显的战争和暴力征服痕迹，部落文明水平的发展未出现明显断裂。这也就是说，陶寺很可能确实如同古代史籍中记载的那样，是尧舜并都，而其政权也基本上是和平交替的。照此说来，"尧舜禅让"一说并不是完全没有依据。

另外，陶寺周边的尧庙村和尧山村亦有汉唐、明清时期的建筑遗址。据明洪武年间《平阳志》记载，浮山乃"尧子丹朱食邑"。考古学家在此地采集到大型灶圈残片和彩绘黑皮陶残片，这些都是原本陶寺宫城内的高级器物。因此，这里很有可能是丹朱的食邑。《史记》中记载舜把丹朱流放到此地，很可能也是真实的。

我们把地下文物跟历史记载稍微综合，能够得出的结论是：陶寺早期遗址是一个天文学高度发达的文明，其与《尚书·尧典》的记载高度匹配，很可能就是尧都。到陶寺中期，代表尧的王族与代表舜的王族之间很可能实现了和平的权力交接。而这个交接中的不稳定因素，即原先王族的血脉传承者丹朱，则可能被放逐到了附近的村落。

虽然这个故事未必有司马迁描述得那么理想，但可能也比《竹书纪年》的阴暗揣测稍好一些。

"中"的来历

在确定了陶寺与尧舜之都的紧密关联后，我们要来聊聊下一个实质

1　参见何努：《陶寺：中国文明核心形成的起点》，第 180 页。

性的问题：为什么说尧舜之都是"中国之为中国"的开始？

在回答这个问题之前，我们先来讨论"中国"或"中华"这个概念，当其作为文明认同时，应以何者为最先？"华"的意思很好解释。《春秋左传正义》说，"中国有礼仪之大，故称夏；有服章之美，谓之华"。"华"的意思就是美丽，所以"华人"首先应该是一个人人都是帅哥靓妹，穿着最漂亮、最优雅的民族。

当然，玩笑归玩笑，《春秋左传正义》的这句话能够很好地解释"华"，但不能很好地解释"中"，因为"礼仪之大"一定是一个社会成熟到一定程度之后才能发展出来的复杂规范，因此"礼仪"不可能作为"中国之为中国"的起点。我们还要为中国文明的"创世记"找到另一个时间上开始的标记。

我认为，这个答案其实很简单，它就隐藏在谜面里。

中国之所以为中国，起初的关键字当然是"中"，也就是自我认同为空间上的绝对中心，这本身就是文明社会可能产生的最宏大和最激动人心的自我想象。

这就像开创了奇幻文学的托尔金[1] 为了降低读者对奇妙异域的理解门槛，直接把这个世界上的中心大陆命名为"中土大陆"（Middle-earth）一样，它最直白，也最震撼。

不过，如果说"中"就是空间的绝对中心，那么问题又来了：亚欧大陆乃至任何大陆都不是规则的几何体，而且古代人对大陆形状的认知也不够准确。任何看过古代地图，尤其是东亚古地图的朋友都知道，它们只是根据旅行者的主观体感认知勾勒出的位置关系想象，而非实际的地理坐标。

1　托尔金，英国著名作家，代表作有严肃奇幻文学作品《霍比特人》《魔戒》《精灵宝钻》等。

那么，在这种条件下，如何真正确定大陆的"中心"呢？答案很简单，也很浪漫：大陆的中心，就是丈量天空的起点。

其实，当我们觉得寻找"中心"的第一步就是寻找大陆的几何中心时，我们就已经犯了一个事后诸葛亮的错误。因为我们已经有了东南西北的方位概念，有了地理地图，甚至知道了亚欧大陆的存在，所以我们才觉得寻找"中"就是寻找几何中心。但是，如果我们回到这套知识体系尚未发生的时间点，思考一下没有地图，没有指南针甚至没有方位概念的时代，我们要准确感知空间的第一步到底是什么？

事实上，这第一步是以自己为主体，确立所有测量的坐标系。而我们要测量的第一个对象，甚至不是脚下的大地，而是头顶上的太阳。这正是文明确定自己宇宙观坐标的起点。

这段秘密的对话被记录在一部名为《周髀算经》的典籍之中。《周髀算经》大概可以分为三个部分，第一部分是周公与商高的对话，讨论的是几何学的渊源及其政治神学意义，这段也是著名的"勾股定理"的出处。当然，除勾股定理本身，周公更关注的是"覆矩以测深，卧矩以知远，环矩以为圆，合矩以为方。方属地，圆属天，天圆地方……是故知地者智，知天者圣"的帝王秘术。第二部分是荣方与陈子关于以数学模型理解天文地理的对话。第三部分则是陈子以模型对天地方位的详细推演。这部著作的整体成书年代可能在西汉，但其中周公与商高、荣方与陈子对话中的部分内容，则很可能是从更古老的时代流传下来的关于天文学和政治神学的文献记录。

为什么测量大地中心的第一步是测量太阳？荣方与陈子的一段对话，为我们揭示了这个秘密。这段原文是这样的：

夏至南万六千里，冬至南十三万五千里，日中立竿测影。此一者天道之数。周髀长八尺，夏至之日晷一尺六寸。髀者，股也。正晷者，勾也。正南千里，勾一尺五寸。正北千里，勾一尺七寸。日益表南，晷日益长。

这段说的是夏至与冬至时令与太阳角度的关系。"夏至南万六千里"说的是夏至太阳直射点在陈子所说的位置正南方向一万六千里，"冬至南十三万五千里"说的是冬至太阳直射点在陈子所说的位置正南方向十三万五千里，中间有十一万九千里的距离差，也就是南北回归线之间的距离差。今人测得的距离是 5800 公里，考虑到古"里"与今"公里"的长度不同，这个测算结果大致是正确的。

可是，南回归线要穿过非洲和澳大利亚，难道荣方和陈子时代的人就已经能前往非洲和澳大利亚去测量了吗？这种可能性当然是很低的，但是要计算这个距离，也不必前往非洲和澳大利亚——因为这完全可以由勾股定理计算得出。

在《周髀算经》接下来的一段里，陈子为荣方详细解释了计算方法："周髀长八尺，夏至之日晷一尺六寸。"意思是说，周人使用的"髀"长度是八尺，夏至日正午时分（影子最短时）它的影子长度是一尺六寸。我们把髀看作股，把影子看作勾，运用勾股定理就可以得出日影与地理之间的关系。接下来，陈子提出了"千里一寸"的标准，意思是如果往南走一千里，影子长度就会变成一尺五寸。往北走一千里，影子长度就会变成一尺七寸。由这样的比例关系，即可以推算太阳直射的方位与大地的尺寸。

由这一段，我们可以了解为什么在《周髀算经》的一开始，商高就指出勾股定理的重要性，甚至赋予它"知地者智，知天者圣"的政治神学意义。先民之初，众生蒙昧，然而为了确定农业四时不得不知晓天文，为了丈量土地方寸不得不测定地理，制定长短规矩，确立南北方位。而谁能够垄断数学知识，实现相应计算，谁就会在农业社会中赢得大量平民的崇拜，掌握政治权力。古埃及祭司集团擅长几何学计算，他们很可能把这种知识传授给毕达哥拉斯，柏拉图受他的影响发展出数学神秘主义；古希腊诗人赫西俄德在《工作与时日》中传颂确立天时的诸神，其实都是一个道理：这些都是远古政权借由数学知识而将自己神秘化，以巩固统治地位的权术。

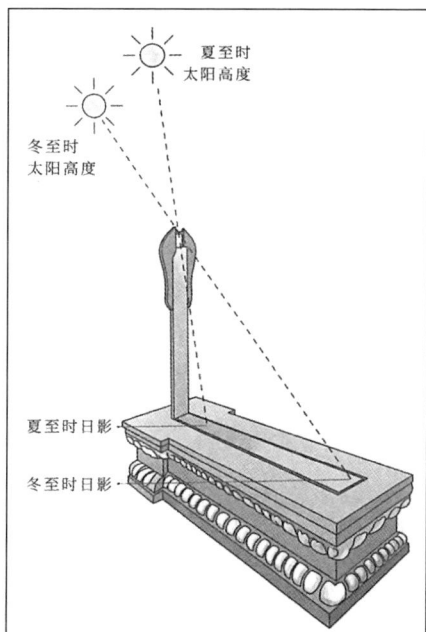

以"髀"计算日影与地理关系的原理

这就是为什么中国古代典籍赋予测量天文和大地的仪器（圭尺）极其重要的礼仪地位。《周礼·考工记·玉人》说："土圭尺有五寸，以致日，以土地。"《周礼·夏官·土方氏》说："土方氏掌土圭之法，以致日景。以土地相宅，而建邦国都鄙。"《周礼·地官·大司徒》说："以土圭之法测土深，正日景，以求地中。……日至之景，尺有五寸，谓之地中，天地之所合也，四时之所交也，风雨之所会也，阴阳之所和也。"

先秦时代，天子王室掌握这种丈量之法，然后才能行分封建国之制。唐代学者贾公彦在《周礼·地官·大司徒》中提到：

假令封上公五百里，国北畔立八尺之表，夏至昼漏半得尺五寸景，与土圭等；南畔得尺四寸五分，其中减五分，一分百里，五分则五百里。减四分则四百里封侯，减三分则三百里封伯，减二分则二百里封子，减一分则一百里封男。是土其地之法。

这就给了一个非常直观的地理空间测量与分封建国立制之间的操作关系。只要手里有测量仪器（圭尺），那么对公、侯、伯、子、男五等爵位的分封，不过就是在仪器上增减一分的技术操作而已。这就是为什么在古代中国，不同等级的官僚要持有不同尺寸的玉圭。

由此我们就可以找到对于中国之"中"的直接来源了。

其实，仔细想一想这个问题就会明白。无论从哪里出发，利用勾股定理测量太阳的方位和大地的尺寸，都是没有问题的，地球上任何一个点都可以成为测量的出发点。但是，在人类文明史中，最早开始进行这种测量工作的政权，极有可能会被尊为天文观测的始创者。这个政权垄断的知识也就会被认为是智慧的源泉、秩序的起点、文明的肇始。以这个政权对夏至日日影测量的长度为标准，比这个长度更长的地方会被定义为"北"，比这个长度更短的地方会被定义为"南"，而这个政权所处的地方，就是"中"。比它更晚发明这个测量方法的地方，就只能接受它对自己"北"或"南"的称呼。

这个"中"测量出来的日影长度，在古代典籍里是有一个明确尺寸的。这就是《周髀算经》里陈子提到的一尺六寸[1]。他说，周人使用的髀（用来观测日影长度的仪器）长度是八尺，在夏至日正午时的影长是一尺六寸。换句话说，按照这套政治神学垄断的知识，最早做出这个测量

1　在其他稍晚文献中也可能是一尺五寸。后文我们会解释，这一长度在多数地区并无实际天文意义，而主要是标明"中"的政治神学意义，因此也会被刻意取整。

的政权，使用的仪器依他们自己的度量衡来看，八尺的仪器在夏至日的影长是一尺六寸。作出这个观测的地理位置，就是华夏先祖最早丈量宇宙空间的中心，也就是"中"的最早来源。

这个地方的地理纬度其实不难寻找。根据计算可知，八尺仪器在夏至日影长一尺六寸的地区，地理纬度应在北纬 35 度 20 分 42 秒附近。那么，这一地区到底在哪里呢？

答案就在陶寺。

2002 年，考古学家在陶寺晚期 IIM22 墓发掘出一整套圭尺实物工具套。这套工具套包括一根漆制木杆（圭尺），一件与之配套的玉琮游标（套在圭尺上确定日影的刻度）及两件作为景符（在阳光不强时确定表影端位置）和垂悬的玉戚（确定圭与地面的垂直关系）。这是中国目前出土的最早的圭尺实物工具套。

根据考古学家的还原，以陶寺使用的尺为标准，这套圭尺的原长度约为七尺半[1]。使用办法就是将其垂直竖立后，标记影长，再用上面的刻度来丈量影长。如果影长与圭尺上的粉红色标记相重合，即代表符合特定节气，其中最重要的自然是冬至、夏至、春分与秋分。经考古学家的实测，以公元前 2100—2000 年左右的太阳位置进行复原观测，漆杆圭尺上的刻度的确能准确标注各个重要节气。其中尤为引人注意的是被考古学家标记为 No.11 的刻度点。其他刻度点均位于黑色和绿色漆相邻地带，唯有这一刻度点位于绿色漆中间，在 No.10 和 No.12 刻度点之间。它本身对日影长度的标注，并没有精确测量时令的作用，但它标注的长

1　陶寺尺一尺约为 25 厘米，漆杆原长推定为 187.5 厘米，约合七尺半，与《周髀算经》所记载之八尺相近。考虑到《周髀算经》成书年代距陶寺文化时代已过去两千余年，出现偏差是正常的。

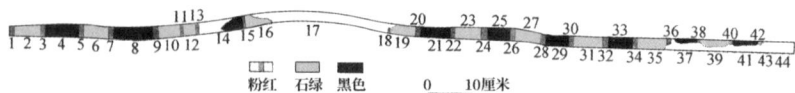

粉红 石绿 黑色　　　0　　10厘米

陶寺IIM22墓漆杆图

与漆杆配套使用的玉琮游标

度，按照陶寺尺来衡量恰好是一尺六寸的长度！[1]

考古学家们立刻推测，这个刻度并不是出于天文学观测意义标注的，而是出于政治意义标注的。陶寺本身的地理位置并不在北纬 35 度 20 分 42 秒，但陶寺文化的源头经考证在垣曲县庙底沟二期文化地区。此地的纬度在北纬 34 度 59 分与北纬 35 度 26 分之间，根据《周髀算经》计算得出的"夏至影长一尺六寸"的观测点纬度，恰好落于这一地区！

换句话说，"一尺六寸"这个数据在天文观测中的确有某种神圣性，这种神圣性来自最早进行这一观测的远古先进文明。而这个文明，就是陶寺文化的先祖。虽然一尺六寸这个刻度在陶寺晚期社会保留的圭尺中已不具备实质的天文和历法意义，但是作为一种神圣传统，它依然得到了保持！

考古学家认为，圭尺在甲骨文中已有出现，它写作 𠀐。这个图形中间的一竖，象征的是圭尺。中央的"口"字是套在圭尺上的游标，上下各画的两横其实是刻度。这个字在甲骨文中长期被释读作一个我们耳熟

1　参见何驽：《陶寺圭尺"中"与"中国"概念由来新探》，《三代考古》，科学出版社，2011 年，第 96 页。

能详的字：中国的"中"！

根据以上还原，中国之所以称"中"，正是因为此地先民在丈量大地和天空时使用的测量仪器圭尺。圭尺垂直竖立于地面，套有游标，它正是一个简化版的观象台，可以对地理距离和太阳高度进行实测，从而确定基本方位与长度。在文化记忆中最早出现"中"这个概念的文明，正是最早开始测量地理位置与太阳高度的文明。因为文明辐射以成功进行天文和地理测量为起点，所以在它周边的国度以它为圭臬，受它的分封。也正因为如此，它才在后来获得了"中国"这个称呼！

甲骨文中常有"立中"的记载，如：

> 己亥卜，争贞，王勿立中。（《粹》第 1218 片）
>
> 辛亥贞之月，乙亥酒，羅立中。（《粹》第 398 片）
>
> 庚寅卜，永贞：王□立中。（《前》7.22.1）
>
> ……卜，争贞：王立中？（《京都》972）
>
> ……贞：我立中？（《乙》7741）
>
> 贞：来甲辰立中？（《前》7.16.1）
>
> ……丙子，其立中？亡风？八月。（《续存》2.88）
>
> ……子，立中，允亡风。（《续》4.4.5）

过去学者多以为"立中"是竖立旗杆的意思，但结合出土圭尺的判断，陶寺遗址发掘领队何努（笔名何驽）认为"立中"应是竖立圭尺、丈量日影和地理方位之意。这一见解就有极大的新意和高明之处。[1]所谓"允执厥中"，正是因为"立中"有重要的政治神学和政治秩序意义，

---

1 参见何驽：《陶寺圭尺"中"与"中国"概念由来新探》，第 100 页。

才令"地中所建之国"升格为"中国"的概念。

而且，我以为何努关于"中"来源的这一见解，对照近年来公布的清华简，可以得到进一步印证。这里涉及的，是清华简《保训》一篇。"保训"的意思是父王对太子的教诲，这篇说的是文王晚年感到身体不适，以书信的方式向武王传达教诲，有政治遗言的意味。其中有两段涉及"中"的，第一段内容如下：

> 昔舜旧作小人，亲耕于历丘，恐求中，自稽厥志，不违于庶万姓之多欲。厥有施于上下远迩，乃易位迩稽，测阴阳之物，咸顺不逆。舜既得中，言不易实变名，身滋备惟允，翼翼不懈，用作三降之德。帝尧嘉之，用受厥绪。[1]

这段话的意思大致是说，舜当年身份卑微，还在历丘[2]种地的时候，就花了大力气来探求"中"（这东西），自己修身明志，不违背百姓的普遍要求，有恩于上下远近。文中更专门提到，舜得到的这个"中"与"测阴阳之物"有关。而他得到"中"之后，就不随意改变，也不懈怠，所以有"三降之德"[3]。

第二段内容如下：

> 昔微假中于河，以复有易，有易服厥罪。微无害，乃归中于河。微志弗忘，传贻子孙，至于成唐。[4]

1　李学勤：《清华简〈保训〉释读补正》，《中国史研究》2009 年第 3 期。

2　《史记·五帝本纪》中有："舜耕历山，渔雷泽，陶河滨，作什器于寿丘，就时于负夏。"

3　这里的"三降之德"指的是什么，具体还不清楚。

4　李学勤：《清华简〈保训〉释读补正》。

这段说的是先秦文献和甲骨文中都曾出现过的"上甲微复仇"的故事。上甲微是商王亥的儿子（一说侄子），夏朝帝泄在位时，商王亥前往有易氏，被有易氏首领绵臣杀害。上甲微即位四年后，借河伯之师，攻灭有易氏，杀绵臣，为商王亥复仇。这一段文字最值得注意的是，上甲微向河伯借了这个"中"，后来又把"中"还给河伯，暗示这个"中"指的是具体器物。

这两段文字连起来，可以给我们留下如下印象：第一，"中"是一个具体的器物，可以"得"，也可以"借"和"还"。第二，舜与这个"中"的渊源，在他还在种地的时候就发生了；而上甲微与这个"中"的渊源，则跟他向河伯借兵报仇有关，所以这个"中"既关乎农业生产，也关乎军事权力。第三，这个"中"还跟"测阴阳"有密切的关系。

自清华简公布以来，不少学者围绕此文的"中"究竟为何义展开了争论，这些争论大致分成两派，一派主张"中"为虚指的"理念"，与"中庸""中道"的"中"同义；一派则主张"中"为具体事物，是旗帜、圭表、判决书或中坛，也有人主张"中"通民众的"众"[1]。主张"中"为理念者，多数以更晚期的文献如《中庸》为依据，无法回应这篇文献里的"中"为何能"借"能"还"。而主张事物者，很多又解释不清楚为什么"中"同时与农业和军事两种活动有关。但是，如果我们从陶寺考古中了解到"中"最早作为天文测量仪器（即圭尺）的功用，又知道圭尺后来成了先王分封建国的礼器，这些问题就可以迎刃而解了。

显然，舜得到的"中"是其最初的含义，也就是圭尺这件器物。文王的这段训诫其实是在说，舜掌握了测量方位面积的技术，因而对上古

1　参见廖名春:《清华简〈保训〉篇"中"字释义及其他》,《孔子研究》2011年第2期。

农业耕作具有重大意义；而上甲微所借的"中"则具备引申含义，指的是上古时代部落首领因为掌握核心农业技术而获得的政治与军事号召力，此时的"中"便如后世官员手中的"玉圭"一样，是权力的象征了。因此，这段话其实是文王对武王讲，要重视"中"，就代表要一手抓农业生产技术，一手抓政治与军事权力。上古先王不像后世文人一样玩那么多玄虚的概念，耕战立国就是根本。

我个人以为，对清华简《保训》里的"中"作如此解读，既与考古出土的器物相印证，又能通畅地解释文献研究中的难点，更可打开我们对上古时代的想象力：是否在周代初年，人们对"中"作为器物与权力象征的"虚实二重性"尚有共识，因此不需要多解释到底什么是"中"？更进一步说，这片土地是否因为高度重视源于农业技术、演化为权力象征的"中"，从而得名"中国"？

像这样具体而微地想象我们从何而来，真是令人浮想联翩、心潮澎湃。

还是让我们言归正传。陶寺出土的漆杆圭尺不仅还原了中国之"中"的来源，它还隐藏着关于古中国文明边界的遐想空间。一年中，一地太阳高度最高日即为夏至，因此圭尺影子的长度必然有一个下限，短于下限其实是没有意义的。在陶寺出土的圭尺漆杆中，No.12 号刻度为当地实际夏至影长标志，No.11 号为神学意义上的"一尺六寸"影长，那么 No.1—No.11 号应该是没有实际意义的。但是根据考古学家的复原，发现这段标记的确可以测量北回归线的夏至影长。也就是说，何努认为陶寺政权对北回归线进行过实际测量。

何努进一步认为，陶寺圭尺复原全长 187.5 厘米，与北极圈夏至晷影极为接近。也就是说，圭尺顶端的 No.44 复原色段有可能可以北至北极圈观测夏至。

难道《尧典》中记载的那段是真的？我们之前也引用过《尧典》的这段文字：

> 分命羲仲，宅嵎夷，曰旸谷。寅宾出日，平秩东作。日中，星鸟，以殷仲春。厥民析，鸟兽孳尾。申命羲叔，宅南交。平秩南讹，敬致。日永，星火，以正仲夏。厥民因，鸟兽希革。分命和仲，宅西，曰昧谷。寅饯纳日，平秩西成。宵中，星虚，以殷仲秋。厥民夷，鸟兽毛毨。申命和叔，宅朔方，曰幽都。平在朔易。日短，星昴，以正仲冬。厥民隩，鸟兽氄毛。

尧帝命令羲仲、羲叔、和仲、和叔分别驻在旸谷、南交、昧谷、幽都四个地方，确定时节。结合考古出土的圭尺来看，这其实是派遣四位天文官员赴四方进行太阳高度观测，以此来修订历法。其实按道理讲，这在天文观测技术方面并没有太大意义和必要。因为只要懂得数学原理，在何处观测的结果都是一样的。但是，这也许不仅仅是一种天文观测的技术行为，还可能是一种政治行为。比如，元代就在全国设立了二十七处天文观测站，这不仅用于郭守敬修订历法，更与元代大幅测量版图以彰皇权有关。或许，尧帝派遣四位天文官，也有彰显文明影响力的政治用意？

再结合陶寺出土的圭尺，其刻度能够测量南及北回归线、北及北极圈的地理范围。难道南交和幽都，分别指北回归线和北极圈？

《尧典》中对尧的溢美之词是："曰若稽古帝尧，曰放勋，钦、明、文、思、安安，允恭克让，光被四表，格于上下。"其中"光被四表"的意思，就是光芒普照东西南北四个极点，直达人类世界的尽头。过去人们一直认为这只是一句文学上的修饰，但结合圭尺的测量极限，难道

"四表"真有实质的地理所指？

何努推测，这段话里的"四表之点"，其实是圭尺所能测量天文位置的地理极限。他推测陶寺人心目中的交趾实际上位于今天广东的汕头，此地恰好在北回归线上，向南即是大海，符合"无复限极"的"四外"观念。幽都则指的是北极圈，此地冬天出现极夜现象，正符合"幽都"的命名。当然，他也承认，陶寺文化国家的实际领土不可能如此广大，这只是尧舜王者们勾画出的理想疆土蓝图。[1]

4000年前的陶寺人在汕头和北极圈进行了天文观测，这可能吗？

尽管听起来有些天方夜谭，但是既然已经出土了能够测量北回归线太阳高度的圭尺，我们只能先假设这是事实，再讨论古人实现它的可能性。

其实，如果是有目的的旅行，以人类的运动能力计算，这样的旅行难度并不大。人类步行的平均速度约为每小时五公里，假设一天行进四小时，每天走二十公里，那么用一年的时间也可以从北京走到莫斯科。

不过，这里的前提假设是目的明确、路线熟悉。如果是对完全不熟悉的领地进行探险，每天需要消耗大量的精力获取食物、寻觅住所、躲避野兽和其他部落的袭击，那么难度就要大得多。更不用说，一个政权有人能够旅行到某地，跟这个政权能够在当地建立稳定的有效统治（或殖民，或只是驻军），完全不是一个概念。一个政权要在数千公里之外建立稳固的统治，意味着它要有足够的能力长途运输人力、物资（食物和武器）。4000年前人类部落的技术水平和组织能力是绝对办不到的。但是，如果说尧帝派遣四位天文官员进行长途探险，只是为了观测日影，或者宣扬威权，似乎又有些小题大做。

1　参见何努：《陶寺圭尺"中"与"中国"概念由来新探》，第113页。

该如何理解这个悖论呢？我个人的看法是，如果圭尺上的刻度表明陶寺人的确前往过北回归线或北极圈进行天文观测，那么这一定不只是陶寺政权独立能办到的行为。

四五千年前的人类在东亚大陆许多地方都建立了聚落，有些甚至发展成了比较大的城市。这些城市如璀璨的满天星斗，星罗棋布地分散在各个角落，但它们中也许只有极少数有幸在历史中留名，为后人永远铭记，但并不代表当时的历史时空只有它们取得了较高的文明成就。

考古学家发掘出的被遗忘古文明可以说数不胜数。恰塔霍裕克（Çatalhöyük）文明在公元前 7000 年就已经发展出大型城市，却完全不见诸文献记载。考古学家维克托·萨利亚尼迪（Viktor Sarianidi）在土库曼斯坦发掘出巴克特里亚·马尔吉亚纳文明区（Bactria‐Margiana Archaeological Complex 或 BMAC，又称阿克瑟斯文明，Oxus Civilization，来自阿姆河的拉丁文称呼 Oxus），一个起源于 4000 年前，定居点横跨 2590 平方公里的古代中亚文明，而此前人类未能从任何现存文献推知它的存在。1970 年以来得到比较充分发掘和研究的良渚文明距今约有 5300—4000 年，覆盖太湖区域，与庙底沟—陶寺文化处于同期，但它也不见于文献记载。

陶寺毗邻汾河，靠近黄河，拥有良好的水路交通条件。4000 年前中国年平均气温比现在高 2℃左右，中原地区气候潮湿温暖，可能分布大量水网。水路运输的能量消耗约为陆地运输的百分之一，加之有充足的食物和水源补给，因此在水网的联结之下，上古人群的旅行能力、贸易能力和部落的文化扩散能力大大提升，陶寺文化借此与包括良渚文明在内的其他古文明发生往来，亦不奇怪。或许，这些星罗棋布的古文明能够以其定居点辐射出相当大的安全旅行区，就像现在能够有效管理边境内安全的主权国家能够为国际旅人创造安全环境一样，这并不是不可能的。

但是在这些古文明中，陶寺文化想必以其先进的天文观测技术独拔头筹。这从它绝无仅有的古观象台即可窥见一斑。正是因为占据了科技的最先进地位，垄断了能够观测天文、规划地理乃至进行政治性分封的神秘知识，陶寺政权的领袖（我们姑且称之为"尧"）才赢得"明"（通达明了）的公认政治称谓。可以想见，或许周边部落十分钦羡陶寺政权的天文知识，或者希望陶寺政权能够在一定程度上分享天文观测与历法成果，或者允许陶寺政权的天文官前往测绘，正如今天的中国可以前往挪威设立在北极的科考站一样。或许，尧帝派遣的天文官员就是在这样的条件下安全抵达北回归线附近并进行天文测量的。

这样的文明成就当然值得记录在史料中。因此，我们就在《尧典》里看到了尧帝派遣羲仲等天文官员前往东西南北四极进行观测的记录。这段史料很可能是以陶寺人自己的立场记录保留下来的，自然不会提及其他部落的存在，而是简单地记下四位天文官员分定春夏秋冬、敬授民时的莫大功勋。

而所有相关天文观测数据中，最值得陶寺人铭记和骄傲的，也许就是他们从庙底沟时代继承下来的日影观测数据：一枚高八尺的圭尺，应该在夏至正午时分留下一尺六寸长的影子。尽管已经迁徙到陶寺，这个数据失去了实际的天文意义，但它作为最初丈量大地和天空的"创世"神学意义，依然得到了保留。这就是为什么陶寺人要固执地在圭尺中留下这个神圣的刻度。

丈量大地和天空的最初含义是把自己作为出发点。尽管人很脆弱渺小，但只要垂直竖下圭尺，测量影子，哪怕远在千里万里之外的奥秘，也可以知晓。把自己作为出发点，以自己作为世界和宇宙的中心，这正是"中"的来源。

用触手可及的考古证据说明了如此震撼的创世理念，这就是独属于历史研究的浪漫吧。

陶寺为谁所毁

与陶寺光辉灿烂的诞生同样值得思考和玩味的，是陶寺的消亡。

从考古现场发掘状况来看，陶寺中晚期之际，宫城城墙及城内夯土基址、外郭城城墙和观象台等被彻底平毁。其中宫城北部一段城墙先被夷平变成墓地，后被恢复为宫墙，再一次被夷为墓地。可见到了陶寺晚期，它已被剥夺了都城的地位，并且遭到了持续的打击和破坏。

陶寺文化中期，王族基本葬在统一的小城墓地，也即"王族陵园"中。但是，这些墓葬（特别是代表大贵族的中型墓葬）有许多在晚期时代被捣毁，还出土了许多被拉扯出来的人骨残骸和陪葬品。陪葬品没有被取走，说明这并非盗墓行为，而是一种政治举措。

陶寺文化中期，宫城中有一座被标记为 ITFJT3 的核心建筑，被考古学家认为是陶寺政权中期宗庙，在这一时期遭到了大规模的破坏。这座建筑里被抛入了阴部插着牛角的女尸、被肢解的人骨和狗骨以及可能死于瘟疫的猪骨。这在远古时代大概率是一种厌胜巫术式的诅咒行为。

陶寺文化最值得自豪的观象台也未能幸免。这座观象台不仅在晚期被铲平，而且路沟出入口被放置了肢解的狗，还被灌入水。观象台的核心部位被埋入了凶死的尸首，这些应该也是对这个神圣之地的诅咒巫术。

通过对陶寺遗址出土人牙的锶同位素比较分析也发现，陶寺晚期非本城人口即外来移民比例达到了 50% 左右。此外，对陶寺出土动物骨骸作分析后发现，陶寺晚期绵羊饲养量显著增长，与早中期以猪为主要家畜进行饲养的农耕生活方式完全不同。这说明陶寺的消亡可能还伴有外来征服和生产方式的改变。

在东亚大陆上最早丈量天地的陶寺文化毁于外来者的征服，最终消散在历史中。这个征服者究竟是谁？

答案在北方。

向陶寺正北偏西行进约三百公里，就已来到黄河西岸和毛乌素沙漠东南缘。毛乌素地区在历史上曾是水草丰美之地，到北魏年间生态环境恶化，至唐代成为沙漠。2012 年，考古队在其东南边缘的陕西省神木市高家堡石峁村进行发掘后，认定出土了"中国史前时期规模最大的城址"[1]。

经碳十四测年及考古学系列证据表明，石峁城址初建于约 4300 年前，毁弃于 3800 年前。此遗址以石砌城垣为周界，分为内城和外城，是一座罕见的大型石城，城门、墩台、马面、角台等附属城防设施形制完备，保存良好，城外还有"哨所"等石构预警设施，面积达到 400 万平方米以上。

石峁文化既然修建起巨大的城墙，说明这是一个经常从事军事征服活动、好战噬杀的社会。考古发现也证明了这点，石峁遗址出土了多处人牲祭祀坑，显示当地冲突激烈，战争频繁。

看着这些石墙与人骨，一股肃杀之气也扑面袭来。石峁人对陶寺人做了什么？要破解这个谜团，我们至少有五条线索。

第一条线索就是我们已经列举过的，陶寺文化在中晚期遭遇的大规模破坏。这些破坏附有大量带着明显政治意义的巫术诅咒行为，同时对

---

1 《石峁遗址：探寻中华文明起源的窗口》，人民网，2014 年 7 月 16 日。

石峁城址外城东门遗址

陪葬首饰的破坏较少，证明不太可能是出于陶寺内部社会阶级的激烈斗争，而更可能是与外部民族的入侵有关。而在陶寺同一时期的周边文明中，从目前的考古学发现来看，石峁文化也是最强大、最有能力入侵陶寺的。

第二条是从遗址出土器物的特征来判断，晚期陶寺文化受到石峁文化的强烈影响。考察远古文明在考古学文化上的归属有一个重要切入点，就是常见器物的造型艺术风格。人类总是需要使用锅碗瓢盆，但是这些器物除了需要发挥功能而必须具备的基本形制之外，至于底多深、口多大、底部几个脚之类，都取决于当地工匠遵循的传统和习俗，故而最能标定文化归属。

石峁出土的陶器风格以双鋬鬲为典型特色，这是一种有两个把手的炊具，在晚期龙山文化中十分常见，尤以内蒙古自治区乌兰察布市凉城县岱海盆地出土的老虎山文化为典型。从这些器物看，石峁文化可能就是老虎山晚期文化发展出来的一个新中心。

陶寺文化早期出土陶器的器型则比较丰富，有釜灶、窄沿折腹盆、大口折肩罐、双鋬手盆形甗、敞口斜腹盆、折腹斝、单耳小罐、扁壶等。中期陶器中，双鋬鬲所占的比例明显增多，尤其是出现了带双鋬的空三足器，可见已经受到了石峁文化的影响。而到了陶寺文化晚期，大量来自北方（很大程度上是石峁）的肥足鬲、双鋬鬲、圈足罐、圈足盘、单把方格纹小鬲等已经十分常见。但是，陶寺文化最典型的陶器——扁壶在石峁出土的就要少得多。[1]

陶寺与石峁相隔不远，由于贸易关系而产生器物交流和造型艺术的相互影响，也属正常。但是像陶寺晚期这样，几乎是受到石峁单方面影响的现象，那恐怕就是和平贸易交流难以达到的。造成这种现象最有可能的原因，还是单方面的入侵与征服。

第三条是陶寺晚期文化中大量出现的暴力现象可能与石峁有关。陶寺早中期遗址给我们留下的印象是平静祥和的，少有暴力现象出现。但到了陶寺中晚期，暴力残杀、人祭人殉的现象陡然增多。除了我们之前介绍过的可能以肢解人体为主要手段的厌胜巫术现象外，在标记为 M3231 和 M1410 的墓葬中还出现了人祭人殉现象。前一座墓坑中，墓主为五十六岁以上男性，墓葬填土中发现有三十五至四十岁的女性骨殖，头骨反折在胸部，肢骨缺失严重，显为凶死。后一座墓坑中，墓主为三十至三十五岁男性，填土中有二十五至三十岁的女性头骨，可能是殉葬。

大量使用人祭、人殉，恰恰是石峁文化的特点。石峁城址的修筑使

1　参见邵晶：《石峁遗址与陶寺遗址的比较研究》，《考古》2020 年第 5 期。

用了大量人头，分布在城门外、城门入口处、城墙外和城墙下，各埋有8—24个头骨，以年轻女性居多。"皇城台"也有明确的"人头坑"存在。此外，石峁遗址中还有相当多以人殉葬的现象，这些人殉一般都被埋葬在墓主一侧，侧身屈肢，面向墓主，上肢被绑缚的现象非常多见，多为女性。可见，石峁文化可能因为信仰习俗的关系，有着残忍的殉女传统，而这一传统也对陶寺产生了巨大影响。[1]

第四条线索是陶寺晚期的公共设施废弛。陶寺中期城市已经发展出了许多用于通水和防洪的系统，如水渠和行洪沟等。但是，陶寺中晚期交替之际，城墙被毁，作为行洪沟的小北沟被废除。来自南河上游的洪水从东部冲入城市，造成破坏。迫于水患，陶寺晚期曾有过两次较大的行洪沟开挖工程，但工程规模都与陶寺中期开挖的小北沟不可同日而语，显示出陶寺政权晚期组织公共服务的能力显著下降。[2]

第五条线索是陶寺晚期的产业结构变化。陶寺早中期已经有了相当成规模的石器加工产业，产业分布在城址外郭城内南部专门的作业区内，而且可能有专门的官员进行管理。但是，到陶寺晚期的时候，石器加工产业已经散布在遗址各处，甚至宫城内也出现了石器加工遗存。这很可能是征服者将整个陶寺变成一个"殖民地"，强迫原住民成为"国家奴隶"的表现。统计数据分析表明，陶寺晚期的矛形坯数量最多，而矛形坯是用于生产变质砂岩穿甲镞的，这也就是说，征服者在接管陶寺政权后，控制了原先由陶寺人开采的大崮堆山采石场，并强迫其就地生产穿甲镞。[3]

以上证据说明，陶寺晚期文明遭到的巨大破坏，最有可能的"凶

1　参见邵晶：《石峁遗址与陶寺遗址的比较研究》。

2　参见何努：《陶寺：中国文明核心形成的起点》，第162—163页。

3　同上，第155—156页。

手"正是石峁文化。考古学家推测，石峁人可能于陶寺中晚期大举入侵了陶寺文化，摧毁了陶寺的都城，将陶寺人变为职业生产某些石器的国有奴隶，就像斯巴达人俘虏黑洛士人强迫其劳动一样。创造了辉煌科技成就的陶寺文化，就此断绝。

石峁从何而来

陶寺文化就此被石峁文化消灭，这真是一段颇让人遗憾的故事。

在同一年代，陶寺文化可能是东亚地区天文观测技术最先进、成就最高，也因此发展出文化影响力最强大的文明。难能可贵的是，它的文明影响力如果真的远及北回归线与北极圈，那也不是由暴力征服和强迫认同带来的，而是由先进的科技、平等的协作和其他部族自发的认同带来的。虽然这在原始社会也并非个例，但终究是少数。在历史上看到的每一例和平主义和平等主义能够取得巨大成就和成功的先例，都能令我们对人类重拾信心。

但是和平主义和科技至上，似乎还是没能抵御住暴力文明的入侵。石峁之毁灭陶寺，似乎又确证了不少悲观主义者和现实主义者的信念。也许还会有人想追问，既然陶寺文化是中国之开始为中国的地方，那么毁灭了爱好和平的陶寺人的石峁人，又是从何处而来？

我们前面已经讲过，陶器风格是判定一个文明的重要特征。石峁出土的陶器以双鋬鬲为典型特色，来自老虎山文化。老虎山文化位于蒙古草原之上。换句话说，石峁人是来自草原的马上民族。老虎山文化为代表的北方草原人在大约4000年前处于积极扩张期，反映在考古文物上，就是当地特色的鬲类器物大规模南下，逐渐占据了黄河两岸。

还有其他一些证据可以揭示石峁人的身份特征。例如，根据当地出土的动物遗存种属的鉴定分析，石峁人的经济生活一半农耕，一半畜牧。主要粮食作物有粟和黍，主要饲养动物则有猪、羊、牛等。其中出土的黄牛骨骸应与 5000 年前通过甘肃和青海进入中原的黄牛有关。

再如，从当地后阳湾地点墓葬中出土的头骨显示，石峁先民的族属特征接近蒙古人种的东亚类型。再结合出土骨骼的牙齿中龋齿较少进行分析，推测石峁人食物结构中的植物占比较小。这也说明当地人生活习惯与以食肉为主的游牧民族接近。

此外，石峁遗址出土的多处人牲祭祀坑，显示当地冲突激烈，战争频繁。被用作人牲的祭品中，女性明显多于男性，且多为壮年，种族特征与内蒙古长城一带土著居民具有高度一致性，显示石峁人虽从草原而来，但在迁徙过程中亦与草原民族冲突激烈。这也符合后来蒙古草原地区游牧民族的政治特征。[1]

最有趣的是石峁遗址中发现的石雕人像。2011 年起，考古学家对石峁遗址进行全面考察后发现了二十多件出土于石峁皇城台的石人像。雕刻使用石人像在中国东部的史前文化中非常罕见，但在南西伯利亚和新疆地区则是一个突出的文化现象。

与石峁遗址大约处在同一时期，也同样流行壮观石雕人像文化的古文明，是处在南西伯利亚的奥库涅夫文化（Okunev Culture）。奥库涅夫文化活跃于大约 4500—3700 年前，可能来自北方森林地带或叶尼塞河地区。这个文化遗址最有特点的石人有两种，一种是小型的一端为圆雕人头的石棒，一种是大型的墓葬立石。石峁文化出土的石人，与奥库涅夫文化早期的石人很是接近。

1　参见孙周勇、邵晶、邸楠:《石峁遗址的考古发现与研究综述》,《中原文物》2020 年第 1 期。

石峁遗址出土的大量石雕人像

奥库涅夫文化石像

　　除了奥库涅夫文化之外，新疆发现的切木尔切克文化的石人雕刻也可能对石峁文化产生了很大影响。切木尔切克文化的特点之一是多数墓建有块石围成的坟院，坟院东侧栽立石人，石人脸部周围被圈起来，也与石峁出土的石雕人像相近。[1]

　　石峁文化从西方和北方来，这可能吗？仔细想想，其实很有可能。石人文化在欧亚大草原西部源远流长。大约活跃于 5300—4600 年前的颜那亚文化（Yamnaya Culture）的典型特征之一就是使用拟人化的石碑来标志坟墓，上面还会雕刻人的头、手臂、手和武器等部位与器具。颜那亚文化使用的这些石人像可能又来自更早的、黑海北岸的密卡洛伏喀

　　1　参见郭物：《从石峁遗址的石人看龙山时代中国北方同欧亚草原的交流》，中国考古网，2013 年 4 月 18 日。

切木尔切克文化石雕人像

（Mikhaylovka Culture）和凯米—奥巴文化（Kemi Oba Culture）。颜那亚人可能在征服了这些部落之后，把他们的石雕拿来作自己坟墓里的棺盖。

颜那亚人在考古史上可谓赫赫有名，因为从目前的考古发现和分子人类学研究来看，他们是原始印欧民族最有可能的候选人。18 世纪后半期，英国语言学家威廉·琼斯发现当时欧洲人已知的最古老语言中，拉丁语、希腊语、梵语和波斯语之间在语法和词汇上有很惊人的相似之处。19 世纪德国学者弗兰茨·博普对此理论进行了系统论证。到 20 世纪，这些语言被归类为印度—日耳曼语系，或称雅利安语系。后来人们逐渐发现，其实欧洲大多数语言都与此有关联，故改称印欧语系。

由于同属一个语系，历史学家们便假设说这些语言的人存在共同的祖先，即原始印欧民族。今天根据出土文物和基因鉴定来看，起源于顿河—伏尔加河流域的颜那亚人是原始印欧民族最有可能的候选人。他们大约在 5400 年前起源于欧亚大草原西部，在 5000 年前开始向周边扩散，向西征服了当地早期欧洲农民。在现代欧洲人口中，颜那亚人贡献了42.8%（乌克兰）—50.4%（芬兰）的DNA。[1]在德国的绳纹文化中，他们贡献了73%的DNA。向南，他们进入希腊半岛，塑造了今天希腊语的前身。[2]向东，他们可能催生了早期的斯基泰文明。向东南，他们可能越过伊朗高原进入印度，在当前的南亚国家中仍有大量后裔。印度的达罗毗荼人就表现出显著的颜那亚血统。

颜那亚人为什么能够在5000年前四处征服，足迹遍布亚欧大陆各处？简单说来，有一个客观原因和一个主观原因。

一个客观原因，是颜那亚人活跃的乌克兰北部草原地带，从地貌上来讲是横贯亚欧大陆中部的欧亚大草原的一部分。欧亚大草原东起中国东北和蒙古地区，经蒙古高原—大兴安岭草原地区、阿拉山口、哈萨克草原、乌拉尔—里海草原一直延伸到东欧大草原，西至乌克兰和匈牙利。这片草原地形平坦，水草丰美，同时也沼泽多布，危机四伏。如果是不熟悉草原生活的农耕民族，则完全无法利用这片草原。但如果是非常熟悉此地环境的马上民族，那就可以凭借对地形的利用、对畜群的掌控和相应的野外求生技能，以大草原为依凭，实现在亚欧大陆两端的快速机动。毫不夸张地说，在铁路技术出现之前，欧亚大草原对驯化了马匹的游牧民族来说，就是横贯东西的铁路。日后成吉思汗在征服花剌子模时，正是利用了草原通道，才在十数日之内就出现在距离花剌子模前线阵地近1000公里的后方，震撼了整个花剌子模帝国。

而主观原因，自然就是颜那亚人本来就是马上民族。人类目前最古

1　Wolfgang Haak et al., *Massive Migration from the Steppe Was a Source for Indo-European Languages in Europe*, Nature 522 (2015).

2　David Reich, *Ancient DNA Offers New Insights into the Origins and Spread of Languages and Populations Across the Southern Arc*, September 2, 2022.

老的车轮出土于本都大草原北部，时间点上正是颜那亚文化活跃的时期。[1] 也有考古证据表明，颜那亚人懂得骑马，他们是最早的马匹驯化者之一。[2] 驯化马匹，使用车轮，这对于5000年前的人类来说都是极其重要的技术进步。驯化马匹意味着军事能力和对畜群的控制能力得到了质的飞跃，而使用有车轮的推车则能够大大增强人类运载货物、携带物资行动和进行长途迁徙的能力。这就是颜那亚人能够在远古时代就能征服那样广大地区的原因。

讲明白了颜那亚文化的重要性，我们就可以回到主题上了。因为颜那亚人在大约5000年前进入阿尔泰地区，形成了阿凡纳谢沃文化（Afanasievo Culture）。而阿凡纳谢沃文化则影响了我们之前讲过的奥库涅夫文化与切木尔切克文化。石峁人的石雕人像艺术，又是受奥库涅夫和切木尔切克文化影响形成的。也就是说，石峁人受到了古老而强悍的颜那亚文化的影响。

其实我们沿着历史继续往下看就能明白。就商周的自我文化认同来看，这些王朝歌颂自己取得科技文化的成就，肯定不如歌颂自己取得的军事征服成就来得多。《诗经》中的《周颂·武》一篇，讲的正是武王克商：

> 於皇武王！
> 无竞维烈。

1　Hans J. J. G. Holm, *The Earliest Wheel Finds, Their Archaeology and Indo-European Terminology in Time and Space, and Early Migrations Around the Caucasus*, Budapest：Archaeolingua, 2019.

2　J. P. Mallory, *In Search of the Indo-Europeans：Language, Archaeology, and Myth*, Thames and Hudson, 1989, p. 213.

允文文王，

克开厥后。

嗣武受之，

胜殷遏刘，

耆定尔功。

周人没有放弃对陶寺文化中"日影一尺六寸"这个神圣数字的继承，但他们一定非常明白，王朝的底气必然以成功的暴力能力为基础，如果没有这个基础，一切免谈。这正是中原政权从与欧亚草原的互动中学到的切身教训。陶寺之于中国是确凿无疑的开始，但是周才从文化认同上完成了对中国的定义。所谓"礼仪之大谓之夏"，巍巍文德，赫赫武功，文质彬彬，然后君子。

请注意，我们的第一个故事，关于陶寺和"中"国的诞生，其中传达的最根本道理在于，陶寺人之所以能够缔造"中国"这个概念，恰恰在于他们认为自己是最优秀的，因而他们才是"中"国人。这是关于"中国"诞生之初的第一个"超级事实"。

然而，关于"中国"诞生之初的第二个"超级事实"，就是生在这样一个地缘政治空间区位，我们必须同时承受扑面而来的"世界"。

熟悉中国历史的朋友也都知道我想讲什么。专注于农耕发展和科技进步的东亚政权，被专注于马上征服的草原政权征服，其实屡有发生。从更大的地缘政治空间范围看，陶寺文化所活跃的适合早期人类繁衍的黄河流域北部，靠近欧亚大草原的中东端，历来就是受到亚欧大陆历史上最强大、最活跃、最勇悍的马上民族威胁最直接的地区之一。

更重要的是，这些马上民族的力量，绝不像我们想象的那样"落后""野蛮"。驯化马匹和发明车轮，本身就是技术的进步。经由驯化马匹而有能力扩大畜牧活动范围的北方游牧民族，因其对自然资源控制能力的提高，而拥有更优质的生活水平，其个体平均摄入蛋白质等营养物质的水平较农耕民族实际上要高出很多。[1]这怎么不是一种技术先进的表现呢？就算被征服集团在天文、农业、数学、艺术乃至文学方面都取得了更高级的成就，那也不能弥补它在军事技术方面的落后呀。一个在军事技术上更为先进的集团，战胜另外一个在军事技术上不那么先进的集团，这不是很自然的情况吗？怎么就变成了文明与野蛮之争呢？难道我们判定文明的标准只能以农耕为基准，却不能以游牧为基准？

优秀的人最容易犯下的错误是自大，优秀的文明最容易犯下的错误是因为自我封闭而造成的评价标准单一化。因为适应于农耕社会而取得优秀的成就固然是好事，然而当人们沉湎于这些优秀的成就，忽略了文明进步还可以有其他标准（例如个体平均的蛋白质摄入量和机动能力），那便会成为一种坏事。

陶寺人生而有幸成为"执中之国"，但也生而不幸位于石峁之侧，这正是我们不可忽视的第二个"超级事实"：古代的我们并不是像我们想象的那样与众不同，隔离于世界。我们通过欧亚大草原与世界相连，通过云贵高原与世界相连，通过南洋与世界相连，通过东海与世界相连。

世界从来不曾离开过我们的历史，只是我们很容易忽略它而已。但当我们过分沉醉于自己取得的成功，而太过忽略世界在发生什么时，世界就会狠狠向我们袭来。

相比起来，有一些人更明白"我们"是怎么回事，有一些人更明白"世界"是怎么回事。这就是后来之中国与开始之中国不同的地方。陶

---

1 〔美〕大卫·安东尼：《马、车轮和语言》，张礼艳等译，中国社会科学出版社，2016 年，第一部分。

寺作为开始之中国，代表了一种执宇宙中心的乐观主义精神。但是中国之所以能够延续至今，恰恰是因为在后来的残酷现实中，那些更明白世界的人征服了那些更明白自己的人，从而在某种意义上强迫中国吸纳了世界的更多因素——不论是更北方的、更东方的、更西方的还是更南方的。这或许也是文明的一种成长：我们终将成为与我们一开始设想的大相迥异之人。幸运的是，我们终究还能够吸纳这些因素，并把它们划归我们自己的历史传统中。残酷的是，我们往往要经历巨大的动荡、战乱，才在辗转挣扎中把关于世界的知识内化到我们自己身上，含着血泪告诫后人：下一次一定不能忘却。

这就是我想讲的第一个故事，关于陶寺兴亡的故事，关于最初之中国如何开始，又如何在残酷的历史中被修正的故事。

我也希望通过把这样一个故事放在开篇，来刺激你思考这样一个命题：为了更好地理解中国这一文明，我们必须首先把世界还给她。

第二章

秦始皇崇拜亚历山大大帝吗？

"秦制西来"说

看到这个标题，你或许会觉得太过哗众取宠。亚历山大和秦始皇，各自都是威名赫赫的统治者，他们之间就必然要有联系，甚至会有崇拜之情吗？在亚历山大大帝死的那一年，也就是公元前323年，他的帝国就烟消云散了。而赵政称帝是在公元前221年，晚出102年。其间中文文献既没有明确记载亚历山大帝国与中原有往来的资料，又没有提到亚历山大这个名字。凭什么说秦始皇可能是亚历山大的崇拜者呢？东西方相隔如此之远，传统如此不同的两大文明，存在这样的联系，这可能吗？

且听我仔细分析。

其实，认为秦制受到外来影响的观点早已有之。只不过，过去的史学家一般认为，秦制模仿的这个对象与希腊无关，而主要是波斯。

早在1997年，饶宗颐就在《中国古代"胁生"的传说》一文中指出，居鲁士于公元前539年攻克巴比伦，以有道代替无道，抚有四方，用理万民。他在圆筒刻石中把民众称为"black-headed people"，即秦人之"黔首"也。饶宗颐指出，始皇二十六年（公元前221）统一天下，刻石颂德，分立三十六郡，更民名曰黔首。颇疑远受到波斯分省制度之影响，而"黔首"一名则承袭西亚之旧称。

后来朱大可在2014年出版的《华夏上古神系》中指出，秦帝国的制度与手段，除了"御道"来自东周的传舍制度，其余无一不出自波斯帝国的发明。秦始皇只是一个沉默的克隆者，他和他的臣子都拒绝说出秦制的秘密来源。

当然，读到这些论点的时候，相信我的感受跟很多朋友一样。这些相似性说来太宏观，太粗糙，而且中间缺乏必要的传播链条实证。

比如说，居鲁士把民众称为"black-headed people"，跟秦人把民众称为"黔首"，中间有没有语言学传播的实证链条呢？"民众"是任何社会很早就会产生的基础概念，需要从其他文明中借用吗？不同语言间的借用词，音译比意译更常见，何以在这个概念上选择意译呢？black-headed和黔首有没有可能是因为同为黑发人种，或劳动者肤色黝黑而产生的称呼呢？总而言之，如果没有对这些质疑详加讨论，上述结论实在令人难以置信。

不过，如果我们进一步从出土文物中去寻找秦帝国受西来技术与文化影响的证据链条，那么我们或可以接受的一种观点是：始皇帝开创的帝国受外来文化因素影响和启发的程度，比我们想象的要大得多。

这正是原秦陵考古队队长段清波持有的观点。在其发表的《从秦始皇陵考古看中西文化交流》系列文章中，段清波从考古发现和历史记载中举出许多翔实的证据，说明西亚、中亚等传入的技术与文化对秦帝国和秦始皇以前的中国产生了巨大影响。我在这里简要梳理他列举的证据：

一、先秦时代的陶俑雕塑艺术并不发达，规格亦极小，面部刻画和肢体比例也不准确。但兵马俑的造像艺术空前绝后，烧制与上色技艺也有质的飞跃，不能单纯用帝国国力强大来解释，很可能与斯基泰文化的传播有关。

二、秦陵出土的百戏俑在躯干、骨骼和肌肉的表现上展现出艺术家对人体解剖学的精准掌握，这种艺术风格在此阶段的东方文化传统中也绝无仅有。

三、对秦陵修陵人乱葬坑的几具人骨进行了两次DNA检测，其中第一次检测的结果显示，其中有一具人骨可能属于欧罗巴西部人种。

四、秦陵在地表之上、封土之下建设巨型建筑体的现象，不符合此前中国古代高台建筑的一般规律，而与两河流域的同类建筑相似，可能与波斯帝国的居鲁士石陵墓和莫索拉斯总督陵墓有关联性。

五、秦陵使用的条形砖、错缝和拱券技术可能源于两河流域。

六、秦陵出土的青铜水禽铸造工艺在东方十分少见，而在地中海地区则很常见。

七、秦陵出土的铜车马仿真座驾，在中国古代并无发掘，但在波斯帝国莫索拉斯陵墓则有先例。

八、中原地区时代较早的铁器几乎都发现于秦国，可能是由域外传来的。

九、春秋中晚期秦都雍城马家庄宗庙使用的槽型板瓦在此前与此后的考古学文化中均未出现，而在希腊、罗马及波斯帝国疆域内则屡见不鲜。

十、《史记》中记载的"禁不得祠"中，"不得"可能是梵文"佛陀"（Buddha）的音译。佛教可能在当时已传入中国。

十一、秦以外的列国文化并未出现大型石雕石刻，至霍去病时才又重新出现。而石刻碑铭和石雕艺术在埃及、波斯和地中海地区则十分盛行。

十二、秦文化出土的茧形壶出现于战国中期，在西汉中期后销声匿迹，但在塞浦路斯极为流行。

十三、大流士一世在一统波斯帝国后构建的行省、军区、货币、税收、法律、文字及交通等制度，与大秦帝国相似。具体来说，大流士首创行省制度，将全国分为二十多个行省，每省设总督、将军和收税官，类似于秦制中郡守、郡尉和监御史之间的分工。大流士采取统一全国币制和度量衡的制度，强化"国王意志和命令就是法律"的君主制传统，与秦制也类似。大流士将阿拉米亚语确定为全国通用的官方语言，与秦制统一文字类似。大流士修建贯通全国的"御道"，与秦帝国修建"驰道"类似。大流士对宗教采取宽容政策，也与秦帝国类似。

秦陵中的青铜水禽

公元前 5 世纪的古希腊青铜水禽

让我们来仔细梳理这些论点。大略来说，我们可以把支持"秦制西来说"的证据分为两类，一类与具体器物相关，另一类则关乎宏观制度。

从具体器物的角度来说，我认为段清波的许多观点是有道理的：了解艺术史的朋友们都知道，就算掌握了铸造、雕刻、制陶等基础技术，工匠的造像艺术风格也不能凭空产生，就像波提切利、米开朗琪罗或达·芬奇的画风不能凭空产生一样。古代工匠与现代艺术家不同，因为受到甲方（皇室、贵族或者富户）审美传统的限制，他们的艺术风格很少在短短几十年里发生突变，而是要遵循这个社会相对已定形的文化习俗。而且涉及造像艺术的话，还跟雕刻技法和铸造技术有关。如果不是有外来文化的突然刺激，很难想象造像风格会发生巨大变化。

套用福尔摩斯的名言，排除掉逻辑上不可能的因素，剩下的事情无论如何难以想象，那也是事实。既然段清波从大量具体的器物入手，论证了兵马俑、铜水禽、铜车马、条形砖和拱券技术与中原本土风格迥异，而考察艺术史后我们又很难相信这是因为工匠群体发生了技艺上的突变，那么相对合理的解释就是，秦陵中的这些具体器物或许受到西来艺术的深刻影响，或许有西来的工匠直接参与。

其实这本来也不是什么稀奇的事情，在中国古代史上也经常出现。唐代宫廷里有充当宿卫的胡人，清代有郎世宁这样的西洋画家，这对横跨汉地和中亚文明的辽阔帝国来说本就理所当然。而秦汉都是有能力向中亚和北亚辐射政治影响力的强大帝国，所以存在器物层面的密切交流本就属常态。

所以，核心的争论点当然就在宏观制度的层面。然而从这个角度讲，我认为许多"秦制西来说"的观点缺乏强有力的论据支持。这里的核心逻辑有两层：

其一，大略来看，波斯和秦帝国在政治制度上确实存在很多相似性，但若进一步细微辨析，其中的细节终究存在许多差异。例如，波斯虽设行省，但行省总督有相当大的自主权。其收税官所采取的也是"包税制"，也就是"交足中央的，剩下的都是自己的"，这与法网密布、靡费民力的秦制有很大区别。再者，波斯虽然确定阿拉米亚语为官方语言，但实践中是许多语言并行，其统一程度与大秦不可同日而语。

当然，反过来讲，也可以说这些具体的细节差异，正是一般政治规律的体现。因为就算是从别国引进了所谓先进的政治理念，套用到本国实践中时，也需加以改变，以适应具体操作。波斯帝国统治的地域族群复杂，语言不通，信仰、习俗和法律各有渊源，本来就不可能达到秦帝国的一统程度。秦在实践中对宏观理念有具体的损益，也属常理。因此，这些具体区别也不能完全否定"秦制西来说"。

这就使我们推进到：

其二，波斯和秦帝国在政治制度上的相似性，未必一定是出于传承或模仿，也可能是因为两个政权面临着相似的政治任务，也就是必须对超大疆域范围内的多种文明进行有效治理，从而各自平行摸索出类似的制度。这方面，人类历史上还有许多类似的例子。例如，埃及和殷商都实施某种神权与政权相结合的制度，我们却找不到明确证据说明两种政体之间相互模仿。先秦时代、中古欧洲和日本也分别实施了分封建国的"封建制度"，我们似乎也不能说一定是后两者学习了先秦。人性毕竟有普世之处，在面临类似的政治处境时，找到有共通性的解决方案，也属常理，不能断言说是谁学习了谁。

当然，一个社会模仿吸收另一个社会的先进经验来立国建制，这样的例子也是存在的。例如 645 年，日本效仿唐代进行大化革新以及 1890 年日本学习德国立宪，都有明确的进程。但是，要出现这种情况，至少要满足三个条件：一是两个社会基本处在同时期；二是有明确的证据说明具体理念或实践的传承关系；三是作为模仿者的社会，本身应该有许多文献和证据讨论被模仿者的实践制度与传承关系。

秦帝国和波斯帝国之间，除了满足第一条，即时代差距不大之外，实在还是很难满足其余两条标准。就算是因为许多史实证据因过分久远而被湮没了，难道一丝痕迹也没有流传下来吗？又或者，历史记录在文献上因为某些特殊原因而遭到销毁，那么销毁这些证据的原因又是什么呢？又有什么实质性的出土证据来补充文献上的不足呢？看来，虽然秦帝国有许多"空前绝后"的特征，以"西来说"来解释更符合逻辑，但要证明秦帝国和波斯之间的密切联系，归根结底还是缺乏了具体的传承关系与出土证据。

而我的观点是，如果这种联系在历史上的确存在，那么补足秦与波斯之间空白地带的关键一环，正是本章标题中提到的，亚历山大大帝。

这中间有三个关键切入点，一是金人，二是大夏，三是胡亥。

十二金人的渊源

先来说金人。

熟悉秦代历史的朋友，大概对下面这两段文字算是耳熟能详了。司马迁在《史记》中记载，秦始皇统一六国后，"收天下兵，聚之咸阳，销以为钟镰，金人十二，重各千石，置廷宫中"。贾谊在《过秦论》中也说："收天下之兵，聚之咸阳，销锋镝，铸以为金人十二，以弱天下之民。"

这十二金人实在是中国古代史上一桩千古悬案。因为在此之前，无论西周东周还是春秋战国，遍考史册，古代中国并没有铸造金人（青铜人像）象征王权的传统。而在此之后的西汉，关于金人的最著名记载，也只有霍去病夺得匈奴供奉的"祭天金人"这一孤例。再结合对考古发现的追溯，自红山、仰韶以降，除三星堆外，中国本土的古文明并没有大规模铸造青铜巨像的传统。

而且，在政治神圣性的问题上，中国人最认可的道理叫作"名正言顺"。孔子在《论语》中说："名不正，则言不顺；言不顺，则事不成；事不成，则礼乐不兴；礼乐不兴，则刑罚不中；刑罚不中，则民无所错手足。"这段话倒不是迂腐，而是天底下所有政治建制都必须遵循的一条规律：政治仪式的正当性。

仪式能够规训人的行为，因此仪式进行的场所及其过程是政治权力天然的演练场。所有的古代文明，不论东方也好，希腊也好，作为政治仪式的"礼法"在建制之初都有类似习惯法的社会功能。因此，重大的政治仪式必然要有神圣性或政治理论的根基。如果说一个朝代建立之初，要铸造十二个巨大的青铜人像，还要记录于史书，那么它绝不可能仅仅只是"以弱黔首"这样一种权术上的功用，它必然是作为一个重要的政治仪式发挥作用。然而，先秦时代有关政治仪式的重要文献，例如《仪礼》《礼记》与《周官》中，均不见有关金人的记载。尤其是在《考工记》中，为彰显政治仪式的神圣性，该书对战车、车轮、长弓、玉璧、釜甋、宫殿乃至青铜器的尺寸材质均有详细的规定，独独不见有关金人的任何记载。这十分不合情理。

金人来历为何？《史记》未能揭露这个奥秘，但在《汉书·五行志》中的一段记载，可能会使我们更进一步接近真相。这段记载的全文是这样的：

史记秦始皇帝二十六年，有大人长五丈，足履六尺，皆夷狄服，凡十二人，见于临洮。天戒若曰，勿大为夷狄之行，将受其祸。是岁始皇初并六国，反喜以为瑞，销天下兵器，作金人十二以象之。遂自贤圣，燔诗书，坑儒士；奢淫暴虐，务欲广地；南戍五岭，北筑长城以备胡越，堑山填谷，西起临洮，东至辽东，径数千里。故大人见于临洮，明祸乱之起。后十四年而秦亡，亡自戍卒陈胜发。

这段文字的大致意思是，秦始皇二十六年（公元前221），在临洮出现了十二个身长五丈、足履六尺的“大人”，穿的都是夷狄的服装。这是天降征兆，不要大肆实施夷狄的行为，否则将遭受祸乱。但是，那年秦始皇刚刚吞并六国，反而以为这是祥瑞，于是销毁天下的兵器，制作了十二个青铜人像来纪念。所以“大人见于临洮”，其实是祸乱的象征。

这段记载作出最重要的提示，就是十二金人的来历并非中国本土所有，而是与“夷狄”有关。而且，秦始皇确实把它当作一个重要的、神圣的政治象征，以至于又在咸阳以十二金人复刻了临洮出现的十二大人的形象。那么，临洮十二大人的来源又是什么？它在政治仪式上有什么重要性呢？

回答这个问题的关键并不是波斯帝国。波斯帝国虽然也有发达的青铜造像艺术，但是并不存在与十二金人直接匹配的仪式性造像。回答这个问题的关键其实在亚历山大大帝的祖国马其顿王国。具体来说，就是亚历山大大帝的父亲腓力二世。因为正是腓力二世本人，开创了以青铜铸造奥林匹斯十二主神像，并以此将自己的统治神圣化的政治传统！

腓力二世是亚历山大的父亲，也是马其顿王国崛起的奠基人。他在

阿尔特米西昂青铜像，现藏雅典国家考古博物馆

即位以后，先后击败雅典、伊利里亚、福基斯等强敌，并于科林斯召开全希腊会议，确定成立马其顿—希腊的永久同盟，马其顿为盟主。这实际上与后来拿破仑成立莱茵同盟控制德意志邦国的手法一致，是马其顿对希腊城邦成功实行分而治之政策的象征。

就当时的希腊而言，腓力二世的扩张成就已属前无古人，因此他也产生了强烈的愿望，将自己与诸神并列。在他庆贺女儿婚礼当天，命人制成奥林匹斯十二主神的铜像，而紧随十二尊铜像之后的，便是他自己的青铜造像。这种仪式在希腊地区也是前所未见的，腓力二世开创性的做法，其实是在暗示他自己的神格化。不幸的是，腓力二世恰于女儿婚礼当天被自己的护卫官保萨尼亚斯刺杀身亡。这更给十二青铜像蒙上了一层神秘色彩，似乎此举僭越了凡人所应得之荣耀，从而招致众神的报复。

腓力二世的神格化举措虽然遭到意外，但并不是没有继承者。他的儿子亚历山大大帝正是这种神格化仪式的直接继承人。我们知道，亚历山大后来接连征服了小亚细亚、波斯、埃及、粟特以及印度北部，武功赫赫，前无古人。而在征战过程中，为了统合来自不同文明、不同社会的将士，他必须以远超希腊本土经验的方式，在士兵心目中树立自己的权威，巩固他们对自己的个人崇拜。腓力二世的神格化仪式，正是他最直接的借鉴来源。

有关亚历山大大帝如何神格化自己，历史中有很多记载。例如，公元前 334 年冬，马其顿军队通过小亚细亚南岸的法赛利斯时，遇到劲风，海浪拍击沿岸，阻塞道路。而亚历山大大帝莅临后，恰巧吹起北风，抑制海浪，军队得以顺利通过。随军历史学家卡利西尼斯立刻把这个场景描写成海浪向大帝屈膝行波斯风格的跪拜礼，迎接他的到来。

再如，更著名的故事是，亚历山大在离开弗里吉亚之前拜访宙斯神殿，神殿中藏有戈尔迪亚斯供奉的牛车。牛车车辕上绑有结实的绳结，无法解开。传说能解开绳结的人，就能成为亚洲的统治者。亚历山大挥剑斩断绳结，应验预言。但是，根据阿里安的《亚历山大远征记》，这个故事原先的版本是弗里吉亚陷入内讧时，神谕宣告将有牛车载着国王前来。戈尔迪亚斯之子迈达斯恰巧与双亲乘牛车经过，遂被推举为国王。历史学家推测，很可能是卡利西尼斯为了神化亚历山大，以此为基础创造了更为脍炙人口的传说。

除了历史学家的发明之外，亚历山大还借助各地特有的传统来神化自己。根据地中海沿岸的传统，他将自己双亲的谱系上溯到阿基里斯和赫拉克勒斯。迦太基名将汉尼拔也利用过类似的手段。根据狄杜马的阿波罗神谕，他是宙斯之子。在古埃及的传说中，他身穿阿蒙神圣衣，戴上阿蒙神羊角，宣布自己是阿蒙神的后裔。而在波斯的传统里，他接受凡人跪拜，地位与神相似。跟我们主题最相关的，则是希腊诸城邦派使节团来巴比伦拜访亚历山大大帝时，宣布决议将他神格化。

这件事发生在公元前 323 年，当时亚历山大大帝刚从印度归来，接受众使节参拜。希腊使节头戴桂冠，向大帝献上黄金之冠。此举代表这些人不是一般的使节，而是由城邦为了执行与神明相关的任务而正式派遣的使节，如聆听神谕、出席祭典、向神明献上供物等等。除此之外，希腊人还在梅格洛波利斯修建献给大帝的宫廷，旁建阿蒙神像，并将大帝已逝的挚友赫菲斯提翁当作半神来祭祀。也就是说，亚历山大大帝在位晚期，已成功完成了自己的神格化过程。

而以十二主神像举行游行庆典，正是这个神格化仪式中的重要一环。更重要的是，这是被大帝后继者承认的、纪念大帝及其后继人的神圣仪式。关于这一点，我们可以得到一个明确的佐证：大帝死后，他的部将托勒密成为埃及王国，是为托勒密一世。托勒密一世得到了大帝的遗体，将其埋葬在如今埃及的亚历山大港，并推崇大帝为国家之神，还为他举行盛大的祭典。罗马作家阿特纳奥斯曾在《飨宴的智者》（*Deipnosophistae*）第五卷中详细记述了托勒密祭典的情形，其中就描述了在游行队伍中，领头的是宙斯等十二主神神像，后面跟随的是大象拉着的黄金亚历山大像，随后则是托勒密一世的雕像。这也就是说，十二主神像与统治者的黄金雕像联系在一起，成为亚历山大大帝及其继承者的标准神格化仪式。

铸有大象拉托勒密一世雕像场景的金币

当我读到这一段时，我立刻意识到，统治者想要把自己神格化的强烈愿望，或许更有可能是跨文明政权相互借鉴的最直接源泉。我作出这个判断的原因是，我并非历史学专业出身，而是政治学专业出身。我意识到这个观点恰恰符合政治学所关切的权威来源与帝王心态：多数情况下，统治者本人对借鉴他族的科技、文化或制度都不甚上心，但唯独有一点是最触动他们心弦的，那便是巩固和扩张自身权势的方法。而借由铸造神像完成自身的神格化，从而论证自己统治的神圣性，正是每个统治者内心深处最为看重之事。

仔细想一想，秦始皇给自己选择的"皇帝"这一称号，从某种意义上也是一种神格化的举措。有学者认为，"帝"这一词语来自印欧语中的"deus"（神祇），是古印欧民族在东北亚的文化遗留。[1] "帝"在商代早期专指"上帝"，即中国古代的天帝，被认为控制着战争、收成、灾害和国家的命运。到了周代，这一称谓跟周人信仰的"天"相结合，成为"昊天上帝"。东周时代，古代典籍中的"三皇"和"五帝"也在一定程度上神格化了。例如，《大戴礼记》中有一篇叫作《五帝德》，内容就是孔子讲述黄帝、颛顼、帝喾以及尧、舜、禹等人的事迹。其

---

1 Zhou Jixu, *Old Chinese "*tees" and Proto-Indo-European "*deus": Similarity in Religious Ideas and a Common Source in Linguistics*, Sino-Platonic Papers, Number 167, December, 2005.

中提到黄帝"乘龙扆云"，颛顼"乘龙而至四海"，帝喾"春夏乘龙"，至少夹杂着一半神话传说。因此，秦始皇称帝，乃至于封禅泰山，都可以说是一种东方传统的统治者神格化举措。而这是否受到了亚历山大以十二金人神格化自己这件事的启发？

要下这个结论的话，我们还得证明一件事，那就是秦始皇与亚历山大，或者说与希腊文明之间存在某种或直接或间接的沟通渠道。毕竟一个在西，一个在东，相隔千万里之遥。倘若没有双方具体接触的记载，这种说法也实在太难令人置信。

马其顿与秦帝国，两个文明有可能直接接触过吗？有。答案就在第二个切入点：大夏。

神秘的大夏

大夏这个国家不见于先秦典籍。它在现存中文文献中第一次出现，是在张骞出使西域留下的记录中。《史记》中记载："大夏在大宛西南二千余里妫水南。其俗土著，有城屋，与大宛同俗。无大君长，往往城邑置小长。其兵弱，畏战。善贾市。"从这段记载中可得知，张骞见到的大夏，是一个实施共和制、善于经商的城邦政权。

今天学者的共识是，张骞见到的大夏，是中亚希腊化国家希腊—巴克特里亚王国的残余。中亚为什么会出现希腊化国家？这还要从亚历山大大帝的征服说起。

巴克特里亚位于中亚阿姆河以南，兴都库什以北，大致覆盖今天的阿富汗北部、塔吉克斯坦西南和乌兹别克斯坦东南部。公元前330年，在东征波斯取得最初的胜利之后，亚历山大大帝将曾经受雇于波斯的许多希腊士兵以及曾对自己发表过批判性言论的士兵命名为"无纪律部队"，并将他们流放到巴克特里亚和粟特地区。这两个地方自然条件严苛，远离希腊故土，可以想象，被流放至此的希腊士兵一定生活艰难，心存怨念，渴望回到家乡。于是他们支持当地总督贝苏斯发动政变，拘禁已归顺亚历山大的当地国王，掌握实权。公元前 329 年，亚历山大大帝回师平叛，于当地建立了所谓"绝域亚历山大"（意为"最遥远的亚历山大城"），位于今天塔吉克斯坦的苦盏。

这里我需要简单解释一下。亚历山大征服各地期间，建立了至少二十座"亚历山大城"，像阿富汗的坎大哈和赫拉特，前身都是亚历山大城。这些城并不是真正的城市，而是规模较大的军事据点，用于监视、布防、镇压和流放反叛人群，其性质有些类似于明代的卫所和清代的满城。

为了控制这片区域，亚历山大大帝颇费苦心。他与俘虏的粟特地方豪族欧克西亚提斯之女罗克珊娜（Roxana）结婚，后来生下亚历山大四世，是为大帝的继承人。据称，这位罗克珊娜的姓名与后来兴风作浪的安禄山同源，在粟特语中都是"光明"的意思。而两人的命运也都相当云谲波诡：安禄山自不必多言，罗克珊娜母子后来卷入帝位争夺中，最终于公元前 310 年遭亚历山大将军卡山德杀害，亦在古代帝国层出不穷的夺嫡风浪中写下悲情的一笔。

总而言之，巴克特里亚是一片远在中亚，却因为种种原因卷入亚历山大帝国核心斗争的地域。后来，亚历山大的部将塞琉卡斯继承了帝国的最大领土，建立了塞琉古王国。公元前 306 年起，塞琉卡斯穿越伊朗高原远征巴克特里亚，平定该地区。随后他又南下进攻印度，败于孔雀王朝的旃陀罗笈多大军手下。从这段历史中我们可以清晰地体会中亚地区的特点：它西接伊朗，南下印度，北临草原，东望中国的新疆，正是亚欧大陆最核心区域的通衢之地。正因如此，此地最容易形成汇集旧大陆诸文明特色的融合型艺术，例如吸收了希腊与印度造像风格的犍陀罗艺术。

塞琉卡斯在平定巴克特里亚之后，将其设立为塞琉古王国的一个行省。但是，在公元前 3 世纪中叶，担任巴克特里亚行省总督的狄奥多图斯一世自立为王，成立了后来被称为希腊—巴克特里亚王国的国家。这个国家在历史上湮灭已久，长期被认为是类似于特洛伊城一样的传说，是文艺复兴时代作家们对古老东方希腊王国的浪漫想象。

不过，自 1965 年法国考古调查队在阿姆河和科克恰河汇流处发掘出古希腊城址以来，希腊—巴克特里亚如同特洛伊一样，成了一个被考古发现证实了的名字。希

犍陀罗艺术造像

希腊神话中的赫拉克勒斯在犍陀罗艺术的影响下演变为东亚金刚造像

腊—巴克特里亚王国的重见天日，为历史上中亚、印度和中国的交流空白处，补缀上一片重要的拼图。

简单说来，就是这个王国的扩张，有可能使得中亚地区，包括今天中国西北部一带出现大片的希腊化地区，从而与秦帝国的领土接壤。这样一来，秦与希腊以及被希腊化国家吸收的波斯文化要素发生接触，就不是不可能的事了。

由于在古典时代生活在中亚和中国西北部地区的游牧民族缺少文献资料，其历史叙述高度依赖汉语文献，而古代汉语文献对戎狄、蛮夷的区分并不清晰，因此导致这期间的许多环节还需要我们靠推理来补足。比如，中亚和中国西北部希腊化的形态大概会是怎样的？我们必须根据当地地缘环境，结合考古资料来进行分析。

从巴克特里亚地区向东旅行到费尔干纳盆地，就几乎是中亚农耕社会区域的尽头。从这里继续向东是费尔干纳山，北部是天山，南部是阿赖山。翻越这些山脉，就是大片的荒漠，中间散布着一些绿洲。环绕着这些绿洲可能存在小的农耕区，也可能形成商贸补给点。但是贸易路线的确可以把它们连缀起来，这也就是历史上鼎鼎有名的丝绸之路。

丝绸之路上经常围绕着绿洲形成众多小的贸易城邦，这些城邦在名义上可能附属于周边强大的农耕国家或游牧国家，但也保有相当程度的自治权。究其原因，实在是因为各个周边的农业帝国要占领和防御这片区域，成本实在太高，倒不如退而求其次，不追求实控，而是保留某种宗主权来得更为实际。这是有文献记载以来近 2000 年，在中亚地区反复发生的故事。我们可以合理地推测，在公元前 3 世纪—公元前 2 世纪的时代，巴克特里亚和秦国之间的大片区域可能也是如此。

罗马帝国时代，未受罗马控制的日耳曼地区和东欧地区经常发生蛮族罗马化的现象，也就是蛮族部落可能因为受雇于罗马作战，或者臣属于罗马的缘故而掌握其语言，学习其风俗。但他们的生活方式仍保留原先形态，甚至经常在罗马和蛮族之间切换身份。先秦时代各国边境的戎狄之国也是如此。秦地附近有义渠国，赵地附近有中山国，还有如绵诸、绲戎、翟、獂、大荔、乌氏、朐衍、林胡、楼烦、东胡、山戎等，它们与中原的关系大约也跟蛮族与罗马的关系类似。我们可以合理地推断，在巴克特里亚和秦国之间，也会有各种绿洲城邦和游牧部落希腊化或中国化。在这个过程中，希腊文化和中国文化接触交流，相互影响，就是很自然的事了。

有一些考古发现能够证实以上的推测。例如，在天山北部，考古学家发现了公元前 3 世纪的希腊重装步兵雕像，头戴希腊弗里吉亚式头盔。这应该是比较确凿的希腊—巴克特里亚王国文物。

天山南麓也有一些希腊化的迹象。例如，因为小说《鬼吹灯》而声名大噪的"精绝古城"，其真实地理位置位于今新疆维吾尔自治区

天山北部出土的希腊重装步兵雕像，
现藏于新疆维吾尔自治区博物馆

希腊色雷斯地区使用的弗里吉亚式头盔

塔里木盆地南缘的民丰镇（尼雅遗迹）。它还通过另一个响亮的名字而闻名西方——中国境内的希腊城邦。

1900—1931年，英籍探险家斯坦因曾经多次主持发掘这座遗址。他发现了许多希腊风格的家具。斯坦因当时猜测，史载亚历山大大帝有一支远征队走失，可能就是来到了尼雅。在希腊—巴克特里亚王国遗迹出土后，人们猜测，或许精绝古城也是大夏王国的一部分。尤其是根据历史记载，此地在公元前2世纪—6世纪期间最为繁荣，后来因水源的丧失而逐渐衰落，这也与巴克特里亚王国的时间线相吻合。

甚至在匈奴腹地，也有希腊化文物的出土。2006年，俄罗斯—蒙古联合探险队在位于蒙古首都乌兰巴托北部的诺彦乌拉墓地发掘出一件典型的希腊风格银盘，雕刻的内容是阿耳忒弥斯拒绝狄俄尼索斯的骚扰。这件银盘大概是公元前2世纪—公元前1世纪的作品，它应

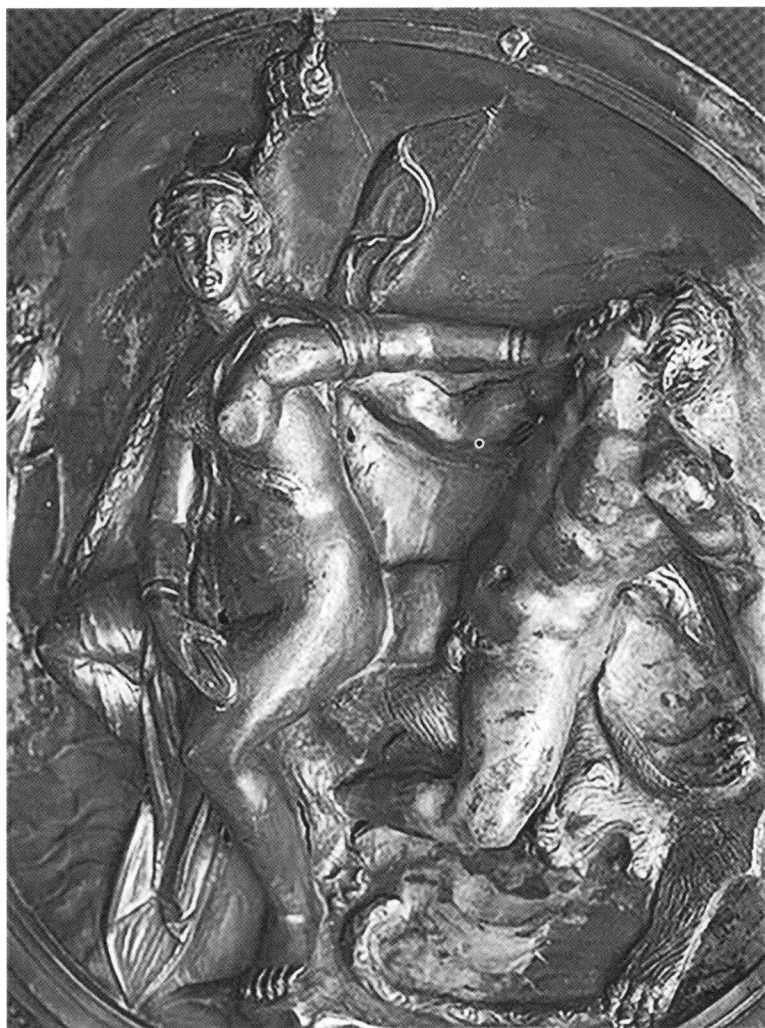

诺彦乌拉墓地出土的希腊神话银盘

该为一名匈奴贵族所有，作为马具的一部分装饰使用。俄罗斯学者推测，这有可能是从希腊—巴克特里亚王国来的，也有可能是中原统治者送给匈奴贵族的。[1]

关于匈奴腹地受希腊化影响的可能性，还有一个有趣的推测，那就是在汉语文献中记载的休屠。汉语史书中多称休屠王是一位匈奴王，其都城在凉州（今甘肃省武威市）。但史籍中有一段有趣的记载，就是霍去病击破休屠王之后，得到了休屠王的祭天金人。汉武帝将祭天金人置于甘泉宫，派人时时祭祀。这个祭天金人到底是什么，学者多有猜测，因为匈奴本身崇拜上天，却没有用金人祭天的传统。如果说是佛像，那又与匈奴的信仰相悖。对这一问题学术界众说纷纭，一直没有令人满意的答案。

瑞士洛桑大学卢卡斯·克里斯托波罗斯对此有一个新解释：他认为这尊祭天金人跟秦始皇的十二金人一样，祭祀的其实也是希腊神祇，甚至可能就是宙斯。休屠实际上是对希腊文"救赎者"（Σωτήρ, Soter）的音译，这是在希腊—巴克特里亚王国常见的国王称号，该王国的创立者狄奥多图斯一世就有这个名字。休屠王的两个儿子，大儿子就是后来有名的汉臣金日磾，他的名字"日磾"，可能是常见的希腊名迪米特里奥斯（Δημήτριος），小儿子的名字伦可能是利奥（λέων）。如果克里斯托波罗斯的猜测是对的，那么在公元前 2 世纪左右的甘肃一带，就可能活跃着依附于匈奴的希腊部落，抑或希腊化的匈奴部落。

以上这些希腊化的遗迹、文物与文献，自新疆一直延伸到甘肃和蒙古地区，不断佐证着我们关于这一地区希腊化的猜测。这不由得让人们愈发关注古希腊地理学家斯特拉波著作中的一条记录。

1　Natalia V. Polosmak, *The Light of Distant Hellas*, Science First Hand, 15 December 2011.

莫高窟第 323 窟汉武帝在甘泉宫拜祭金人的壁画

斯特拉波生活在公元前 1 世纪,著有《地理学》(*Geographica*)一书。书中记载了当时西方人对巴克特里亚王国的认识:

> 巴克特里亚的一部分沿阿里亚(Aria,今阿富汗赫拉特周边地区)向北延伸,但更大部分则越过阿里亚延伸到东方。这里出产除了油以外的一切物品。那些导致巴克特里亚反叛的希腊人因为这里的富饶产出而变得如此强大,他们不仅成为阿里亚的主人,也成了印度的主人。就像阿尔忒弥亚的阿波罗多罗斯(生活于公元前 2 世纪—公元 1 世纪的希腊历史学家,是帕提亚帝国的公民)所说的,他们征服的部族比亚历山大还要多。尤其是米南德一世(Menander I),如果他真的穿过比亚斯河(Hypanis,印度北部河流)向东远至喜马拉雅山的话;有些部族是被他征服的,有些部族是被迪米特里乌斯(Demetrius),巴克特里亚国王游叙德谟(Euthydemus)之子征服的。他们不仅占领了帕塔林(Patalene,今巴基斯坦信德省地区),还占领了被称为萨拉斯托斯(Saraostus,今印度古吉拉特邦阿拉伯海沿岸)和西格迪斯(Sigerdis,印度河三角洲地区)。简单说来,阿波罗多罗斯称,巴克特里亚只不过是整个阿里亚纳(Ariana,希腊人对中亚和印度河之间地区的泛称)的一件装饰品。他们帝国的疆界远不以此为限,甚至远至赛里斯(Seres,即中国)和弗里尼(Phryni,希腊人对中亚东部一个古代民族的称呼,可能在塔里木盆地)。[1]

随着考古发掘的进展和对历史文献的重新解释,人们意识到,斯特拉波的记载可能是真实的。在公元前 3 世纪—公元前 1 世纪之间,自天

---

1 〔古希腊〕斯特拉波:《地理学》第十一卷第十一章。

山南北到甘肃，如果存在一片巨大的希腊化地带，那么说希腊—巴克特里亚王国的疆界远达中国，也不是什么夸张的措辞。当然，在辽阔荒漠中的绿洲城邦和草原上的游牧部落，可能吸收了希腊文化，也曾臣服于希腊—巴克特里亚王国，但是时过境迁，随着巴克特里亚的衰落，他们又改换门庭，归附匈奴或者中原王朝，也都是有可能的。

希腊人与秦国的边界，已经近在咫尺了。

现在还差最后一步：秦国的西界。秦国乃至秦朝的西界在哪里？这个地方叫作临洮。

临洮位于今天甘肃省定西市岷县。在整个秦国乃至秦代历史上，这都是一个非常重要，以至于多次出现的地理边界。临洮旧名"狄道"，是秦国管理夷狄的场所。早在秦穆公时代，他就在由余的建议下，征服了西戎八国，并建立了相应的县和道来管理这些民族，狄就是其中之一[1]。秦王政即位后第八年，弟弟长安君成蟜率军攻打赵国时反叛，死在屯留，他属地的民众就被迁到临洮。再后来，始皇帝一统天下，疆域"东至海暨朝鲜，西至临洮、羌中"。《汉书·西域传》中亦有长城"西不过临洮"的记载。

由以上这些记录可知，临洮在前后五百余年间，都是秦国能够控制的疆域西端的极限。由此再向西，不管是狄人，还是"夷狄化"的中原人[2]，或是其他什么民族，总之一旦过了临洮以西，就不在秦制的控制范围内了，这是显而易见的事实。

至于个中原因，只要打开地图看一下地形，我们便能很快理解。临

---

1 秦穆公生活在公元前 7 世纪，因此狄人应该跟希腊人没有什么关系，只是生活在甘肃西北的中亚民族而已。

2 当年给秦穆公献计的由余，原先是晋国人，后来到西域绵诸国去做大臣，可见当时的精英在中原与夷狄之间的身份切换并不罕见。

洮南部毗邻岷山，北部是黄土高原，中间夹着的山间台地正好适于农业生产。由此再向西，就会离开 400 毫米等降水量线，进入草原地区。也就是说，这是农耕民族生活的天然屏障。即便是秦人能离开这里，也会因为被迫适应草原的生活，而很快学会夷狄的语言并适应他们的生活习惯。这正是地理位置给文化框定的天然边界，若无技术的进步，断难打破。

临洮这个地名是不是有点眼熟？翻回去我们讨论十二金人的那一节，看一看《汉书·五行志》中的记载，穿着夷狄衣服的十二位大人是在哪里现身的？——正是临洮！

这段记载，是不是暗示着秦国与希腊—巴克特里亚王国，恰恰就是在临洮相遇的！

所谓的十二位"大人"，有没有可能是临洮以西希腊化社会中修筑的奥林匹斯十二主神像？有没有可能，秦始皇在向西的过程中，与这些社会中的精英接触，了解到亚历山大的伟大功业和祭祀他的仪式，从而心生羡慕，决意效仿，让平定六国的千秋伟业铺就自己升格为神的道路？

至少，我们目前已经论证，在那个时间点上，这样的接触是有条件成立的。因为希腊文明确实存在与秦国直接沟通的渠道，那就是从中亚延伸到中国西北部地区的希腊化社会。

假设这样的接触存在，就能够对我们之前发现的种种异样，例如金人、兵马俑、铜车马、铜水禽等仪式、器物和技术的独特性，给予充分的解释。很可能，临洮以西的希腊化社会既刺激了始皇帝建立千秋万世功业的成神梦想，又派出了实际的技术乃至管理人才，为秦帝国提供实在的帮助。

但是，以上的猜想到底还是猜想。有没有证据能够证明两者之间存在实际接触？如果这样的接触曾经存在，那它又是因为什么被抹去？

要回答这些问题，就让我们来到第三个关键切入点：胡亥。

胡亥的身世

胡亥在《史记》中的形象可以说是全然负面。他曾参与矫诏，逼死始皇帝属意的合法继承人太子扶苏；他曾为巩固权位，杀死自己的亲兄弟；他曾放任赵高专权，上演"指鹿为马"的闹剧。《史记》对他的评价是两个字——极愚。

但是，他的这种形象，或许只是因为司马迁选信了一部分史料。2009 年北京大学获得的一批竹简中发现了《赵正书》这篇文献，其中就记载，始皇帝临终前选定的合法继承人正是胡亥：

> 昔者，秦王赵正出斿（游）天下，环（还）至白（柏）人而病。病笃，惛（喟）然流涕长大（太）息，谓左右曰："天命不可变于（欤）？吾未尝病如此，悲□……"（以下残缺）[乃召丞相斯]而告之曰："吾自视天命，年五十岁而死。吾行年十四而立，立卅七岁矣。吾当以今[岁]死，而不智（知）其月日，故出斿（游）天下，欲以变气易命，不可于（欤）？今病笃，几死矣。其亟日夜揄（输）趣（趋），至白泉之置，毋须后者。其谨微密之，毋令群臣智（知）病。"
>
> ……………
>
> 赵正流涕而谓斯曰："吾非疑子也，子，吾忠臣也。其议所立。"丞相臣斯、御史臣去疾昧死顿首言："今道远而诏期群臣，恐大

臣之有谋，请立子胡亥为代后。"王曰："可。"[1]

同样，2013年湖南出土的《秦二世元年十月甲午诏书》中，也表明胡亥即位是"奉遗诏"的：

> 天下失始皇帝，皆遽恐悲哀甚，朕奉遗诏。今宗庙吏（事）及箸（书）以明至治大功德者具矣，律令当除定者毕矣，以元年与黔首更始，尽为解除故罪，今皆已下矣。朕将自抚天下，吏、黔首其具（俱）行事，毋以繇（徭）赋扰黔首，毋以细物苛劾县吏。亟布。[2]

很多人可能会说，这是胡亥自己发布的诏书，当然不可能说自己的即位没有合法性。那么我们再看看第三个证据，贾谊的《新书·保傅》：

> 殷为天子三十余世而周受之，周为天子三十余世而秦受之，秦为天子二世而亡。……昔者周成王幼在襁褓之中，召公为太保，周公为太傅，太公为太师。……及秦而不然……使赵高傅胡亥而教之狱，所习者非斩劓人，则夷人之三族也。故今日即位，明日射人……岂胡亥之性恶哉？其所以集道之者非理故也。[3]

太保、太傅都是古代中国设立的教育太子的官职，贾谊的这篇文章

1　北京大学出土文献研究所编：《北京大学藏西汉竹书（叁）》，上海古籍出版社，2015年，第189、190页。

2　陈伟：《〈秦二世元年十月甲午诏书〉通释》，《江汉考古》2017年第1期。

3　〔汉〕贾谊：《新书校注》，中华书局，2000年，第183、185页。

讨论的是太子教育的问题。他认为胡亥教育的失败，并不是他本性邪恶，而是太傅赵高对他的教育存在问题。不过这恰恰反映了当时关于胡亥是秦始皇合法继承人的观点也是存在的。

当然，我列举这些资料，并不是要为胡亥翻案。不管他到底是不是合法继承人，秦二世而亡的责任显然最应该落到他的头上。不过，我们想从这些历史细节中找到的真相，是胡亥的生平中还有没有隐藏其他故事？这些故事是否能够解答我们关于希腊和秦朝接触的种种疑惑？

我认为应该注意的第一条线索，是胡亥的母亲。

史料中关于胡亥母亲的记载极少，只说"少子胡亥，母胡姬，襄戎人"。《水经注》里说襄戎在平襄县（今甘肃省通渭县西北）南。从地理位置和地名来看可能是秦国安置所征服戎狄之处，但无法确知是哪一支内亚民族部落。同时，这条信息或许告诉我们，胡姬的"胡"并非汉姓之胡，而是胡人之胡。胡亥的名字，也可能是由母亲而来。先秦时代妇人称姓而男子称氏，《史记》中称秦王政"姓赵氏"，其实是随母赵太后姓，这也就是《赵正书》中称其为"赵正（政）"的原因。母亲的姓氏只关乎他本人，上不继承，下不延续，与兄弟姊妹也无关。胡亥的名字可能也是这种情况。

胡亥不仅可能身体里流淌着一半胡人的血液，他幼年的生活习惯可能也与胡人有关。刘向的《新序·杂事五》里记载了这样一个故事："秦二世胡亥之为公子也，昆弟数人，诏置酒飨群臣，召诸子，诸子赐食，先罢。胡亥下阶，视群臣陈履状善者，因行践败而去。诸子闻见之者，莫不太息。"这个故事在刘向那里，是说胡亥家教不好，没有规矩，乱踩臣子的鞋。但今天的学者认为这段故事背后亦有另外一种可能：胡亥的生活习俗与秦人及中原六国不同。当时中国人的普遍习惯是席地而坐，所以入户要脱鞋袜，但不管是希腊人还是以匈奴为代表的北方民族，他们或者是坐凳子，或者是住帐篷，不铺草席，自然也就没有席地而坐、进屋脱鞋的习惯。胡亥完全可能是从小受到母亲的影响，见到脱鞋习俗感到新奇有趣，所以踩来玩耍。这对小孩子来说是非常自然的行为。[1]

这些线索大概可以告诉我们，胡亥也许受母亲的影响，继承了部分内亚民族的生活习惯。那么，有没有可能进一步确定他到底继承的是哪个民族的生活习惯呢？

我认为应该注意的第二条线索，就是胡亥的兴趣爱好。

虽然《史记》记载，胡亥在即位后就召问赵高，说人生在世如白驹过隙，他想要"悉耳目之所好，穷心志之所乐"，表达了赤裸裸的享乐主义态度，但是关于他具体是如何享乐的记载，却只有寥寥三条。第一条是继续修筑阿房宫，第二条是赵高趁他"燕乐，妇女居前"时让李斯来上奏，其实是给李斯下绊子。只有第三条明确记载了他的兴趣爱好：那是李斯想要反击赵高，趁胡亥在甘泉宫作"觳抵优俳之观"后上书攻讦赵高。想必胡亥在看完了"觳抵"和"优俳"之后心情不错，所以才听得进去他说什么。

"优俳"自然就是戏剧，"觳抵"则是摔跤。而且，秦代的摔跤更准确的说法，其实是相扑。这又是很有趣的一点：先秦时代把摔跤称为"角力"，但那并不是娱乐活动，而是仪式性的军事训练。《礼记·月令》中说孟冬之月，天子要命令将帅讲武，习射御角力，也就是训练射箭、驾车和摔跤。摔跤从军事训练演变成一种宫廷娱乐，倒也不是不可能。但是秦代的"觳抵"比较有特色的点在于，摔跤者上下赤裸，只穿腰带和短裤，跟日本的相扑力士打扮大致类似。这在先秦时代并不见于

---

[1] 参见闫爱民：《秦汉族制与胡亥母族研究举隅》，《中国社会科学报》2022 年第 7 期。

记载，那么它是从哪里来的呢？

赤裸摔跤，正是古希腊社会最受欢迎的一种运动。

早在公元前708年的奥运会中，古希腊就有了摔跤运动。公元前6世纪末的米洛是著名的摔跤手，亚里士多德、西塞罗、希罗多德等古典作家都曾提到过他的名字。2世纪的旅行家保萨尼亚斯在著

湖北江陵凤凰山秦墓出土的木篦上有觳抵图像，参与觳抵的人几乎全身赤裸，类似相扑

作中提到他在各地游历时见过的摔跤手雕像，竟有五十尊之多。当时许多希腊城市都有自己的传奇摔跤手，就像今天欧洲许多城市都有自己的球队一样。可见这项运动受众之广。

赤裸全身参与摔跤，则是希腊人独有的习俗。古希腊几乎所有的奥林匹克运动员在参赛时都是赤裸的，这是因为在希腊人的观念中，向宙斯展示自己的身体，既是敬神的表现，也是把他们同野蛮人区分开来的标志——在希腊人的观念中，野蛮人害怕展示自己的身体，而希腊人则骄傲于炫耀自己的裸体。

据学者考证，这种赤裸摔跤的习俗，混合着对酒神狄俄尼索斯的狂热崇拜，在亚历山大帝国广为流传。因为在希腊传说中，狄俄尼索斯曾经征服过印度。亚历山大大帝想要效仿这位神的伟业，因此在军中鼓励狄俄尼索斯崇拜。如今在阿富汗，乌兹别克斯坦，哈萨克斯坦，中国的

希腊陶罐上的摔跤画像

甘肃、内蒙古都有裸身歌舞的习俗，即古之"泼寒胡戏"的遗存，很可能就是狄俄尼索斯祭祀仪式的变形。

先秦时代有关于种种娱乐形式的记载，高雅的如笙箫琴瑟等乐器，韶佾等歌舞，阳春白雪的声乐，乃至于围棋、六博、投壶等，但唯独没有关于裸体摔跤的记载。我们都熟知负荆请罪的故事，廉颇愧对蔺相如，于是"肉袒负荆"上门请罪，可见赤裸身体是极其屈辱的行为。廉颇不过是秦昭王时代的人，死后十三年胡亥就出生了。何以在短短几十年间，社会风气就从不能接受裸体到广泛接受裸体相扑这项运动？最有可能的解释，就是胡亥本人因袭了这种来自希腊化社会的兴趣，而这种兴趣又随着帝王本人的传播而在上层贵族中扩散开来，就像彼得大帝学会了法语，俄国宫廷马上流行说法语一样。

胡亥难道从他母亲那里受到了希腊文化的影响？这可能吗？

克里斯托波罗斯在他的论文里向我们展示了一件惊人的文物。这是一件私人所藏的秦代雕像，展示的可能是秦代统治者。克里斯托波罗斯认为这很可能就是胡亥像。雕像中的人物半举右手，平伸向前，小指微曲，他认为这个手势与希腊化地区帝王的祝福手势非常相似。因此克里斯托波罗斯推测，这尊胡亥像，实际上是一尊按照希腊习俗将他神化之后的雕像。

克里斯托波罗斯甚至作出了更大胆的猜测。他认为，在游叙德谟统治时期，希腊—巴克特里亚王国的势力扩展到了塔里木盆地和甘肃，并于公元前 230 年左右与始皇帝结盟。胡姬就是来自巴克特里亚王国的公主，嫁给始皇帝后生下胡亥。他的理由是秦国军队中有来自西域的骑兵和重装步兵团，这些军队协助始皇帝统一天下。但是，从他引用的资料来看，这些来自西域的重装步兵团，似乎是西方汉学家以骊靬的"古罗马兵团"猜想为基础的进一步推论，也就是猜想之上的猜想，我认为并不能构成令人信服的结论。

但是，如果把胡亥生母的信息、胡亥对中原风俗的不熟悉、胡亥对觳抵的兴趣以及这项运动在秦汉之际的突然流行联系起来，指出胡姬可能是来自希腊化地区，胡亥受到她的影响，这种可能性倒是存在的。而且，如果引入了这一解释，我们就能回答许多疑惑，包括为什么有关这段历史的证据被大规模抹去了。

这就涉及我认为十分重要的第三条线索：甘泉宫。

"甘泉宫"是一个在秦汉时代屡屡出现的名字。尽管秦代甘泉宫与汉代甘泉宫的位置未必一致，但拥有相同的名字，或许意味着它在政治仪式或政治神话中有某种一以贯之的重要性。其实，在我们这篇关于希腊和秦之间关系的揭秘文章里，短短几处文献引用中，"甘泉宫"这个名字已经接连出现了三次：第一次出现是秦始皇得病后希望尽快回到甘泉宫；第二次出现是胡亥在甘泉宫观看觳抵表演；第三次出现则是汉武帝将霍去病从休屠王那里夺来的、疑似希腊神像的祭天金人安置在甘泉宫祭拜。

甘泉宫是不是秦汉交替之际，在宫廷之中集中传播希腊式文化与信仰的专门场所？并不是没有这种可能。古代帝王治理天下，需要应对来自异域的种种技术、文化与信仰因素，这其实比文人想象的要多得多。李世民在做秦王时曾经单独一人"与颉利可汗隔津而语，责以负约"，说明他大概是会说突厥语的。康熙皇帝向传教士学习拉丁语，从而便利地与俄国签订和约，这也是很多人都知道的事实。腓特烈大帝的无忧宫中有中国花园，乾隆皇帝的圆明园中有西洋水法，然而他们各自的臣子与学问家未必都懂得中文或拉丁文，这也并无奇怪之处。秦汉都曾长期面对西北方向内亚民族的地缘政治压力，也有大量的文化交流。为了更好地应对这些挑战，宫廷中出现专门的西域文化传播地，却不为宫外如司马迁、班固这样的文官所知，其实也并不奇怪。

但是，任何外来文化进入本地区域，势必会引发某种反弹。尤其是一旦进入宫廷之中，那就更有可能与权力斗争勾连在一起。汤若望、南怀仁的经历就很能说明问题。二人均曾在清廷内部传教，也因为涉及对中国传统天文历法的批评而卷入鳌拜和康熙帝的政治斗争中。因此，假设同样的故事也发生在始皇帝的年代，我认为也是完全合理的。而这些资料之所以并未在文献中大范围传播，究其原因，是希腊化王国与秦帝国的这一系列交流主要发生在宫廷之中，不为外界所知。

秦汉之际并没有像后世那样安排专门官员系统记录帝王活动的起居注，像司马迁和班固这样的文人所修纂的史书其实并非官史，而是他们的私人著作。他们虽然在朝中任职，却并不具备直接获取这些资料的渠道，因此无法翔实记录，导致这些史事湮灭。作此推想，我认为也是合情合理的。

如果以上的假设均能成立，那么我们就基本完成了第三步论证：希腊化社会与大秦帝国的接触既有条件，也确实有一些旁证。虽然事关胡亥的历史记录极其稀少，但仍有许多文献与文物能够说明他与希腊文化之间的关联。或许也因为这些关联过分集中于宫廷内部，所以难以流传下来。

秦始皇从亚历山大大帝那里可能学到了些什么

假设以上猜测是有道理的，那么，我接下来就基于这些猜测来重新还原一遍亚历山大对秦始皇产生影响的来龙去脉。

亚历山大大帝远征巴克特里亚地区，他的将领塞琉卡斯对此地进行了稳固统治。塞琉古王国巴克特里亚行省的狄奥多图斯一世建立了希腊—巴克特里亚王国，其文化影响力至少确凿无疑地影响到了天山南北，后来也传播到了印度。这些都是已被丰富的考古资料和文献记录充分证实的。

希腊—巴克特里亚王国可能促成了新疆—甘肃部分地区（当时属匈奴）某些城邦和部落的希腊化，这些是基于出土文物作出的合理推测。这些希腊化地区与秦国，可能在临洮有过正式的接触。这是基于十二金人记载的推测，但是这种推测可以合理解释金人的来源以及秦陵中大量来自地中海文明的艺术风格与技术。

如果甘肃地区的希腊化社会也保留了某种祭祀奥林匹斯十二主神，同时也纪念（在希腊人心目中已经成神的）亚历山大大帝的仪式，那么秦人在临洮地区接触的所谓"十二大人"，也许正是这种仪式的残留。既然中文文献中特别强调了它们是"大人"，而不是"金人"，那么或许这十二大人只是当地人以陶像甚至土像进行的祭祀。始皇帝如果接触到这一仪式，可能会很自然地询问这背后的历史渊源与文化内涵，然后对亚历山大大帝的神迹心生向往。当时他已经完成统一六国的伟大使命，或许他相信亚历山大大帝既已成神，自己也能凭借不逊色于大帝的功绩"位列仙班"。这也符合所有统治者的心态：一旦手握天下，便想追求长生不老。

当然，以上这些只是根据屈指可数的史料所作的合理推测，还缺乏坚实的证据。

始皇帝既沉醉于亚历山大大帝的丰功伟业，又确实从希腊化社会的艺术和技艺中感受到了高明之处。那么在他本人的推动下，希腊化社会派出使节团，包括通晓科技、历史与管理知识的人才来到秦都，甚或与始皇帝联姻，也不是不可能的事情。胡姬未必是巴克特里亚的公主，但她出现在秦朝宫廷之内，本身就代表着希腊化社会对秦宫廷进行了一次文化接触，而且它同时不可避免地也是政治接触。正因为如此，秦宫廷内部对胡亥的批评声音，就会因文化差异而放大，比如批评他乱踩鞋子、毫无规矩之类。

宫廷内部以胡姬和胡亥身份为核心所进行的批评，或许牵涉有关帝国继承人的残酷政治斗争。根据胡亥本人的说法，胡姬在他很小的时候就去世了。而在他即位之后，他对其他兄弟大开杀戒之举，可以说是先秦时代绝少出现的。这种行径倒颇像是波斯社会的传统。由于希腊化王国本身就是在征服波斯之后建立的，波斯传统融合进入希腊社会，影响帝王心态，也不是不可能之事。

总而言之，这些批评并没有妨害胡亥本人在夺嫡之战中的胜出。而根据《赵正书》的记载，推动他走向胜利的最关键因素，恰恰是始皇帝本人。始皇帝到底看重胡亥什么呢？——或许正与他的希腊化文化背景有关。

在《赵正书》中，始皇帝对李斯说，他自视天命能活五十岁，大概今年就是他的死期。他在病重时特别想要回到甘泉宫。先秦时代的中国人多信天命占卜之说，古希腊人也高度重视神谕，亚历山大大帝本人也不例外。如果我们相信始皇帝本身接受了亚历山大崇拜的某种秘密仪式，而且甘泉宫正是希腊文化在秦汉宫廷中的传播场所，那么他是否认为自己在死前必须回到甘泉宫，是出于这种神秘信仰的要求？

如果始皇帝确实对希腊化文化有某种神秘的、信仰式的敬奉之情，那么也就可以理解《赵正书》中关于继承人的选择。毕竟，连陈涉、吴广这种下层人士，也因为"百姓多闻其贤"，故"诈自称公子扶苏、项燕"而起兵，那么雄才大略的秦始皇反而不选择扶苏，这是十分奇怪的。但如果始皇帝是因为某种信仰而选择有希腊化背景的胡亥做继承人，那就可以解释得通了。

　　可以想象，始皇帝属下那些接受中原文化浸染的臣子们，自然无法认同这种异域信仰。而胡亥的失败导致秦朝二世而亡，也为他们的这种不信任赋予了充分的理由。这就是为什么在《汉书·五行志》中，临洮出现"大人"，背后的天启是"勿大为夷狄之行，将受其祸"。

　　纵观人类历史，任何政治溃败都很容易成为保守的理由。罗马被蛮族攻破之后，奥古斯丁写书论证说这是罗马人道德败坏、不能秉奉基督教规矩的缘故。安史之乱以后，韩愈攻击佛教是"本夷狄之人"，信佛者"伤风败俗，传笑四方"。甲午战败以后，义和团"扶清灭洋"之举，得到许多文人的肯定。盖因绝大多数普通人没有能力改变清政府在政治上的节节溃败，只能把这种无力感转化为仇恨，掷向那些与自己不同文不同种的人群，即便是知识分子也不例外。因此，秦汉之际的文人把秦二世而亡与"夷狄之行"相关联，导致胡亥集团与希腊化的关系渐渐在文献中湮没，也并非不可能之事。

　　当然，最后还有一个问题：就算我们能确证希腊—巴克特里亚王国与秦帝国之间存在直接的文化往来，而且也在中国历史中留下了印记，但我们是不是就可以说，秦制是西来的呢？

　　我们知道，在亚历山大征服波斯之后，为了对东部地区进行有效统治，亚历山大采纳了许多波斯的"大一统"制度，包括设置行省、修建城防、修设驰道等举措。而嗣后的许多希腊化王国，也以这些制度为蓝本建设和完善本国的制度。那么，是不是可以说秦制也是由希腊化王国和波斯帝国而来的呢？

我相信很多朋友关心的问题其实在这里。如果连对中华文明有巨大影响的大一统制也是从西域来的话，那确实要推翻我们对这个文明已有的大量理解与思考。不过，就政治学的角度而言，我认为波斯、亚历山大帝国和秦制之间的关系并不是很密切。

因为秦统一天下之后实施的郡县制，本质上来讲是战国时代各诸侯国军事管理措施的延续。战国时代，各诸侯国都在自己边疆设立由军事长官管辖的郡或县，这些军事长官又直接听命于王。所以郡县与分封国不同，它们是由军事区演化而来、受中央政府直辖或委任的行政区。秦统一六国本质上是一场规模巨大的军事征服，为了防止六国民众反叛，以对待敌人的方式，设立军事区域直接监管民众，这是征服者的自然之理，当然它也会将残酷的人身自由限制与赋税徭役加诸民众之上。这都是由战国时代政治生态自然演化而来的，与波斯或希腊化王国无关。

更进一步说，即便秦始皇真的从临洮外的希腊化社会中了解到某些关于大一统的政治理念，他也不可能仅靠这些"先进理念"取得成功。政治是一项面对复杂人群的实践工作，不可能凭理念就能顺利完成说服。就算是有人要贯彻某种外来理念，他也得结合本地的文化、风土与习俗方能取得成功。

我个人比较倾向于相信，除了一些具体的造像技艺、建筑技术和可能的冶铸、加工技术之外，亚历山大大帝的事迹给始皇帝更大启发与震撼的，主要是征服事业成功之后，对自己进行神格化的举措。在古典时代，所有政治共同体的凝聚力，在某种程度上都与信仰和神话有关。征服者想要克服过去曾经属于波斯、埃及、粟特或者属于赵、魏、楚、燕、韩的符合当地政治认同的神话，最佳方式就是代之以自己的神话。对于始皇帝而言，他想要改变周天子时代的封建制度，代之以更为严苛的郡县体制，那自然就不能重复三皇五帝与周天子的传统神话，而要找到新的论证方式。对统治者来说，相比于某种政治理念，我认为这种政治神学资源才是他最为需要的。

因此，说秦始皇"崇拜"亚历山大大帝，不如说秦始皇可能从希腊化社会崇拜亚历山大大帝的仪式中受到了启发，进而建立起自己的神话。但也正是在这样的启发和激荡中，中国传统大一统政治理念才得到了有机塑造，最终成形。因此，我们也不可过于轻视希腊化经验的历史意义。

这就是我对以上故事来龙去脉的还原。

结语：对古代中国的全新想象

当然，需要注意的是，以上还原，整体上还是缺乏文献资料和考古学证据支撑的。虽然有一些记载和文物能够支持我们的猜测，但对其作别种解释，也不是完全不可以。我选择以上解释，主要是因为它能够较为圆满地回答包括秦陵考古实证在内的种种疑问，解释秦汉交替之际为什么有那么多如天外来客一般的技术与艺术实践。但是，这不代表历史事实便是如此，也不代表它能回应我们对这段历史存有的一切疑惑。

约翰·密尔曾经说过，言论自由的意义在于，哪怕一种观点提出来之后被证明是错的，那么在争辩过程中，人们所受到的经验与逻辑上的训练也是有价值的。正统的观点会因得到捍卫而变得更加鲜活。这正是学术讨论的一切意义所在。

但在学术讨论背后，我本人的确还秉持着一种观念，某种程度上讲也许是一种"偏见"，然而这种偏见倒不是没有理由，它是我在广泛阅读和研究各种感兴趣的历史主题后，渐渐形成的一种"偏见"：如果中国这样一个巨大的政治实体缺乏非中原地区、非汉人地区乃至非华夏地区人员、思想、资源、事件乃至组织的参与，那么它或许不会独立成就这样一个完整的、蔚为大观的、举足轻重的古老文明。如果历史上的中国人仅仅以其中国人的身份纯粹地"自给自足"，而没有择选全球文明的优秀成果，那么他们取得的成就，一定会比事实中的成就缩小一两个数量级。一句话，如果我们缺少对于世界参与中国历史的认知，那么我们就不能真正理解中国何以为中国。

我希望这些故事能为从这样的角度重新理解中国历史，打开全新的想象空间。

第三章

道教是一种"弥赛亚"宗教？

弥赛亚是一个宗教术语，这个词最早是从希伯来语来的，犹太人一般用 Ha-mashiach（המשיח，"弥赛亚"）和 melekh mashiach（מלך המשיח，"弥赛亚王"）来称呼他们宗教信仰中的"救世主"。他们相信，弥赛亚会在未来某个时间点降临这个世界，完成种种在希伯来《圣经》中预定的事，包括统一以色列各部落，重建耶路撒冷的圣殿，迎来全天下的和平。

古希腊人把弥赛亚翻译成 Χριστός，这也就是基督（Christ）的由来。因为基督教和伊斯兰教都承认希伯来《圣经》为其宗教经典的一部分，因此他们也都有关于弥赛亚的信仰。

基督教相信，耶稣就是希伯来《圣经》中预言的弥赛亚（而犹太教不相信这一点），他的降世已经验证了《旧约》中的弥赛亚预言，而他的二次降临将验证其他预言。据说他二次降临时，死者将会复活，末日审判将会到来。

伊斯兰教则相信耶稣是真主派来的先知之一，却并非最终的救世之主。他们对弥赛亚有另外一个称谓——马赫迪，意思是被引导之人，在他再次出现之前，世界将陷入混乱，到处是愚行和罪行，《古兰经》将被遗忘。而马赫迪归来之日，他将再次出现于麦加，手持阿里之剑，引领天使参与战斗。他将带领人们重建人间乐园，度过七十年盛世。

总而言之，由于受到源头宗教犹太教的影响，所有亚伯拉罕宗教都有这样一种弥赛亚设定，其有三个特征：第一，他们都相信会有一个救世主出现；第二，这个救世主会在世界末日之际到来，并且主持某种末日审判；第三，在这个救世主到来之前，现行世界充满了堕落、不公和罪行。救世主的到来意味着现行世界的终结，其后或者会建立某种地上天国，或者被筛选过的正义之人将直接进入天国。

当然，我们知道，教义本身不只是教义，它可能产生现实的社会与政治影响。比如，在基督教历史上，许多教士、历史学家乃至教宗都对世界末日的具体时间作出了预测。据说，教宗西尔维斯特二世认为公元1000年就是耶稣再临的时间点，但是当时的普通人并不是很在意，还是有人在999年签下了为期二十年的租赁合同。教宗英诺森三世预言1284年是世界末日，因为那是伊斯兰教兴起之后的第666年。19世纪前期，美国浸信会传教士威廉·米勒宣布耶稣会在1844年10月22日重返人间。由于他对《圣经》的研读和解释十分有说服力，故而吸引了大批信徒。许多人抛弃了财产，期待基督到来。而当1844年10月22日无事发生之后，他们遭到了百般嘲讽，他们的教堂被烧毁，还有人朝他们开枪。连小孩子都在街上对他们喊：你没拿到上天堂的票吗？

在伊斯兰教传统中，这种预言的政治影响力甚至更强。什叶派中的伊斯玛仪派有一个宗教传统，每隔一段时间就会奉一位伊玛目（宗教领袖）为马赫迪。尤其是在9世纪中叶以后，许多被压迫的部族、农民和其他边缘群体都参加了伊斯玛仪派的运动，奉其领袖为马赫迪，想要在他的旗帜之下推翻哈里发政权，建立理想社会。899 年，赛义德·伊本·侯赛因宣布自己是马赫迪，最终建立了法蒂玛王朝。931 年，当时的卡尔玛蒂（伊斯玛仪派的一个分支派系）领袖阿布·贾纳比把一个囚犯树立为马赫迪，结果这位马赫迪大骂穆罕默德。19 世纪苏丹人穆罕默德·艾哈迈德自称马赫迪，领导苏丹人民反抗被英国控制的埃及傀儡政权，发起反殖民战争，终告失败。甚至到 1979 年，还有极端主义者宣布自己是马赫迪，号召推翻沙特王室，并武装占领麦加圣地长达两周。

简而言之，弥赛亚主义之所以引发历史学家、宗教学家和政治学家的关注，不仅在于它是一种关于救世主的信仰，而且在于它对现实世界有着巨大的政治号召力。每一个时代总有不公的政体和受压迫之人，而若宗教中有关于救世主的预言，那么这种预言就很容易作为受压迫者推翻现世政权的理论依据，这样他们就能以救世主之命，掀起狂风暴雨般的革命。

弥赛亚本身就是希伯来语词，那么弥赛亚主义是亚伯拉罕诸宗教独有的吗？似乎并不是这样。比如，在巴哈伊信仰中，创教者巴哈欧拉宣称自己是所有宗教的弥赛亚。在拉斯特法里教徒心目中，曾经领导埃塞俄比亚独立的皇帝海尔·塞拉西一世就是弥赛亚。在爪哇宗教柯巴缇南教（Kebatinan）中，救世主名为萨特里欧·皮宁吉特。当他到来之时，火山会爆发，山洪会倾泻而下，他将持三叉戟从爪哇岛出发统一世界。在琐罗亚斯德教（祆教）中，光明之神密特拉终有一日会再临人间。在印度教中，毗湿奴的十化身之一迦乐季将在世界末劫中降世，他将乘白马，手持火热之剑，开辟新纪元。在佛教中，贤劫千佛之中的第四尊佛是释迦牟尼佛，第五尊佛则是未来佛，也就是弥勒佛。当释迦牟尼佛的教导已被大多数人遗忘时，弥勒佛将重临世间，普度众生。

尽管如此，如果我们仔细考察这些宗教，就会发现其中大部分仍然受到亚伯拉罕诸宗教的强烈影响。比如巴哈伊信仰本身就是 19 世纪巴哈欧拉在结合多种宗教的基础上创立的。拉斯特法里教也是于 20 世纪牙买加兴起的黑人宗教运动中诞生的，它实际上是借着《圣经》反殖民。柯巴缇南教肇兴的爪哇岛早已在几个世纪中受到伊斯兰教的深度渗透，很难说它的弥赛亚信仰不是从伊斯兰教中借来的。唯有袄教、印度教和佛教看起来没有受到亚伯拉罕诸宗教的明确影响。但是，佛教中的弥勒信仰很可能与印度教的迦乐季信仰有关，而迦乐季本身又可能与密特拉同源，因为它们都受到原始印欧文明的影响。[1]

也就是说，当我们以弥赛亚主义为切入点时，就会发现这种宗教现象的分布与印欧语系的古文明有着很大的重合关系。这是不是一种与原始印欧民族有关的语言学、人类学或社会文化现象，还有待进一步研究。但我想指出的是，如果说在这些宗教之外，还有一种宗教有非常明显而强烈的弥赛亚特征，那便是中国土生土长的道教。

道教的"弥赛亚"：李弘

很多人可能不太知道，中国的道教也有一位自己传说中的救世主，名字叫作李弘。李弘这个名字最早在道教文献里出现，可以追溯到南北朝时期的一部《太上洞渊神咒经》。据日本学者大渊忍尔考证，这是为

1　Octavian Sarbatoare, *Messianic Ideas: Historical Sources, and Some Contemporary Expectations of Fulfilment*, thesis submitted as a partial fulfillment of the requirements for the degree of Bachelor of Arts, the University of Sydney, 2004.

刘宋政权论证道统的一篇文献。[1]在这里面，太上道君（老子）讲解了一段结合中国历史的千禧年预言：

> 自伏羲三千年大水流溢，人民半死。三十六年，万姓叛乱，自共相杀。至周秦之灭，人民顿无。及汉魏末时，人民流移，其死亦半。至刘氏五世子孙，绍其先基。尔时，四方嗷嗷，危殆天下，人民悉不安居。为六夷驱逼，逃窜江左，人氏隐迹，亦避地淮海。至甲午之年，人氏还住中国，长安开霸，秦川大乐，六夷宾伏，悉居山薮，不在中川，道法盛矣。木子弓口，当复起焉。[2]

这里面的"木子弓口"，说的当然就是李弘。有趣的是，这部《神咒经》中有很多段落都跟我们之前分析过的弥赛亚理论非常接近。比如里面讲到在救世主来临之前是一个充斥着罪孽和堕落的世界：

> 大劫欲至，治王不整，人民吁嗟。风雨不时，五谷不熟，民生恶心，叛乱悖逆。父子兄弟，更相图谋，以致灭亡，怨贼流行，杀害无辜。当此之世，疫疠众多，天下九十种病，病杀恶人。此有赤头杀鬼，鬼王身长万丈，领三十六亿杀鬼。鬼各持赤棒，游历世间，专取生人，日月候之。[3]

---

1 参见〔法〕塞德尔：《老子和李弘：早期道教救世论中的真君形象》，《国际汉学》2004年第2期。

2 《太上洞渊神咒经·誓魔品》，《道藏》第6册，文物出版社、上海书店、天津古籍出版社，1988年，第3页。

3 同上。

而在这样的乱世中，只有一心奉道、意志坚定的神圣选民，才能躲避各种天灾人祸：

> 劫运垂至，人民多恶。其中有信道奉经者，悉是天人，非世间愚人。大圣见世间浊乱，遣天人来下，生乎中国，助时教化矣。天子大臣、公王令长及兵吏之中，虽处卑贱，一心信道，闻经信用，仙人导之。若闻见此经，不欲受持，将知此人六畜中来，与经无缘。是以大水之灾，鱼鳖所食，与泥同流，万不出矣。[1]

神圣选民相信大圣将会派遣一位救世主来到世间，而这位救世主很可能也在世间选择了一位实际政治中的代理人。在《神咒经》的那个年代，这个代理人就是刘裕。经中说：

> 五世之孙刘子，佐治天下，系绍仙基，大汉人民，多有值三宝者。何以故？此世世吉人，能起道心故也。[2]

不过，刘裕本人并不是道教预言中的李弘。当李弘这个真救世主出现的时候，"地上天国"就会到来：

> 真君者，木子弓口，王治天下，天下大乐，一种九收，人更益寿三千岁。乃复更易，天地平整，日月光明，明于常时。纯有先世、今世受经之人，来辅真君耳。[3]

---

1 《太上洞渊神咒经·誓魔品》，第 3 页。
2 同上，第 5 页。
3 同上。

实际上，到这里《神咒经》等于在提醒信众，当下听过这本经、信奉了教义的人，就可能会成为辅佐李弘真君开辟盛世的人。这当然是一部用意非常明显，以道教救世主李弘的名义为刘宋政权招揽信众的文献。它的动员机制，其实跟基督教和伊斯兰教历史上的弥赛亚主义在政治实践中的动员机制非常类似。

《太上洞渊神咒经》是"李弘"这个救世主的名字第一次出现在道教文献中，却不是在历史记载中的首次出现。如果我们仔细审查一下两晋南北朝时期的起义与叛乱史，那么"李弘"还真是一个如雷贯耳、时时出现的名字。

《晋书·周札传》中记载，东晋太宁二年（324），"（李脱）弟子李弘养徒灊山，云'应谶当王'"[1]。可见至少在此之前，有关李弘做帝王的谶言就已经很有号召力了。《晋书·石季龙载记》记载，山东贝丘有个叫李弘的人，"自言姓名应谶"[2]，那是在东晋咸康八年（342），距离第一个李弘过去了还不到二十年。《晋书·桓温传》中，晋穆帝永和十二年（356），桓温派江夏相刘岵和义阳太守胡骥镇压了又一个"李弘起义"[3]。《晋书·海西公纪》《晋书·周楚传》记载的"广汉妖贼李弘与益州妖贼李金根聚众反，弘自称'圣王'"[4]则发生于太和五年（370）。《晋书·姚兴载记》："妖贼李弘反于贰原，贰原氐仇常起兵应弘。"[5]这是晋安帝义熙十年（414）。到了南北朝时期，李弘起义仍在继续。《宋书·王玄谟传》中，宋文帝元嘉二十九年（452），"淮上亡命司马黑石推立夏侯方

1　〔唐〕房玄龄等：《晋书·周札传》，中华书局，1974年，第1575页。

2　〔唐〕房玄龄等：《晋书·石季龙载记》，第2772页。

3　〔唐〕房玄龄等：《晋书·桓温传》，第2572页。

4　〔唐〕房玄龄等：《晋书·海西公本纪》，第213页。

5　〔唐〕房玄龄等：《晋书·姚兴载记》，第2998页。

进为主。改姓'李'名'弘'，以惑众"[1]。《魏书·封敕文传》中，太平真君七年（446），"仇池城民李洪（弘）自称应王"[2]。《魏书·费穆传》中，孝明帝武泰元年（528），又有"妖贼李洪（弘）于阳城起逆，连结蛮左"[3]。经学者梳理，从324年到528年，前后两百年的时间，至少有九个李弘起义叛乱，平均二十多年一个。[4]

这当然不是什么巧合，而是说明"李弘"这个名字在道教传统中，就跟弥赛亚在犹太教传统，或者马赫迪在伊斯兰教传统中一样，都是一个同时具备宗教和现实政治意义的名字，是救世主的代名词。

在当时的道教文献里，李弘应该被视作是老子的化身之一。敦煌出土了一本抄写于隋代的道教文献叫作《老子变化经》，从内容来看很可能是东汉道士所作。这是一部非常有意思的文献，说的是老子历代都化身成为名人，推动历史的进程。他曾辅佐过三皇五帝，也曾协助过商汤文王。他曾经九变姓名，还曾世世代代做帝王师。他的化身统计有：

> 皇苞羲时号曰温莫子。
>
> 皇神农时号曰春成子，一名陈豫。
>
> 皇祝融时号曰广成子。
>
> 帝颛顼时号曰赤精子。
>
> 帝喾时号曰真子，一名□

---

1 〔梁〕沈约：《宋书·王玄谟传》，中华书局，1974年，第1975页。

2 〔北齐〕魏收：《魏书·封敕文传》，中华书局，1974年，第1135页。

3 〔北齐〕魏收：《魏书·费穆传》，第1004页。

4 参见方诗铭：《释"张角李弘毒流汉季"："李家道"与汉晋南北朝的"李弘"起义》，《历史研究》1995年第2期。

黄帝时号曰天老。

帝尧时号曰茂成子。

帝舜时号曰廓叔子，化形舜，立坛，春秋祭祀。

夏禹时老子出，号曰李耳，一名禹师。

殷汤时号曰斯宫。

周文皇时号曰先王国柱下吏。

武王时号曰卫成子。

成王时号曰成子如故。

元康五年，老子化入妇女腹中，七十二年乃生，托母姓李，名聃，字伯阳。为柱下吏七百年，还变楚国。而平王乔謇不从谏，道德不流，则去楚而西度咸谷关，以五千文上下二篇授关长尹喜。

秦时号曰蹇叔子。

大（入）胡时号曰浮庆（屠）君。

汉时号曰王方平。

……[1]

这个时候还没有李弘这个化名，但是到了南北朝时期的《老君变化无极经》里，就已明确指出老子化身李弘了：

老君变化无极中，出处幽微黄房宫。

炼形淑淑虚无同，光景布行八极中。

真名一出会九公，道理长远乐无穷。

1 中国社会科学院历史研究所等合编：《英藏敦煌文献》第四卷，四川人民出版社，1991年，第59页。

骖驾九龙车马僮，上登八重玉阙中。

金楼之台望华山，山上真人授我经。

教我学道身当清，慎勿贪淫没汝形。

清身洁己身长生，老君之道自然并。

不求吾道经教名，那得度灾为种生。

………………

胡儿弭伏道气隆，随时转运西汉中。

木子为姓讳口弓，居在蜀郡成都官。

赤名之域出凌阴，弓长合世建天中。

乘三使六万神崇，置列三师有姓名。

二十四治气当成，分符券契律令名。

诛符伐庙有常刑，老君正法道自明。[1]

在北魏时期可能由寇谦之托名老子撰写的《老君音诵诫经》里，由于"李弘"实在引发了太多叛乱，老子还为此发怒，说这些都是惑乱民众之人：

我以今世人作恶者多，父不慈，子不孝，臣不忠，运数应然。当疫毒临之，恶人死尽。吾是以引而远去，乃之昆仑山上。世间恶人，共相鱼肉，死者甚多。其中滥枉良善，吾愍之辛苦，时复东度，覆护善人。九州四海之内，土地真神，五岳官属，尽集对各说土居好德异同，林言事实，称今世人恶，但作死事，修善者少。世间诈伪，攻错经道，惑乱愚民，但言老君当治，李弘应出，

_____

1 《老君变化无极经》，《道藏》第 28 册，第 371—372 页。

天下纵横，返逆者众。称名李弘，岁岁有之，其中精感鬼神，白日人见，惑乱万民，称鬼神语。愚民信之，诳诈万端，称官设号，蚁聚人众，坏乱土地。称刘举者甚多，称李弘者亦复不少，吾大瞋怒！念此恶人，以我作辞者，乃尔多乎！世间愚痴之人，何乃如此！[1]

或许，寇谦之为了要解决实践政治中假托李弘之名的起义造反，与道教文献里老子化身救世信仰之间的矛盾，而为老子编写了一套说辞，说他在天堂生活幸福无边，何苦要到人间来掺和烦心事？这反而使得整篇文献读起来更像是基督教或伊斯兰教的弥赛亚主义了：

吾治在昆仑山，山上台观众楼，殿堂宫室，连接相次，珍宝金银，众香种数，杂合错饰，兰香桂树，穷奇异兽，凤凰众鸟，栖于树上，神龙骐骥以为家畜，仙人玉女尽集其上。若欲游行，乘云驾龙，呼吸万里，天地人民鬼神，令属于我，我岂用作地上一城之主也，我不愿之！[2]

不过，老子马上又许诺，如果你真心愿意奉道求仙，那么就可以获得长生，伴随在他左右，从而得到拯救：

若我应出形之时，宜欲攻易天地，经典故法，尽皆殄灭，更出新正。命应长生之者，赐给神药，升仙度世，随我左右。恶人化善，遇我之者，尽皆延年。若国王天子，治民有功，辄使伏杜

1　《老君音诵戒经》，《道藏》第 18 册，第 211—212 页。

2　同上，第 212 页。

如故，若治民失法，明圣代之。安民平定之后，还当升举，伏宅昆仑。[1]

被老子拣选出来的神圣信徒，还有一个专有称呼，叫作"种民"：

> 吾当敕下九州四海之内土地真官之神，腾籍户言。其有祭酒道民，奉法有功，然后于中方有当简择种民，录名文昌宫中。[2]

在《老君变化无极经》和其他道教文献中，其实也有这个专有名词：

> 禁地之物不可底，贪淫爱色心断乱。
> 强尸纵横令人叹，不能清己呼天怨。
> 吾道清洁选种民，少有明解应吾文。
> 南到淮扬经孟津，浮桥翩翩在水巅。[3]

可见"种民"的确有"神圣选民"的含义，而且到了南北朝时期，这已经是一个得到道教信仰公认的神圣术语。当然请注意的是，这里的"种民"还不是一心修道之人，而是"奉法有功"之人。简单说来就是敬奉供养道士有功的人，在末日劫临、李弘降世时，他们就可以得到拯救。那么从宗教心理和社会功能结构的角度而言，这套说法，就真的与亚伯拉罕诸宗教的千禧年与弥赛亚主义相差无几了。

既然这些文献足以证明，至少在两晋南北朝时期，道教有着非常明

---

1 《老君音诵戒经》，第 212 页。

2 同上，第 211 页。

3 《老君变化无极经》，第 372 页。

确的"弥赛亚主义","李弘"也是得到传世文献和社会大众普遍认可的道教救世主名号，那么这个名字又是从哪里起源的呢？

很不幸的是，从现存的道教典籍和历史记载中，我们找不到特别明确的答案。与儒家不同，道教在中国历史上一直是更多面向普通人的民间宗教，有关早期道教知名人士传承关系的文献在儒家知识分子编纂的史书中保留不多，所以没有办法作精确的考证。不过，从之前的《老君变化无极经》中，我们还是可以找到一些线索：

> 胡儿弸伏道气隆，随时转运西汉中。
> 木子为姓讳口弓，居在蜀郡成都宫。
> 赤名之域出凌阴，弓长合世建天中。
> 乘三使六万神崇，置列三师有姓名。[1]

这里的"西汉中"并不是西汉中期，而是西州（益州别称）、汉中。"木子口弓"自然还是李弘，而"弓长合世"和"置列三师"，自然指的就是三世张天师，也就是张陵、张衡和张鲁。我们都知道，东汉顺帝时期，张陵在鹤鸣山创五斗米道（后成为正一道），被称为道教祖天师。张陵临终前将剑印传子张衡，张衡又传张鲁。张鲁在东汉末年割据，事实上创设了一个政教合一的政权，后来降曹操。正一道天师一位，也就在张氏家族内部传承，直到第六十三代天师张恩溥病逝于台北。根据《老君变化无极经》的说法，很可能在张陵时代或稍早，在成都有一位李弘，是张陵创正一道之前就在修习长生法，并在当地原始道教信众中间有一定影响力的人物。

---

1 《老君变化无极经》，第 372 页。

我们知道，两汉本身就是原始道教发展的关键时期。汉成帝时期，齐人甘忠可炮制《天官历包元太平经》十二卷[1]，说汉家气数到了尽头，必须重新受命于天。天帝派下真人赤精子，传道于甘忠可。甘忠可把内容传给重平夏贺良、容丘丁广世、东郡郭昌等人，后来被人举报这是假借鬼神之名，妖言惑众，把甘忠可抓进监狱处死，几位学生也惨遭连坐。但是，甘忠可的学说依然在传播，通晓灾异之学的黄门侍郎李寻也成了他的信徒。到汉哀帝时，郭昌已经成为长安令，他劝说李寻帮助夏贺良等人，其结果是他们得到了天子的召见，并陈命说，赤精子的告诫是天子必须改元易号，成帝就是因为不应天命，所以才绝嗣的。汉哀帝当时身患疾病，恐怕是被这番奏对触动，决定依谶改元。但是改元并没有缓解他的疾病，夏贺良等相关人士遂被清洗。[2]

不过，这本书的传承并没有断绝。到汉顺帝时，有一位叫作于吉的民间术士仍在传承相关理论，并把它发展为一百七十卷，号为《太平清领书》。他有个弟子是琅琊人，叫宫崇，把这套书进献给了朝廷，但也没有得到起用。汉桓帝时，齐人襄楷再次把这部书进献给朝廷，希望能够匡扶衰微之汉室，仍然没有效果。但是，这部书已经在民间拥有了巨大的影响力。当时那个研习它最多、信众最多，也利用它掀起最大政治风浪的人物，名字叫作张角。

从西汉末年到东汉末年，正是中国思想史在经历了先秦诸子百家精彩纷呈年代之后，转向神秘主义和谶纬学说的年代。其中重要的转折，正在于秦汉之际集权帝制的建立。一方面，天下一统的帝制时代取代了百家争鸣、英才辈出的战国时代，各家学派获得重用的方式从说服

1　此书已经失传，部分内容可能被并入《太平清领书》，亦有说法称这其实是两本书，《天官历》与《包元太平经》，但无从考证。

2　参见〔汉〕班固《汉书·李寻传》，中华书局，1962 年，第 3192 页。

多个诸侯王公，变成了必须说服一个高高在上的天子，因此理性辩论的作用下降，而投其所好的因素上升。另一方面，帝王更关注掌御天下的实际需求，而不关注纯粹的道德思辨，因此原先那些从事纯粹玄学探讨的学者就必须迎合政治的实践需求，发掘古典记载与玄学理论服务于帝王术的价值。这方面最有代表性的一位人物便是董仲舒，他把孔子修订的《春秋》阐发成了判案的理论依据，又把上古史籍《尚书》阐释成了"天人感应"理论的依据，也就是说，君主施政的好坏，能够与上天的态度相感应。君主行仁政，上天便会降下祥瑞；施暴政，便会降下灾异。汉武帝远征匈奴，劳民伤财，致使西汉中叶以后民怨四起，政权不稳，董仲舒的学说正好迎合了帝王的焦虑心理，故而大行其道。汉宣帝一生下罪己诏八次，汉元帝十三次，汉成帝十二次，可见他们内心深处是真的相信汉代"气数已尽"，需要"更受命"。这也是王莽篡汉的时代心理背景。[1]

《天官历包元太平经》和《太平清领书》的出现，说明除了儒家在努力变革自己，顺应当时天人感应的学说之外，原始道教和黄老之术的传承人也在整合这些信仰文本，炮制出更加体系化的理论来发明解读谶纬的理论，解释时代危机。比如《太平清领书》中就有关于灾祸之世与太平之世的时间周期推演：

> 计唐时丁亥后，又四十有六，前后中间，甲申之岁，是小甲申，兵病及火，更互为灾，未大水也，小水遍冲，年地稍甚。又五十五，丁亥，前后中间，有甲申之年，是大甲申，三灾俱行，又大水荡之也。

1　参见张向荣：《祥瑞：王莽和他的时代》，第一章"汉哀帝的改制危机"部分，上海人民出版社，2021年。

....

小甲申之后，壬申之前，小甲申之君圣贤，严明仁慈，无害理乱，延年长寿，精学可得神仙，不能深学太平之经，不能久行太平之事。[1]

这部经也开始神化老子，将其称为李君。他还有一位太师姓彭（即后来道教尊奉的保皇道君彭广渊），2500年里转易了很多名字，这可能就是后来道教神化老子，称其变化成为诸多著名历史人物的开始：

大太平君定姓名者，李君也。以壬辰之年三月六日，显然出世。乘三素景舆，从飞軿万龙。

....

后圣李君太师姓彭，君学道在李君前，位为太微左真，人皇时保皇道君，并常命封授兆民，为李君太师，治在太微北塘宫灵上光台，二千五百年转易名字，展转太虚，周旋八冥，上至无上，下至无下，真官希有得见其光颜者矣。[2]

这部经还最早提出了"种民"的概念，指出种民是因为种有善根，所以能够躲避天地灾祸的"神圣选民"：

昔之天地与今天地，有始有终，同无异矣。初善后恶，中间兴衰，一成一败。阳九百六，六九乃周，周则大坏。天地混斋，人物糜溃，唯积善者免之，长为种民。种民智识，尚有差降，未同

---

1 《太平经钞甲部》，《道藏》第24册，第312页。
2 同上，第312—313页。

决一，犹须师君。君圣师明，教化不死，积炼成圣，故号种民。种民，圣贤长生之类也。[1]

种民修行有具体的法门，这些当然都是道教里一些常见的法子，比如：

> 一者真记谛，冥谙忆；二者仙忌详存无忘；三者探飞根，吞日精；四者服开明灵符；五者服月华；六者服阴生符；七者拘三魂；八者制七魄；九者佩皇象符；十者服华丹；十一者服黄水；十二者服回水；十三者食镮刚；十四者食凤脑；十五者食松梨；十六者食李枣；十七者服水汤；十八者镇白银紫金；十九者服云腴；二十者作白银紫金；二十一者作镇；二十二者食竹笋；二十三者食鸿脯；二十四者佩五神符。[2]

但这部经不仅包含这些修行上的法门，甚至还有政治哲学的内容以及由此延伸出的具体施政纲领甚至政策。比如它有"分别贫富法"：

> 万二千物具生出，名为富足。中皇物小减，不能备足万二千物，故为小贫。下皇物复小于中皇，为大贫。无瑞应，善物不生，为极下贫。子欲知其大效，实比若田家，无有奇物珍宝，为贫家也。万物不能备足，为下极贫家，此天地之贫也。[3]

---

1 《太平经钞甲部》，第 311 页。

2 同上，第 313—314 页。

3 《太平经》卷三十五，《道藏》第 24 册，第 382—383 页。

有阻止性别失衡和杀女的"一男二女法"：

> 然天法，阳数一，阴数二。故阳者奇，阴者偶，是故君少而臣多。阳者尊，阴者卑，故二阴当共事一阳，故天数一而地数二也，故当二女共事一男也。何必二人共养一人乎？尊者之傍，不可空为一人行，一人当立坐其傍，给待其不足。故一者，乃象天也，二者，乃象地也，人者，乃是天地之子，故当象其父母。今天下失道以来，多贱女子而反贼杀之，令使女子少于男，故使阴气绝，不与天地法相应。天道法，孤阳无双，致枯，令天不时雨。女者应地，独见贱，天下共贱其真母，共贼害杀地气，令使地气绝也不生，地大怒不悦，灾害益多，使王治不得平。[1]

有关于如何仲裁判案的"兴善止恶法"：

> "子言是也，其赏罚独无名字邪？""不及勤能壹言，不敢复重。今唯天师，大开示之。""然，子主记之，为子具言之。长吏到其发所，悉召其部里人民，故大臣故吏使其东向坐，明经及道德人使北向坐，孝悌人使西向坐，佃家谨子使居东南角中西北向坐，恶子少年使居西南角中东北向坐，君自南向坐。""何必正如此坐乎？""各从其类，乃天道顺人立善也，盗贼易得。""何谓也？""大臣故吏投义处，此人去不仕，欲乐使以义相助也。明经道德投明处，欲使明其经道，相助察恶也。孝悌投本乡，至孝者用心，故使归本乡也，孝悌者欲使常谨敬如朝时也，物生于东，

---

1 《太平经》卷三十五，第383—384页。

乐其日进也。谨力之子投东南角者，东南长养之乡，欲乐其修治
万物而不懈怠也。恶子少年投西南，西南者，阳衰阴起之乡，恶
欲相巧弄，刑罚罪起焉，故猴猿便巧，处向衰之地置焉。[1]

　　如是种种，包罗万象。尽管从目前所传残篇来看，内容比较简单粗
糙，政治治理认知的丰富程度也不及儒家的诸多经典，但好就好在它简
便明了，故而更贴近广大不识字的普通人。试想，怎样的辩经理论，比
主张分你两个老婆更能抓住古代成年男性的心？

　　我经常感叹，许多喜欢研读中国古代历史的朋友，有时候过于被历
史的记录者——儒家知识分子限制了视野。在儒家知识分子看来，这些
道教文献大多是荒诞不堪的。比如之前宫崇和襄楷敬献《太平清领书》
的时候，官方给出的意见就是"多巫觋杂语""妖妄不经"。孔子本人
"不语怪力乱神"，受他的性格影响，儒家学说整体上理性、实用而平
和，这当然是一种优点。但是这个世界未必按知识分子心目中的理想状
况去运转。比如如果我们把自己代入汉末广大普通人身上去，以当时的
教育资源，我们不太可能有什么关于社会经济政治运行的理论来理解，
只知道朝廷无道，苛捐杂税已使自己辗转不能安生，豪强林立、土地兼
并更使我无立锥之地。这时候有人出来告诉我，这并不是我的过错，而
是天下运数使然。这个世界已经堕落不堪，被败坏和颠倒的正义必须得
到修复。而他这里有一套具体的方法，与那些平素好说空话的儒生不
同，他的方法既有打坐炼丹、长生不老，又有施政纲领和婚配政策。从
内心的彷徨焦虑、个人的幸福平和到天下万事万物的治理，说起来都有
门有道。这样的理论，这样的学派，对我会有怎样的杀伤力？这正是太

1　《太平经》卷三十五，第386页。

平道起势极快的原因。

从这些文献看来，魏晋南北朝时期寄托在"李弘"这个救世主身上的道教"弥赛亚主义"，很大程度上正是两汉原始道教围绕《太平清领书》发展出的末世论预言、政治理想国蓝图和政治动员纲要的延续。两汉谶纬学说为它构筑了时代背景和舆论环境，"李弘"是它构造的救世主原型，而"种民学说"则是它吸引平民的理论基础。原始道教也曾试图模仿儒家，试图打通上层，走温和的改良道路，但是失败了。最终，它被迫作出的选择是深入民间，动员下层，并且演化出两个分支。其一是固守汉中巴蜀，建立政教合一的地方性政权，代表人物便是张鲁。其二是打出改变天命的旗号，起而取代汉室，建立理想的地上天国，代表人物便是张角。

从这个角度看，原始道教的千禧年和"弥赛亚主义"随民生状况的恶化积压愈重，最终以太平道和黄巾军起义的形式迎来了一次大规模的宣泄与爆发，由此开启了汉末乱世。这场动荡延续数百年，直到隋唐才重新稳定下来，是中国历史上少有的大乱局。在这乱局之中，底层民众寄托于太平盛世来临的政治理念屡屡破产，导致他们不得不以某个可能实存于汉末四川的李弘为寄托，编造出一个想象中不断再临的救世主。这样，即便像张鲁、张角、曹操、刘裕等现实中的政治领袖没能满足他们的想象，他们也可以期待于二十年后下一个李弘的诞生，带领他们建立地上天国。也许这正是道教版"弥赛亚"——李弘诞生的历史渊源。

道教的"弥赛亚主义"是外来因素吗？

既然我们已经初步梳理清楚了李弘的来龙去脉，下一个问题便接踵而来。道教的这种千禧年和"弥赛亚主义"，究竟是受到亚伯拉罕或广义上的印欧诸宗教的外来影响，还是完全是自发自有的产物？

在讨论这个问题之前，我认为应该先区分两个问题：一是产生"弥赛亚主义"和"弥赛亚"政治运动的社会结构，二是"弥赛亚主义"理论本身。因为前者必然是一个各文明各社会普遍共有的现象，而只有后者才能讨论理论传承上的来龙去脉。任何社会，哪里有压迫，哪里就会有反抗。当我们遭遇普遍存在的社会不公时，我们一定会心生怨愤，期待发生变化。我们也会拿起手边可资利用的理论，来为这种变化描绘前景和蓝图。而且，我们采取的某个理论，有其内在的千禧年主义和"弥赛亚主义"的传承关系，这也是自然的。本文接下来所探讨的，只是检索道教与印欧诸宗教之间是否可能存在这种相互影响或相互传承的思想史关系而已。

就我个人目前所接触到的资料，自黄老之学诞生到两汉时代，的确有一些证据能说明道教与印欧思想或宗教之间存在着隐微的相互影响的关系。

第一组证据来自道家思想的肇始，即相传为老子所作的《道德经》本身。一直以来，《道德经》基本被认为是老子所作，故《道德经》又名《老子》。《史记》中载老子是楚国苦县厉乡曲仁里人，姓李氏，名耳，字聃，是周天子的守藏室之史。孔子访问周王室时，曾经问礼于老子。但在后世学者看来，这段记载已经引发了很多争议。比如有关老子的籍贯，清人梁玉绳就质疑说，老子出生时苦县尚属陈国，后来并入楚国是在孔子死后，老子不可能是楚人。大约这也是司马迁主要采信的说法之一，而不是唯一的说法，因为他本人后面又写到另外一种说法，说老子不叫老子，而叫老莱子，著书十五篇，言道家之用。

《史记》说，老子见周室衰微，于是离开周室。西行至函谷关，函谷关一名叫尹喜的关令希望他留下一本著作，于是老子"著书上下篇，言道德之意五千余言而去"。湖南长沙马王堆汉墓三号墓出土的帛书《老子》大致体现了西汉初年《道德经》的风貌。这个版本把《德经》放在《道经》之前，也就是上篇言德，下篇言道，所以《道德经》原本很可能叫作《德道经》，但为行文方便，下文我们还是暂称其为《道德经》。至于这部书的成书年代以及是否为老子所作，历来也众说纷纭。民国初年疑古思想盛行，许多学者（如冯友兰等）认为这部书许多行文风格更接近战国末期，与春秋时代的文笔风格有很大差异，所以大概是后人假托老子之名而作。今天的普遍看法则是，《道德经》的确可能经过了战国晚期人的编纂整理，在整理过程中因为誊抄和行文，使得风格接近于战国末期，是有可能的。但是就其思想的原创性和完整性而言，说它有一个明确的单一作者是可信的，而且这个作者生活在春秋时代也是完全可能的。

自《道德经》被翻译成西文以来，它就引起了西方古典学者的重视。因为在他们看来，《道德经》中的部分内容确实与印欧诸宗教中的一些说法相类似。

比如，美国贝茨学院的丹尼斯·格拉芬注意到，在埃及拿戈玛第发现的诺斯替派福音书中有一段名为《雷之音》的篇章，其中有一句说的是："我是无法把握的话语。我是声音的名字和名字的声音。"丹尼斯·格拉芬认为，这跟《道德经》中的"道可道，非常道；名可名，非常名。无名天地之始，有名万物之母"有共通之处。[1] 不过，经学者鉴定，拿戈玛第的诺斯替派福音书写作年代大约应在2—3世纪。所以如果说有影响的话，似乎也应该是《道德经》影响了诺斯替

1　Dennis Grafflin, *A Southwest Asian Voice in the Daodejing, Sino-Platonic Papers*, Number 79, March, 1998.

派的福音书。

《道德经》英文版的重要译者之一，宾夕法尼亚大学的维克托·迈尔则认为，《道德经》的部分篇章可能与印度哲学有关。他认为《道德经》中的"无为"是《薄伽梵歌》中最重要的主题之一。两部作品都关注"有/无""智慧/无明""生—存—亡"等终极哲学问题，存在着惊人的相似性。他特别指出，《薄伽梵歌》第八章第十二节的内容：

善闭诸关兮，守意于心，存生命气息于元兮，定止唯瑜伽是任。[1]

这与《道德经》五十二章"塞其兑，闭其门，终身不勤。开其兑，济其事，终身不救"和五十六章"塞其兑，闭其门，挫其锐，解其纷，和其光，同其尘，是谓玄同"几乎是一样的内容。

这里要稍作解释的是，儒家传统惯常把《道德经》当作一部哲学和伦理学著作，因此对这里的"和光同尘"有比较世俗的理解，即处世之道要不露锋芒，与世无争。但是，道教传统是把《道德经》当作修行法门来理解的，这里的"塞其兑""闭其门"，在修行意义上与《薄伽梵歌》中瑜伽术的修行法门意义是一致的：闭塞自己的眼耳鼻舌身意，从而获得开悟。这就是为什么迈尔说这两段的意思几乎完全一致。

同样的，俄国学者瓦西里耶夫也注意到了《道德经》与印度哲学的相似性。他更系统地整理了《道德经》与印度公元前8世纪以降的《奥义书》(Upanishads)之间的共鸣之处。《奥义书》是印度教最古老的经文，通常被称为《吠陀经》，是古印度哲学中有关冥想、哲学、意识和本体最高深的学问。已知的《奥义书》有108部，大多数作者身份不明。

1　〔印度〕室利·阿罗频多:《薄伽梵歌论》，徐梵澄译，商务印书馆，2003年，第546页。

早期《奥义书》的创作年代从公元前800年一直持续到300年前后。

瓦西里耶夫注意到,《奥义书》的核心概念"婆罗门"与"阿特曼"跟《道德经》中"道"与"德"这对概念十分接近。在印度教哲学中,最伟大的实体是婆罗门。婆罗门创造了一切,是存在的首要原因。婆罗门是世界,是空间,是呼吸,是太阳,是思想,是喜悦。它创造了万事万物,但并不是以自己的双手,而是以阿特曼来创造的。阿特曼是一切事物最微妙的基础,是存在的最初和最主要的表现,但它也是未被揭示的、未被理解的。它根据具体的形式来改变自己的形式。这与《道德经》一章和五十一章揭示的"道"与"德"的关系类似:

> 道可道,非常道;名可名,非常名。无名天地之始,有名万物之母。
>
> 道生之,德畜之,物形之,势成之。是以万物莫不尊道而贵德。道之尊,德之贵,夫莫之命而常自然。故道生之,德畜之:长之、育之、亭之、毒之、养之、覆之。生而不有,为而不恃,长而不宰,是谓玄德。[1]

《庄子·天地篇》中对"道""德"之间的关系作了更详尽的探讨:

> 泰初有无无,有无名,一之所起,有一而未形。物得以生谓之德;未形者有分,且然无间谓之命;留动而生物,物成生理谓之形;形体保神,各有仪则谓之性;性修反德,德至同于初。同乃虚,虚乃大。合喙鸣,喙鸣合,与天地为合。其合缗缗,若愚若昏,

---

1 楼宇烈:《老子道德经注校释》,中华书局,2008年,第1、136—137页。

是谓玄德，同乎大顺。[1]

瓦西里耶夫认为，《庄子》的这段阐释其实更能说明早期道家思想与《奥义书》中关于婆罗门和阿特曼这两个概念的相似性。他认为，在《奥义书》的哲学体系中：

> 最初存在的就是虚无，虚无如深渊，它是谐一（the Unity，或婆罗门）之母。谐一没有形体，没有名称，它是所有事物存在的基础原因：它创造世界，它发散出的单子就是阿特曼（德），它存在于一切存在者、事物和现象之中。[2]

瓦西里耶夫指出，在印度教与道家哲学产生之前，人们可能有关于存在、虚无、太初的概念，但是他们并未发展出某种观念，认为我们可以从根本上逃避这些构成我们世界的基本元素。但在印度教和道家哲学诞生之后，我们就有了这种观念，就是如果我们与某种伟大的原则（阿特曼或德）融为一体，我们就有可能与太初存在（婆罗门或道）融为一体，既是面对，也是逃离，从而也就得到了真正的解脱和自由。这是哲学史上值得注意的一种原创思想。[3]

---

1 〔清〕王先谦:《庄子集解 庄子集解内篇补正》，中华书局，2012 年，第 103—104 页。

2 L. S. Vasil'ev, *Dao and Brahman: The Phenomenon of Primordial Supreme Unity*, *Sino-Platonic Papers*, Number 252, December, 2014.

3 中国学者也注意到这个问题，只不过认为相似之处在于佛法，而不在于印度教。如马叙伦在《庄子天下篇述义》序言之二中提到:"庄子学说，似受印度哲学之影响颇深……是在我国商代，印度已与今新疆之于阗、莎车有交通，而新疆之东与甘肃接壤，则佛法在周末自有传入删丹张掖之可能。而般者盖达摩之俦，其声远著，故庄、荀皆援而说之。庄书记及此事，而其书述义大氏与佛法相同，其为受印度思想之影响可知。"（马叙伦:《庄子天下篇述义》，龙门联合书局，1958 年）

《道德经》的成书年代与早期《奥义书》的成书年代相隔不远。到底是谁源起于谁呢？从目前掌握的有限资料来看，恐怕我们暂时无法回答这个谜题。不过，瓦西里耶夫认为，考虑到原始印欧民族可能与先秦时代的中华文明有过广泛而深入的接触，因此印度教的某些观念传播到中原，或者中原的道家思想传播到印度，都是有可能存在具体路径的。而这种具体路径，就与我们接下来要讨论的第二组证据有关，那便是西南地区的古彝族社会在道教与印度教之间可能扮演的桥梁作用。

第二组证据将把我们的视角引向与张鲁割据的汉中相毗邻的西南地区，在这里，长期居住着古彝族部落。三千年前彝族已广泛分布于西南地区，史书中常出现的所谓"越嵩夷""僰""昆明""劳浸""靡莫""叟""濮"等部族，便是他们的名字。

许多学者已经注意到，古彝族部落的宗教观与原始道教极为接近。如刘尧汉先生注意到，古彝族的"祖灵葫芦和虎"宇宙观有人从水出、葫芦崇拜、母虎图腾、尚黑贵左、人体历法、十月历法、阴阳五行等要素，可能是道家和道教思想的渊源之一。王家祐也认为，五斗米道与南诏、彝经似本同源。陈天俊则认为，张陵利用了氐羌鬼道，遂自命为百鬼主。道教中的一大派别——符箓派直接渊源可能就是氐羌鬼族的原始巫教。杨甫旺、李世康通过比较研究发现，道教和彝族原始宗教均包含如下元素：

第一，都把雷神、北斗（真武大帝）、山神、三官（天地水）、虎神、葫芦神和竹神作为保护神。

第二，都有祖先崇拜，如彝族有制作并供奉灵牌、做斋为祖灵超度、将食物祭献给祖灵等习俗。

第三，都有神仙思想，即人能求仙请仙。

第四，都有贵因贵柔、以柔克刚的思想，有可能源于生殖崇拜。

第五，原始道教和彝族原始宗教在社会结构上都倾向于政教合一。元代以前，彝族有鬼主制度。《华阳国志·南中志》中记载："夷中有桀黠能言议屈服种人者，谓之'耆老'，使为主；论议好譬喻物，谓之'夷经'。……其俗征巫鬼，好诅盟，投石结草，官常以盟诅要之。"[1]三国时期有位叫雍闿的，便是一位重要的耆老或鬼主。蜀汉曾派张裔担任益州太守，被雍闿假借鬼教的名义捉住送给东吴政权。后来雍闿在诸葛亮的征讨下被杀。

第六，都有"返璞归真"的思想。

第七，都有"天人感应"的思想。[2]

彝族广泛居住的西南地区，在先秦两汉时期是中华文明与印度文明交流的重要通道。张骞出使西域时，曾在大夏国（即希腊—巴克特里亚王国的残余）看到中国四川出产的蜀布和邛竹，便问当地人这是从哪里来的。当地人说，这是我们的商人从身毒国（即印度）买来的。张骞据此推测，身毒与蜀地之间应该存在着一条较为安全的商贸通道。汉武帝遂派遣使者寻找商道，但被当时昆明地区的部族杀死。

关于彝族、中原与印度之间的关系，最近还有一篇非常有意思的论文发表。这篇论文根据对彝族家谱的整理发现，其中一个生活在公元前 500 年的 zina 氏族，很可能就是中文文献中的"夜郎国"（重建读音 Jiah–Lang）。夜郎国是一个从公元前 300 年起就在西南地区举足轻重的政权，故而可能为印度人熟知。而公元前 300 年左右，孔雀王朝旃陀罗笈多的一位大臣考底利耶（Kautilíya）在其政论文《政事论》(*Arthaśāstra*)

---

1 〔晋〕常璩：《华阳国志校注》，巴蜀书社，1984 年，第 364 页。

2 以上参见杨甫旺、李世康：《彝族原始宗教与道教的比较研究》，《宗教学研究》2006 年第 3 期。

中提到的 Cīna（即 China 的梵文来源），很可能指的就是这个 zịna。[1] 总而言之，彝族有着沟通桥梁的作用，得到了诸多考古学者的认同。如果这条路径成立，那么印度教思想经由中国西南的彝族社会影响到巴蜀地区，进而影响到荆楚文化，从而影响到老子、庄子抑或战国后期老子思想的整理者，又或者影响到张鲁等地区性政教合一政权的建立，似乎也不奇怪。

我们的第三组证据来自天文和占星术。两汉以来凡是高度重视谶纬学说的儒生，尤其是重视《太平清领书》等"弥赛亚"文献的知识分子，本身多有天文和占星术方面的训练。例如，前文提及曾经进献《太平清领书》的襄楷，他本人就擅长天文阴阳之术。他于延熹九年（166）上书的两篇奏章中，都有大段的天文占星术内容：

（其一）

臣窃见去岁五月，荧惑入太微，犯帝坐，出端门，不轨常道。其闰月庚辰，太白入房，犯心小星，震动中耀。中耀，天王也；傍小星者，天王子也。夫太微天廷，五帝之坐，而金火罚星扬光其中，于占，天子凶；又俱入房、心，法无继嗣。今年岁星久守太微，逆行西至掖门，还切执法。岁为木精，好生恶杀，而淹留不去者，咎在仁德不修，诛罚太酷。前七年十二月，荧惑与岁星俱入轩辕，逆行四十余日，而邓皇后诛。[2]

（其二）

臣伏见太白北入数日，复出东方，其占当有大兵，中国弱，

1　Geoff Wade, *The Polity of Yelang（夜郎）and the Origins of the Name "China"*, Sino-Platonic Papers, Number 188, May, 2009.

2　〔南朝宋〕范晔:《后汉书·襄楷传》，中华书局，1965 年，第 1076 页。

四夷强。臣又推步，荧惑今当出而潜，必有阴谋。皆由狱多冤结，忠臣被戮。德星所以久守执法，亦为此也。陛下宜承天意，理察冤狱，为刘瓆、成瑨亏除罪辟，追录李云、杜众等子孙。

夫天子事天不孝，则日食星斗。比年日食于正朔，三光不明，五纬错戾。前者宫崇所献神书，专以奉天地顺五行为本，亦有兴国广嗣之术。其文易晓，参同经典，而顺帝不行，故国胤不兴，孝冲、孝质频世短祚。[1]

这些内容不仅与占星术相关，更与巴比伦占星术尤为关注的金星与政权吉凶相关。或许，我们也可以从中缀连出某种线索，即与亚伯拉罕诸宗教相近的西亚中心地带传承到东方的天文占星术中，亦伴随着某种天启论成分，致使它传到东方之后，自然而然地成为弥赛亚主义终末论的理论依据。

由以上三组证据，我们是不是可以进一步总结说：在古典时代中国盛行的原始道教中，自《道德经》《庄子》的成书，到原始道教关于终末论、千禧年和"弥赛亚"信仰的成形过程中，始终贯穿着一条隐微的线索？在和原始道教有深厚渊源的西南地带，经由古彝族社会的转借，来自印度教的婆罗门信仰与阿特曼学说，与中国本土的原始信仰发生化学反应，从而留下了关于道、德、有、无创世的理论体系；而这种理论体系亦可能伴随关于救世主、弥赛亚和地上天国的隐微秘传，以至于竟能促使太平道、黄巾军和李弘起义等深刻影响古代中国历史的重大事件发生？

很遗憾，我在结合这些资料之后思索再三，仍认为其中的证据链过

---

1 〔南朝宋〕范晔：《后汉书·襄楷传》，第1081页。

于单薄。

首先，从表面上看，《道德经》和《庄子》中的一些宇宙观似乎受到印度教的影响，但毕竟多数只是一些基本哲学理念的类比，关键性的相似文字只有寥寥几篇。况且成书年代也都有疑问，并不能断定是哪一方影响了另一方。或许双方都是独立起源，只是因为共同与古彝族存在交流而在文化上呈现出某种相似性，这种可能性也不能完全否定。

其次，虽然古巴比伦占星术确实可能影响了古中国占星术，但要是就此便说古巴比伦乃至亚伯拉罕诸宗教的某些元素与占星术一道进入中国，影响了道家思想乃至道教文献，这样的判断还缺乏很多中间链条的补足和关键的文献证据。因为另外一种可能性也是存在的：古巴比伦占星术虽然传入了，但是影响力仅局限于天官占星的技术层面，就像清朝时汤若望和南怀仁的影响主要在天文历法方面，而少有更广泛的政治哲学意义。董仲舒以来的天人感应说有明确的本土原创脉络，我们不能说这些都是受到印欧文明影响的结果。

最后也是最核心的一点：我们讨论的主题是道教的"弥赛亚主义"，而以上所列举的证据链，仅能用于说明道教思想在形成和传播过程中，有可能受到印欧文明思想的影响，却不能明确地证明道教的"弥赛亚"信仰，例如关于太平盛世的到来和李弘救世主的图景是印欧文明西来的结果。无论是道家哲学的原创性，还是道教"弥赛亚主义"的本土特色都是非常鲜明且浓厚的。目前，我们只能说原始道教何以形成了这样与儒家文化有很大不同的"弥赛亚主义"，这是一个尚且十分模糊、无法辨明的历史过程。对这个过程还不能下任何清晰有力的结论。

不过，通过对这个问题的探讨，我们至少可以从另外一个角度来理解原始道教鲜为人知的一面，理解它的"弥赛亚主义"背后那种对社会公正与众生平等的美好关切以及依托这种关切而进行的富有生命力的政治想象和政治动员，对古代中国社会产生了多么巨大的冲击和影响。或许，我们理解中国历史的视角越是不同寻常和丰富，我们就越可能接近我们从何而来的真相。

得到过道教认可的"弥赛亚"领袖

关于道教"弥赛亚主义"的来龙去脉，我们的讨论已可暂告一段落。但是，还有一个与之相关的问题尚未得到探讨，那便是这种"弥赛亚主义"除了每隔二十年炮制出一位名为"李弘"的民间起义者之外，是否对其他中国历史上的关键政治人物还造成了影响？或者说，是否还有其他重要的政治人物曾经借助或依托道教"弥赛亚主义"的政治资源，深刻地影响了中国的历史进程？

这样的人物当然是有的，而且我认为至少有四位值得我们重视。其中的第一位自然是张鲁，但是张鲁本人作为汉中地区的政教合一领袖，其事迹已经多为人知，这里我们就不多探讨了。我想讨论的主要是另外三位人物。之前，他们的这一面或许被长期忽略了。而我相信我们来揭开他们的这层面纱，十分有助于理解中国历史那种极为奇妙而复杂的多元性。

这三位人物中的第一位，便是大名鼎鼎的曹操。大多数朋友对曹操的印象，可能止步于《三国演义》中他的狡黠多变与雄才大略，没有意识到曹操一生中的面相极其多元，所依赖的政治合法性资源也极其复杂。比如，就与原始道教的关系而言，曹操本人也是原始道教属意的一位"弥赛亚"。

我们先来解释两汉时期在"李弘"这个名字之前诞生的"弥赛亚"

称谓，它其实来自前文介绍过的、由甘忠可编纂的《太平经》。《太平经》声称天帝降下真人赤精子宣示教义，这里的赤精子其实正是影射汉朝的创始人，传说中为赤帝之子、斩白蛇而成就大业的高祖刘邦。刘邦便成了这套教义中的第一个救世主，号称"真人"。此后"真人"在两汉代际便成了一个兼有重大信仰和政治意义的术语，是救世主的代名词。在王莽时代，由于民间陷入深深的焦虑不安，建平四年（公元前3）从关中开始爆发性地流行起西王母信仰，希望传说中的西王母降世，演化"真人"，解民于倒悬，普度众生。赤眉军起事以后，刘秀的族兄刘玄即天子位，即所谓更始帝。但通晓天文的方望觉察到更始帝必然失败的局势后，将从长安找到的汉室宗亲刘婴立为天子，说"今皆云刘氏真人，当更受命"。后来东汉的崔骃把光武帝刘秀歌颂为"潜龙初九，真人乃发"，还有人联系当时谶纬内容，把刘秀说成是"白水真人"，可见时人普遍仍有汉室复兴、刘氏为天下救世主的朴素信仰。[1]

到了东汉时期，《太平清领书》中说，最早天地是被神人统治的，真人是神人的臣子。后来真人统治天地，仙人是真人的臣子。然后是仙人统治，道人为臣，最后是霸主统治，"民多冤而乱生"。其中还有真人与神人问答讨论政治治理之道的段落。末了，书中还称，"今真人以吾书付有道德之君，力行之，令效立与天相应，而致太平"[2]，可见能够得到这本书并力行之的人，便有机会成为"真人"。汉桓帝时，南顿有个管伯曾经自称"真人"，试图举兵造反，结果被诛杀，可见东汉末年"真人"已经有了与"李弘"类似的效果。

曹操本人虽然没有自称过"真人"，却非常重视民间善于占星的人

1　参见〔日〕吉川忠夫：《六朝精神史研究》"真人与革命"章，王启发译，江苏人民出版社，2010年。

2　《太平经》卷三十五，第383页。

士将他与"真人"联系起来的谶纬。《魏书·武帝纪》中就专门有一段，说桓帝时有黄星出现在楚和宋的边界，辽东有个叫殷馗的人擅天文，说"后五十岁当有真人起于梁、沛之间，其锋不可当"。五十年后，曹操在这里攻破袁绍。《魏书》专门把这段预言记录下来，足见其重视程度。曹操的子孙也很重视这个概念。曹丕后来在诏令中说："先王皆乐其所生，礼不忘其本。谯，霸王之邦，真人本出。"曹操是沛国谯县人，这句话里的"真人"当然说的就是曹操。曹植作《宝刀赋》，里面有两句是"实真人之攸御，永天禄而是荷"，自然也是在恭维父亲真人的身份。可见这种对应谶真人之说的重视，在曹操家族中是有传承的。

曹操对道教的信仰，可能来自他的义祖父曹腾。曹腾是汉顺帝做太子时就常伴身边的黄门从官，后来也服侍过桓帝。桓帝本人是比较虔诚的黄老道信徒，曾经派遣中常侍往苦县祠老子，还在洛阳北宫濯龙园中率文武百官祭祀老子。曹腾作为服侍左右的亲近宦官，很可能也深度参与其中。当时汉室名义上是"罢黜百家，独尊儒术"，但实际上早已因为失天命的焦虑，成为黄老道的秘密信徒。曹操本人也许正是从这种家学秘传中窥破了上层社会的心态，掌握了核心修行法门，也领悟了道教的动员能力，故而在其一生中一直重视原始道教的政治神学意义。这应是他在乱世之中脱颖而出的一大秘诀。

曹操一生多作游仙诗。他现存的二十几首诗中，有四题七首约三分之一是游仙诗。这对于一位"烈士暮年，壮心不已"的积极进取的政治家而言颇不寻常。这些诗中，目前可考创作时间的只有《秋胡行》二首，应是建安二十年（215）征张鲁时所作。诗中有"我居昆仑山，所谓者真人""飘摇八极，与神人俱。思得神药，万岁为期"等句，但也有"不戚年往，世忧不治。存亡有命，虑之为蚩"等仍忧怀现实的句子，大概作于战事初期不顺利之时。此外还有一首《精列》，感慨人生

"莫不有终期，圣贤不能免"，自己"思想昆仑居""志意在蓬莱"，在俗世的成功与求仙长生之间徘徊。此外的四首游仙诗，也即《陌上桑》和三首《气出唱》则完全以求仙、服药、长生为轴心，畅想登仙界之后的极乐世界[1]："行四海外，东到泰山。仙人玉女，下来翱游。骖驾六龙饮玉浆。河水尽，不东流。解愁腹，饮玉浆。"（《气出唱》其一）"仙人欲来，出随风，列之雨。吹我洞箫，鼓瑟琴，何闾闾！酒与歌戏，今日相乐诚为乐。"（《气出唱》其二）"乃到王母台，金阶玉为堂，芝草生殿旁。"（《气出唱》其三）

最能佐证曹操确实能为当时道众认可，因而具备成为"弥赛亚"资格的，是记载于《魏书·武帝纪》中，发生在初平三年（192）的一件事。当时曹操在攻打青州黄巾军，敌军寄来一封书信，令曹操大为光火。书信中说：

> 昔在济南，毁坏神坛，其道乃与中黄太乙同，似若知道，今更迷惑。汉行已尽，黄家当立。天之大运，非君才力所能存也。[2]

这里说曹操在济南毁坏神坛，指的是曹操于中平元年至四年（184—187）任济南相时曾经禁绝刘章（城阳王）之祀，大举破坏神坛。这大概相当于基督教或伊斯兰教某种禁绝异端信仰的举措，与太平道教义相合，故而得到了黄巾军的认可。但是要害在后面一句"其道乃与中黄太乙同"上。

"中黄太乙"是什么意思呢？"太乙"就是"太一"。"太一"是先秦时代对最高神的称呼，指天地未分的原始宇宙，或者也可以称为

1　参见许晓晴：《游仙诗与曹操的心态》，《广西师范大学学报》1998 年第 2 期。

2　〔晋〕陈寿：《三国志·魏书·武帝纪》，第 10 页。

"道"。《淮南子》中称紫宫为太一之居，太微为太一之庭。紫宫即紫微宫，其中心为紫微垣。紫微垣由北极星和周围其他各星组成，在中国的天文学中历来指代帝王。可见战国时已经在结合星象学知识把这种对于原始宇宙的称呼神仙化，从而也就指向了具体的信仰和修行内容。

到了汉代，太一信仰又与人体的部位、医学功用和精神表现直接地联系在了一起。《黄帝内经素问·本病论篇（遗篇）》在解释忧虑抑郁惊恐症状时说："心为群主之官，神明出焉，神失守位，即神游上丹田，在帝太一帝群泥丸宫一下。"意思是说人的精神（当时称神明）本来在心，精神到了上丹田（眉心之间），就是"失神"，而上丹田的位置在"帝太一帝群泥丸宫一下"，"泥丸宫"是道教对脑的说法，说明在当时的医学中，已经用"太一"来指人体的具体部位，用来解释病因。

到了《太平清领书》这里，医学上对"失神"的解释就变成修行的法门。《太平清领书》中说：

> 入室思道，自不食与气结也。因为天地神明毕也，不复与于俗治也。乃上从天太一也，朝于中极，受符而行，周流洞达，六方八远，无穷时也。[1]

桓帝时边韶所作的《老子铭》对此解释得很清楚：

> 世之好道者，触类而长之，以老子离合于混沌之气，与三光为终始。观天作谶，（升）降斗星，随日九变，与时消息。规矩三

---

1 《太平经》卷九十八，第515页。

光，四灵在旁。存想丹田，太一紫房。道成身化，蝉蜕渡世。[1]

意思是说，当时存在一种修行法门，就是"存想丹田，太一紫房"，功成可以"道成身化，蝉蜕渡世"。东晋的《洞真太上素灵洞元大有妙经》比较详细地讲解了这种存想修行术，大意是说将神思集于上丹田，能听到赤子帝君派耳神娇女发出的呼声（耳鸣），以手拍耳，感到脸热，说明修行有成。倘若耳中听到水声、雷电、鼓鸣说明体中劳损，拍耳感到头颈发寒说明有恙，需要再通过其他法门平复。

这种存想修行术，应该正是黄巾军信奉的核心修行法门。所谓"中黄"，指的是五行土居中，土色为黄，象征大地；太一原指北极，但在东汉道教中，又指"存想丹田"的一种修行法门。张角曾以"黄天泰平"号召起义，"黄"对应的就是"中黄"，"天"对应的就是"太一"，"黄天"其实就是"中黄太一"的简称或暗号。这其实是当时道教以核心修行法门区分不同派别的一种称呼，如五斗米道中人自称"正一盟威"之道一样。[2]

学者姜生认为，曹操本人很可能也是"存想丹田"修行法门的实践者。[3]《三国志·华佗传》中说"太祖苦头风，每发，心乱目眩"，按照《黄帝内经》的说法，这正是"神失守位"的病症。联系到曹操本人对道教的家学渊源，他修行这种道术，用"存想丹田"的方法来缓解偏头痛，也大有可能，只不过虚妄的道术终究不能治疗真正的疾病罢了。

言归正传。曹操在收到黄巾军寄来的这封信后的反应非常有意思：

---

1 〔汉〕边韶：《老子铭》，《全后汉文》卷六十二，《续修四库全书》第 1604 册，上海古籍出版社，2002 年，第 114 页。

2 以上参见丁培仁：《太一信仰与张角的中黄太一道》，《宗教学研究》1984 年 S1 期。

3 姜生：《曹操与原始道教》，《历史研究》2011 年第 1 期。

太祖见檄书，呵骂之，数开示降路。[1]

黄巾军虽与曹操为敌，但也认可曹操"其道乃与中黄太乙同"，可见凯撒的虽归凯撒，太乙的还是可以归太乙。纵有两军对垒，不伤教派认同之理。而曹操收到这封信后，表面上呵斥怒骂，实际上却"数开示降路"，也就是并不想对黄巾军赶尽杀绝。现在看来，这很可能是出于"同道中人"的信仰情谊，网开一面。

如果在原始道教信徒看来，曹操的修为也足可以受到认可，甚至可能符合真人降世的标准，那么就可以解答后汉三国历史上令人百思不得其解的几大遗留问题：

其一，史载东汉初平三年（192）十二月，曹操接受黄巾降卒三十万，男女百万余口，收其精锐者，号为青州兵。当时曹操军队人数并不是很多，为什么这支三十万的黄巾军如此简单又整齐划一地投降了，而且还附带百万余口的平民，从而令曹操实力大增，有了逐鹿天下的本钱？《魏略》又记载，曹操死后，青州兵"以为天下将乱，皆鸣鼓擅去"，可见这支由黄巾降卒组成的精锐部队建制一直保持着，那么为什么他们当中并未浮现出对曹操集团意义重大的将领，建制也一直未被拆解，却在曹操死后自行解散？

而按照我们之前的梳理，答案就很简单：曹操本人就是"道法高深"的修行者，故而得到黄巾军的认可并不困难。黄巾军之认可于曹操，也是因为有着宗教上的理由，故而不能像其他士兵一样拆解混编于其他部队之中。而当曹操逝世时，黄天信众认为自己寄托的真人离世，太平盛世不能到来，故而倍感失望乃至绝望，遂离开行伍，解甲归田，消失在

1　〔晋〕陈寿：《三国志·魏书·武帝纪》，第 10 页。

历史之中。这正与十字军等宗教军队的性质特征完全一致。

其二，汉献帝建安十六年（211），曹操与刘备争夺汉中，派军西征张鲁。刘璋请刘备入蜀助攻张鲁，实际上演变为曹操与刘备就汉中而发的地缘政治争夺战。刘备虽然夺下益州，并争取到马超的支持，但终究未能抚驯张鲁。建安二十年（215），曹操征伐汉中，张鲁屡次想投降曹操，皆被部下劝阻。张鲁离弃都城时，并未烧毁宝藏国库，得到曹操赏识，张鲁得以顺利归附曹操，更有"宁为魏公奴，不为刘备上客也"的惊人之语。为何张鲁对曹操如此认可？

如考虑到原始道教的信仰因素，答案在此显而易见。张鲁是天师世传，他从刘璋手里夺取汉中，其实是天师道从民间信仰转化为政教合一政权的一部分，那么基于宗教认同的民意当然十分强烈。刘备是汉室宗亲，打着复兴汉室的旗号逐鹿天下，但在原始道教的"千禧年终末论"看来，天下衰微，恰恰证明汉室已经丧失了担当"真人"的资格，应当有更符合太平道信仰的真人出来"更受命"。而确实信奉道教修行之术的曹操，显然比刘备有资格得多。这就是为什么刘备入蜀后，蜀郡术士张裕曾劝谏他不可争汉中，"得地而不得民"，更预言"九年之后，寅卯之间当失之"，后来张裕的预言果然成真，这可能不是什么占卜术的高明，而实在是刘备继承汉室的身份，与蜀地普遍流行的民间信仰存在冲突的缘故。[1]

其三，是有关曹丕与曹植对太子之位的争夺。虽然曹植与太子之位失之交臂，固然有自身性情、酗酒误事及贾诩关键的一句话（思袁本初、刘景升父子）有关，但恐怕对道教信仰的态度亦是一条理由。

曹操在位时十分重视招揽方士，张华《博物志》提到"上党王真、

1　由此亦可见诸葛亮之才，竟能令蜀地民众深感其德。

陇西封君达、甘陵甘始、鲁女生、谯国华佗字元化、东郭延年、唐霅、冷寿光、河南卜式、张貂、蓟子训、汝南费长房、鲜奴辜、魏国军吏河南赵圣师、阳城郤俭字孟节、庐江左慈字元放"都是曹操在每攻下一地势力后，即行招揽的方士。但曹植在《辩道论》中说，这是"诚恐此人之徒接奸诡以欺众，行妖恶以惑民"，可见他对道教势力不以为然。

然而曹丕比较重视道教势力对曹家"真人"天命的认可。除了他指出曹操是真人降世以外，他迫使汉献帝禅让的过程中也十分倚重道教力量。在曹丕制造代汉舆论时，原先张鲁的道门部将李伏上了一封至关重要的表奏，一者强调了张鲁对曹操的认可，二者强调了曹丕即位出现的众多祥瑞，实际上代表道教对曹魏政权合法性的认同。曹丕即位之后的年号称"黄初"，既符合谶纬中以尚黄之土德代替东汉之土德的说法，也符合道教信仰中"黄天初年"的说法。"黄初"与"始皇"，意思其实相通。有可能，曹操意识到曹植的性情和关系圈不足以使他争取到道教势力的政治支持，也是他最终未选择曹植作为继承人的原因之一。[1]

当然，我们需要注意的是，曹操作为道教认可的"真人"，与张鲁式的政教领袖还是有一定区别的。曹操本人固然信奉道教中的部分修行术，但他对原始道教本质上是一种政治家的态度，既有利用，也有控制和清剿。此外，他也并不专以原始道教作为自己唯一的合法性论证资源。他除了是汉室政权的丞相，是原始道教的"真人"以外，还可能是波斯传统中被尊为"万王之王"的"猎狮者"，并可能因此收服了北方的匈奴等少数民族。[2]总而言之，他大概率是一位类似于亚历山大大帝那样有雄才大略的政治人物，面对不同的政治集团，能灵活地以不同的

---

1 以上关于曹操作为道教"真人"的梳理，主要依据姜生《曹操与原始道教》。

2 参见尚永琪:《曹操猎狮传说的历史学考察》,《光明日报》2012 年 12 月 6 日。

信仰资源与政治身份出现，博取他们的支持。注意到曹操的这一面，或许能使我们对后汉三国时代丰富多元的政治博弈有更深入的理解。

三位人物中的第二位，是宋武帝刘裕。刘裕原先是东晋将领，因为在平定孙恩、卢循起义和征讨桓玄的战事中屡建奇功而大权在握，最终篡夺晋朝帝位，建立刘宋政权，正式开始了南北朝时期。

孙恩、卢循起义其实也跟五斗米道大有关联。孙恩家族世代信奉五斗米道，他的叔父孙泰拜著名方士杜子恭为师，拥有大批信众。孙泰后来发动道众叛乱，遭司马道子处死。孙恩的起义，其实是为孙泰报仇。孙、卢部队中既有大量道教信徒，刘裕在平定之时势必也要召集道教势力与之对抗，以分化瓦解敌人。他依靠的北府将帅中多有明显的道教信仰痕迹，其中琅琊王氏、陈郡殷氏、吴兴沈氏和会稽孔氏都是天师道的世家。[1]

敦煌本《太上洞渊神咒经》中有一段这样写：

> 不知大晋之世，世欲末时，宋人多有好道心，奉承四方，吾先化胡作道人。习仙道者，中国流行，还及刘氏苗胤生起，统领天下。天下人民，先有多苦，上挠下急，然后转盛，盛在江左。天人合集，道气兴焉。……及汉魏末时，人民流移，其死亦半。乃至刘氏五世子孙，系统先基。[2]

此处提到几点值得注意，一是晋世未灭，二是跟刘裕封国有关的"宋人"出现，三是继承了老子化胡说，四是刘氏盛于江左，创作年代

1　参见吴婧梅：《刘裕与道教关系考》，《长江丛刊》2015 年第 19 期。

2　上海古籍出版社等编：《法藏敦煌西域文献》第 22 册，上海古籍出版社，2002 年，第 221 页。

应在刘裕被封宋公（418 年）以后，刘宋代晋（420 年）前，很明显是以道教神仙为借口，为天命更始作出的论证。

需要注意的是，刘裕本人也不仅仅从道教神话中汲取合法性，他即位时，也动员了佛教的力量，以佛教的种种经典和预言来证实自己做天子的应谶。从东汉到南北朝凡四百年时间，老百姓对统治者的这套说法和做法应该已经非常熟悉，所以史籍中有非常丰富的资料，我在这里也就不赘述了。

三位人物中的第三位，是唐高祖李渊。很多人也许没意识到，陇西李氏本身就是老子被神化之后，在道教"弥赛亚"政治中受益最大的家族之一。今天陇西李氏的族谱还把老子收编在内，称老子是利贞公（李氏先祖）十七世孙裔，西行落户甘肃后有"天下李氏出陇西"之说。隋代时，李弘救世的观念依然存在，大业十年（614），"扶风人唐弼举兵反，众十万，推李弘为天子，自称唐王"。当时"李氏当为天子""老子将度世"等一类谣谶广为传播，弄得炀帝疑神疑鬼，要"尽诛海内凡姓李者"。

李渊本人既受这种谣谶的影响为炀帝所猜疑，但他自己也相信自己家族就是应谶之人。他曾对李世民说："隋历将尽，吾家继膺符命，不早起兵者，顾尔兄弟未集耳。"[1] 围绕在他身边，亦有大批代表道教势力之人认为他可能就是符谶预言终将到来的救世主，制造出种种谶纬符命。许世绪对李渊说"公姓名已著谣篆"[2]。唐俭也说："公日角龙廷，姓协图谶，系天下望久矣"[3]。琅琊王家历来都是信奉道教的世家豪族，其子弟王远知拜入茅山陶弘景门下，主持玉清观，是当时闻名的道教领

1 〔唐〕温大雅：《大唐创业起居注》，上海古籍出版社，1983 年，第 4 页。

2 〔宋〕欧阳修、宋祁：《新唐书·许世绪传》，中华书局，1975 年，第 3741 页。

3 〔宋〕欧阳修、宋祁：《新唐书·唐俭传》，第 3759 页。

袖。王远知也曾向李渊密告符命，预言他终将做太平天子。大业七年（611），楼观道士岐晖预言隋朝气数将尽，六年后他认为李渊就是"真君"，把自己道观中的钱粮都借给了李渊的女儿平阳公主。后来《楼观传》中说他"有济国之功"。李淳风是隋的高唐尉，后来弃官为道。大业十三年（617），他称老君降于终南山，把符命交给他，上面写唐公李渊将要受命。除此之外还有大量老君降世，预言李家天下社稷绵长的神迹，这里不再一一赘述。

李渊本人也非常重视利用道教资源助其反隋。他发布命令，不拘一格，招贤纳士，三教九流人物无所不用："乃有出自青溪，远辞丹灶，就人间而齐物，从戎马以同尘。咸愿解巾，负兹羁鞿。虽欲勿用，重违其请。逸民道士等，诚有可嘉，并依前授。"[1] 在他与宋老生决战之前，他故意制造白衣野老传达"山神"旨意的神话，还得到龟形神石，上有"李治万世"的字样[2]。《起居注》中保留了大量篇幅来描绘这些祥瑞符命，可见李渊本人确实非常重视利用道教信仰对自身合法性的论证。待到李唐平定天下以后，他也对以上道教人物加以回报。他封李淳风做太史令，封岐晖做紫金光禄大夫。他更大力尊崇道教，于武德八年（625）下诏"道先，次孔，末后释宗"，为儒释道三教做了排序，道教排第一，还主动派人向高丽传教。[3]

经此梳理之后，我们会发现，从道教的观点来看，从两汉到大唐的历史，便是一段拥有极其重要神学意义的历史：

自汉末以来，道众屡次上书汉天子希望得到起用，却屡次受挫。直到东汉末年，道众不再相信刘氏天子能够继受天命，成为救世的"真

1　〔唐〕温大雅：《大唐创业起居注》，第 29 页。

2　同上，第 31 页。

3　以上梳理参见李刚：《唐高祖创业与道教图谶》，《宗教学研究》1998 年第 3 期。

人",从而掀起了波及全国、为众百万的千禧年主义大起义。当然,太平道和黄巾军只是道众希望救世主出现的众多起义中规模最大的,当时类似的起义肯定不止如此。他们先后把张鲁、曹操等人当作是"真人"候选人,却屡次失望,最后选定了一个(可能有历史背景的)虚构人物李弘作为救世主的名讳,每隔二十余年,就有人以李弘的名号起义,试图建立地上天国。最后,这一切的期望终于在陇西李氏身上得到了成功。自此之后,道教功德圆满,成为三教之首,天下太平的时代终于来临。大约李渊称帝和之后的大唐盛世在道众看来的重大意义,与君士坦丁皈依基督在基督徒眼中,或四大哈里发在穆斯林眼中的意义有类似之处。

我以为,注意到中国历史中尚有这样有趣的一面,对于理解我们自己的过往十分重要。坊间总有种说法,认为中国人的性格自古以来就是偏实用而亲近世俗的,离形而上的神学争论、精神需求是相对较远的,我并不是很同意这种说法。从道教的千禧年神学和"弥赛亚主义"来看,中国同样有着十分丰富的政教互动史,而且因为宗教对于底层大众精神世界的关怀,这种政教互动史其实有着非常重要的历史哲学和政治哲学意义。我们过去对中国精神"实用"和"世俗主义"的总结,很可能主要是因为历史多由儒家知识分子书写,而他们在书写中因为意识形态而故意忽略了这些内容,就像中世纪的教士书写的历史也多从教会的视角入手一样。领略中国历史在正统儒家叙事之外的这些多元性,恐怕对我们重新梳理这个文明的精神面貌十分重要,也将成为我们回答中国人何以作为中国人、中国人何以解决自身身份焦虑时,必不可少的思想资源。

第四章

匈汉原来是一家

在传统的中国史叙事中，北方游牧民族，乃至其他异族一直被视作"他者"，并长期存在于所谓"夷狄"与"华夏"对立的文化心理史观中。这种观念至少可以上溯到孔子时代的"夷狄之有君，不如诸夏之亡也"。

单纯以人类学视角来理解，文化民族主义是任何部落、族群、民族或国家都可能自然而然产生的一种情感。人类学家大卫·格雷伯即指出过，从原始部落到中古政权，任何习俗共同体在与周边其他集团产生冲突后，都可能会强调"我们"与"他们"的不同之处，以强化内部凝聚力和认同感。

然而这恰恰会构成一幅极其吊诡的画面：让我们设想遥远的地方有A、B两个部落，在我们看来，他们从文化到习俗，从信仰到社会组织形态，从艺术审美到生活脾性都十分相似，然而这两个部落却因为毗邻，存在着绵延数代人的、实在的利益冲突，因而在这两个部落内部的自我认同中，就可能特别放大我与对方之间存在的一丁点文化差异，并把这种差异当作自我认同的核心元素。这种现象看起来很可笑，然而举凡人类社会，我们经常会看到类似刻骨铭心、难以释怀的恩怨：法兰西与德意志、奥地利与匈牙利、中非的胡图族与图西族……

正因为这种视角过于普遍，所以我意识到，在理解古代中国历史时，过分强调古代儒生们经常采取的、强调夷夏之别的文化民族主义视角，其实很难带来真正的知识增长，对我们解析历史和认知世界并无太多裨益。

其实在我看来，所谓的文化，更像是生存策略的沉淀。一个汉人如果离开农耕社会，去往蒙古草原，为了谋生必须学习如何放牧，如何制作乳酪，他自然会学习大量的蒙语与蒙古习俗，变得如蒙古人一样。一个蒙古人离开草原去往内地亦然。在技术并不发达的中古社会，在一定程度上，地理因素决定着生活习俗，生活习俗又决定了文化认同，这就像一种历史规律。明代，靖远城以西流行突厥语，归化城以北流行蒙语和满语，这是由不同生活方式塑造的，与民族主义的宏大叙事没有多大关系。

本章中，我也试图采取这种视角，通过两段具体的故事，来重新理解中国历史上极为重要的一大"他者"：匈奴。

在许多人的印象中，大汉与匈奴是一对长期互相敌对的文明。匈奴给汉高祖造成过白登之围的困窘，汉武帝也曾派遣卫青、霍去病取得封狼居胥的功业。然而，换个视角来看，匈奴与汉，实在是互相影响、互相塑造了彼此的命运——只要蒙古高原毗邻华北平原与黄土高原，这两个文明的命运就不可避免地纠葛在一起，你中有我，我中有你，不可分离。甚至于，历史上既有汉人愿为匈奴的崛起奉献聪明才智，也有匈奴人成功实现了"复兴汉室"的丰功伟业。

到底这些都是怎么一回事呢？

投奔匈奴的中行说

我们的第一个故事，始自汉文帝时期一位特立独行的宦官，他的名字叫中行说。

关于中行说这个人，历史记载相对清楚和集中。他的事迹在《史记》和《汉书》中均有记载，内容也大体相同。

匈奴冒顿单于死后，其子即位，号称老上单于。按照两国和亲的传统，汉文帝把皇室的女儿嫁给单于做阏氏（皇后）。皇室指定了宦官燕人中行说担当公主的辅佐官员。这个任职意味着完全被边缘化，因此中行说不想承担这个任务，但是上面强令他前往，于是他留下了一句很有个性的话："必我行也，为汉患者。"他护送公主前往匈奴之后，实际上"跳槽"到了匈奴那一边，为单于出谋划策。

《史记·匈奴列传》仔细记录了他在匈奴宫廷的一系列言行。

第一件，是增强匈奴的自信心。

当时，汉朝的物产在匈奴广为流行。中行说则认为，匈奴的人口连汉朝的一个郡都比不上，之所以如此强大，是因为衣着、食物与汉朝均不相同，所以并不依赖与汉朝的贸易。如果单于顺从了这种习俗，偏好汉地物产，那么汉朝只需要输出十分之二的物资，整个匈奴就必须依附于汉朝了。他建议单于，获得了汉人的衣物，就穿着它在草棘中骑马奔驰，让众人都看到衣物被撕裂，明白还是毛皮制作的旃裘质量好。获得了汉人的食物，就放在一边，让众人都看到这些食物不如乳酪既便于携带又十分美味。

第二件，是维护匈奴的国格尊严，使其胜过汉朝。

汉朝寄送匈奴的国书是写在木牍上的，长一尺一寸，用词是"皇帝敬问匈奴大单于无恙"。中行说教单于把寄给汉朝的国书写在一尺二寸的木牍上，印章封记都加大加宽，用词作"天地所生日月所置匈奴大单于敬问汉皇帝无恙"，一定要盖过汉朝一头。

第三件，是维护匈奴习俗的正当性，驳斥汉人持有的文化霸权心理。

当时汉朝使者攻击匈奴的习俗有这么几点：第一是贱老。中行说驳斥说，匈奴人以战攻为业，老弱病残把自己的肥美食品全送给健壮的年轻人，是为了能够取得胜利，如此，父子才可以长久相保，这怎么能说是贱老呢？第二是匈奴无礼仪，父死娶后母，兄死娶嫂，弟死娶媳。中行说驳斥道，匈奴人仰仗畜牧牛羊生存，随时转移，一切从简，没有繁文缛节。况且父子兄弟去世，娶他们的妻子，正是不希望丢失了宗族种姓的传统。所以匈奴就算国家有乱，宗族种姓却可得到保持；而中原虽然不娶父兄之妻，却亲属自相残杀，以至于易姓。更何况越是重视礼仪之别，就越会有等级之分。有人屋室过分高大壮丽，就自然有人吃不饱饭。人人为衣食奔波，自然也就不习战攻，纵有礼仪，又有何用？此后再有汉朝使臣要展开这种软实力辩论，中行说就告诉他们："不用多说，把你们准备给匈奴的礼物质量搞得好好的就够了，说那些有什么用呢？准备的好就罢了，不好的话，等秋收的时候，自有马蹄去践踏你们的谷物。"

第四件，应该是中行说对匈奴做出最大贡献的一件。但是，这件事在史书里只有一句话，叫作"教单于左右疏记，以计课其人众畜物"。这句话的重要性，我稍后再展开分析。

在整个老上单于时代，匈奴国力相对于汉朝是占优的。单于曾数度率兵侵犯边疆，杀北地都尉，掳掠人民畜产甚多。汉朝几次发动大军出击，但匈奴早已退回塞外，汉军徒劳无功。没有办法，汉文帝只好奉献更多礼物，寻求与匈奴和亲。中行说服侍两代单于，之后便不再有记载。但是贾谊在接受汉文帝诏对时，说过这样的话："陛下何不试以臣为属国之官以主匈奴？行臣之计，请必系单于之颈而制其命，伏中行说而笞其背，举匈奴之众唯上之令。"可见汉室上下，确实恨中行说入骨。然而直到汉景帝时，匈奴还是"入雁门，至武泉，入上郡，取苑马。吏卒战死者二千人"，事实上相对于汉朝仍有战略优势。这恨意并没有发挥什么作用。

太史公笔力非常，仅就这一段短短的记载，中行说这位如同范雎一样快意恩仇的奇男子，已经跃然纸上。但是除了他的快意恩仇，以一己之力影响汉匈关系，从而完成对皇权的复仇之外，我们还能发现什么呢？

首先，中行说的籍贯很值得我们关注。司马迁说他是燕人，而燕在战国晚期到秦汉间的历史颇值得玩味。在今天出土的战国青铜器铭文中，燕国并不写作"燕国"，而是"郾王"或"匽侯"，且燕国史书文献是六国中最少的一批。为什么中原地带对燕国的记录如此稀少，甚至到了国名都不曾保留，只保留了音译的称呼？我认为答案很可能在如下的一系列历史记录的细节之中：

> 夫燕亦勃、碣之间一都会也。南通齐、赵，东北边胡。上谷至辽东，地踔远，人民希，数被寇，大与赵、代俗相类，而民雕捍少虑，有鱼盐枣栗之饶。北邻乌桓、夫余，东绾秽貉、朝鲜、真番之利。（《史记·货殖列传》）

> 定襄、云中、五原，本戎狄地，颇有赵、齐、卫、楚之徙。其民鄙朴，少礼文，好射猎。雁门亦同俗，于天文别属燕。

> 上谷至辽东，地广民希，数被胡寇，俗与赵、代相类，有鱼盐枣栗之饶。北隙乌丸、夫余，东贾真番之利。（《汉书·地理志》）

从《史记》和《汉书》的记载可知，燕地在当时"本戎狄地"，民众习俗与经常被匈奴入侵和影响的赵、代地区类似，"少礼文，好射猎"。换句话说，燕代之地在秦汉之交，在文化与生活习俗上和匈奴相去不远。此地历史在中原的历史记载中相对被忽略，可能与毗邻汉匈文化交界线有关。

这种现象其实有地理方面的原因。我们之前反复提及过欧亚大草原对中国历史的重要意义。欧亚大草原的东端大致可延伸到蒙古高原东部到东北地区，今天的内蒙古东部、河北北部、山西北部都有草原带分布，很容易形成"逐水草而居"的生活方式。这也可以从出土文物中得到证明。例如西伯利亚的米努辛斯克（Minusinsk）盆地出土过龙山文化晚期晋北与陕北地区常见的三足卵形瓮，北京昌平也曾出土米努辛斯克盆地流行的直柄凹格菌首刀剑，足见这片区域与欧亚草原文化的融合特征。[1]

生活习俗上的融合特征，必然造就地缘政治上的亲近关系。从中行说的态度来看，他本人对汉匈朝廷并不持有先天的忠诚立场，汉朝待他刻薄，他便转投匈奴。其实大致翻阅秦汉之际的史料，我们还可以找到许多燕地人士与他持有相近的政治立场。

例如，西汉初年，赵国国相陈豨谋反，燕王卢绾会从刘邦率军讨伐。陈豨派人向匈奴求救，卢绾也派属下张胜出使匈奴，声称陈豨的部队已被彻底击败，劝匈奴不要救援。张胜到达此处后，遇到了逃亡在此的臧荼的儿子臧衍，臧衍劝张胜说："公所以重于燕者，以习胡事也。"

他的大意是，你之所以为燕王重用，是因为你懂得匈奴的事务。燕王之所以能够做燕王，是因为诸侯屡次谋反，天下兵事未定。你今天为

1　参见杨建华、邵会秋：《欧亚草原东部金属之路的形成》，《文物》2017 年第 6 期。

燕王灭了陈豨，明天就轮到燕王自己被灭。你更好的选择难道不是劝说燕王放陈豨一条生路，与匈奴联合吗？

张胜觉得很有道理，将这种"养寇自重"的策略告诉了卢绾，卢绾听从了张胜的建议。但是在樊哙、周勃攻灭陈豨后，掌握了卢绾、陈豨私通且暗通匈奴的证据，随即进攻燕地。卢绾带领部下逃亡到匈奴，被冒顿封为东胡卢王。[1]

这段史料告诉我们，第一，张胜很可能是燕地当地人，所以"习胡事"。他的立场是从分封王和匈汉对立关系中谋利，而并不忠于任何一方。第二，卢绾是刘邦的老乡，也是刘邦最为信任的分封王之一。而这样的人也因为刘邦晚年剪除异姓王的举措而感到恐惧，因此认为有必要联络匈奴自保，足见左右他决策的更大因素其实是权力结构和地缘政治，而非文化与忠诚认同。第三，其时匈奴在冒顿领导之下，反而成为汉初一系列在中原权力斗争中失败人物的庇护所。这些人也成为匈奴影响汉朝内部政治的抓手。

当然，燕人除了像中行说和张胜这样选择亲匈奴路线的，也有选择亲汉路线的。例如汉武帝元光元年（公元前 134），匈奴来请和亲。燕人王恢因为"数为边吏，习知胡事"而反对和亲，认为匈奴人经常背叛和约，不如"兴兵击之"。后来他率军伏击匈奴，事情败露，无功而返，被汉武帝下狱自杀。[2]

综合以上材料，我们大概能够得出的结论是，由于地理位置的影响，秦汉以来的燕地在习俗上夹杂汉匈两个社会的生活方式，文化上处在交会地带，在地缘政治上则扮演了某种"缓冲国"的角色。在中原政权不够强盛时，"胡人数处转牧行猎于塞下，或当燕、代，或当上郡、

1　参见〔汉〕班固：《汉书·卢绾传》，第 1892—1893 页。

2　参见〔汉〕司马迁：《史记·韩长孺列传》，中华书局，1959 年，第 2861 页。

北地、陇西"[1],与汉人争夺土地资源和生存空间,造成当地人的"胡化"。这正是造就中行说政治立场的文化背景。[2]

既然胡人与汉地存在长期的共存交流,那么必然会出现文化上相互影响、制度上相互借鉴的现象。赵武灵王"胡服骑射",即是汉地向胡人学习军事战术的典型例子,而胡人当然也会接受汉地的文化。那么,汉地在当时最重要的、最值得借鉴的经验是什么呢?

是大一统。

秦始皇统一六国,"平定天下,海内为郡县,法令由一统",当时人以为"自上古以来未尝有,五帝所不及"。这当然不止是一系列统一战争的胜利,它的背后是秦国一系列改革措施在发挥作用。从秦献公邀请墨家入秦,推行县制,以五家为一伍编定户籍人口,便于相互监视、收取赋税、征调兵丁和安排徭役,到秦孝公任用商鞅变法,推行垦草令,重视农战,奖励军功,建立二十等爵制,加收口赋,统一度量衡,再到昭襄王清扫宣太后与穰、宛、邓、华四贵,集权于君王之手。在数代君主的持续努力下,到始皇帝时期,秦国已经打造出一套以耕战为本,以编户全方位控制人身,以军功保留阶层上升渠道,在经济关系上实质上实行"国有农奴制",在央地关系上以军事组织制度(县)代替分封制度,便利皇帝"令海内之势,如身之使臂,臂之使指,莫不制从;诸侯之君,不敢有异心,辐凑并进,而归命天子"的世所罕见的统一文化,今之学者多称为"秦制"[3]。纵考公元前200年前后,东亚社会

---

1 〔汉〕班固:《汉书·晁错传》,第2285页。

2 参见陈红静:《中行说入匈奴与西汉前期燕代地区的胡汉互动》,《保定学院学报》2020年5月第3期。

3 参见张金光:《秦制研究》,上海古籍出版社,2004年;谌旭彬:《秦制两千年》,浙江人民出版社,2021年;冯天瑜:《周制与秦制》,商务印书馆,2024年等。

管理制度与政治权力结构发生的最大变化，舍以秦制之道实现大一统外，其实无他。

秦制实际上是一种把总体战制度延伸到和平年代的政治架构。其最重要的特征，实际上有三点：

第一，土地国有，并在此基础上通过国家份地授田制，将国民转化成"国有农奴"，建立起强制性的，战争、政治与社会合一的全能政府体制。

第二，在份地授田制的基础上实施以五或十为单位的编户制度，对国民实施严苛的身份管理，限制其自由流动，固化其农战身份。

第三，在中央与地方关系上，废除周制的分封关系，代之以行政官僚制度，下级官员对上级负责，最终汇总到皇帝那里，实现层级直管。

而就在秦制以统一战争的形式完成对中原的全方位改造之后，差不多同一时期，它也深刻影响了匈奴的国家建设历程。

匈奴的政权建设

史载，冒顿原为其父头曼之太子，头曼欲废冒顿，立其继室阏氏之子为储君，遂将冒顿送到月氏充当人质后，就攻打月氏，行借刀杀人之计。冒顿偷得月氏良马，才逃回匈奴。回到匈奴后，头曼认为冒顿很勇敢，就让他统领一万骑兵。冒顿私下训练军队，以鸣镝约束部下，他的响箭射向何处，部队即射向何处，不从者斩。他先后以鸣镝射杀自己的千里马和爱妾，斩杀了不跟从他射箭之人。最后他以鸣镝射向头曼，部队弓箭齐发，射死头曼。此事发生在公元前 209 年，也即秦二世元年。冒顿遂夺得单于大位，并设置了一系列集权制度下的官职，以强化对匈奴社会的控制力。换句话说，匈奴政权的集权化改造，比秦统一六国只是稍晚而已。

冒顿即位后，出征东胡，驱逐月氏，吞并楼烦，并收复了被蒙恬夺取的匈奴领地，建立了空前庞大的匈奴帝国。他的改革措施也与秦制有异曲同工之妙。比如，他设立左右贤王、左右谷蠡王、左右大将、左右大都尉、左右大当户、左右骨都侯等官职。"左右贤王以下至当户，大者万骑，小者数千，凡二十四长，立号曰'万骑'。诸大臣皆世官"，说明这些官职本质上是对部落军事集团的行政化，是出于军事指挥制度化而设立的固定官职，在尊重草原部落生活习惯的基础上承认其世袭化特权，也即与草原部落联盟的军事管理传统相兼容。[1]此外，在基层军事组织管理上，匈奴建立起与秦制相类似的以五／十为数量的管理单位：秦制是五家为一伍、十家为一什的什伍之制，匈奴则是在二十四长之下设千长、百长、什长等，其对基层国民的军事管理和人身控制也同样十分严苛。

不过，冒顿的改革措施主要集中在以军事管理制度为主的国家建设领域，并没有延伸到和平时代，也没有考虑制度的长期化措施。这其实与草原民族和农耕民族不同的生活方式有关：对绝大多数古代国家政权而言，军事行动的资源供给来自对物资与人身的直接控制，而在农业生产中，这两者天然是合一的：土地就在那里，不会移动。民众需要时时引水灌溉、除草施肥，天然绑定在土地之上。因此，政权通过控制土地的所有权，就很容易控制了农民的人身支配权，从而便利地将其转变为士兵。但是，游牧民族天然的生活方式并非如此。在草原上，因为每年

---

1 注意这种部落联盟的军事传统与分封制有所不同。盖分封制中，封建领主的统治合法性依据来自国王或皇帝的授权，但部落联盟中，各部落氏族领袖的统治合法性不来自于这一点。

雨旱条件不同，所以草场条件也会发生变化。政权没有办法利用土地国有化对民众实施严格的人身控制。这就需要匈奴找到其他方式来完成自身独有的建设历程。

而我以为，中行说其实就在这个进程中扮演了极其关键的角色，核心就在"教单于左右疏记，以计课其人众畜物"这句话的奥妙里。

疏，《说文解字》释为"通"，所谓"禹疏九河"，其本义是"疏通"的意思，引申为条理分明的记载。巧合的是，中国上古文献中最早记录的国家财政会计统计行为，也是从禹时代开始的。那就是《尚书·禹贡》中记录的，把土地和田赋分为上中下三类九等（上上、上中、上下，以此类推）：

冀州：厥土惟白壤，厥赋惟上上错，厥田惟中中。

兖州：厥土黑坟，厥草惟繇，厥木惟条。厥田惟中下，厥赋贞，作十有三载乃同。

青州：厥土白坟，海滨广斥。厥田惟上下，厥赋中上。

徐州：厥土赤埴坟，草木渐包。厥田惟上中，厥赋中中。

扬州：厥土惟涂泥。厥田惟下下，厥赋下上，上错。

荆州：厥土惟涂泥，厥田惟下中，厥赋上下。

豫州：厥土惟壤，下土坟垆。厥田惟中上，厥赋错上中。

梁州：厥土青黎，厥田惟下上，厥赋下中，三错。

雍州：厥土惟黄壤，厥田惟上上，厥赋中下。

如此分门别类征收田赋，才符合当地的耕作实际，税赋承担者才能感受根本的公平。这种把任何事项分门别类予以记录的方法，就是"疏记"。它其实是为国家财政服务的一种会计记账体系。

在政治学的眼光中,财会体系对于国家机构建设的重要性,再怎么强调也不过分。按照大卫·格雷伯的观点,掌握了记账方法就等于创造了"债务"这个概念,而"债务"本质上是一种借助经济理由将权力上的支配关系合法化的社会手段。因此,早期国家建设无不与会计记账法则有所联系。人类最早的货币诞生于美索不达米亚的庙宇与宫殿,当时的货币其实是一种信用货币或者说是虚拟货币,它本质上是一种记账用的单位,也就是会计符号。但是,当时的政治家已经学会利用这种记账工具为自己的战争行为寻找借口。

例如,在公元前 2402 年,拉格什(Lagash)国王恩美铁那(Enmetena)指责他的敌人乌玛的国王占据一大片法律上原本属于拉格什王国的农田长达数十年之久。他宣布,以那片土地的租金及利息为基准,按照复利计算,乌玛王国现在欠拉格什王国 4.5 万亿升大麦。这个数字当然是夸大了,它的本质是利用数字记账方面的先进"软实力",来论证自己对那片土地有所有权。[1]这个历史细节背后揭示了一种权力论证自身正当性的方式:我有发达的记账体系,我能够从技术细节上详尽地解释我所拥有的权力来源,相对地,我加之于你的义务自然也就是合理的,因为我可以找到那么多专业的辩护。

对于财产和民众应承担义务的会计统计手段,自然也成为秦制的支柱之一。尤其是以会计手段规定民众承担义务的标准,以及违背法定义务后的惩罚,这正是秦制以严刑峻法控制民众的重要基础。从睡虎地出土的秦简中,我们可以一窥当时秦政府对民众财产统计的细致程度与处罚的苛刻程度:

---

1 〔美〕大卫·格雷伯:《债:第一个 5000 年》,孙碳等译,中信出版社,2012 年,第 209 页。

雨为澍〈澍〉，及诱（秀）粟，辄以书言澍〈澍〉稼、诱（秀）
粟及狠（垦）田暘毋（无）稼者顷数。稼已生后而雨，亦辄言雨
少多，所利顷数。早〈旱〉及暴风雨、水潦、螽（螽）蚰、群它物
伤稼者，亦辄言其顷数。近县令轻足行其书，远县令邮行之，尽
八月□□之。（《秦律十八种·田律》）

这段的意思是，下雨后，谷物一抽穗，就要以书面形式向上面汇报
雨水灌溉的庄稼、抽穗的庄稼以及已开垦但未（耕种）庄稼的面积。庄
稼抽穗后才下雨的，也要报告雨水的多寡和受益土地的面积。如果有干
旱、暴雨、洪涝、虫灾或其他原因致使庄稼受损的，也要立即报告相应
面积。近处的县派脚程快的人传递文件，远处的则派驿站传递，要在八
月结束（之前）上报。

入顷刍稿，以其受田之数，无狠（垦）不狠（垦），顷入刍三
石、稿二石。刍自黄嫯及蘑束以上皆受之。入刍稿，相输度，可
殹（也）。

禾、刍稿徹（撤）木、荐，辄上石数县廷。勿用，复以荐盖。

乘马服牛禀，过二月弗禀、弗致者，皆止，勿禀、致。禀大
田而毋（无）恒籍者，以其致到日禀之，勿深致。

百姓居田舍者毋敢酤（酤）酉（酒），田啬夫、部佐谨禁御之，
有不从令者有罪。（《秦律十八种·田律》）

这说的是，每顷田地应该缴纳的草料（刍）和禾秆（稿）应按照所
受田地的面积进行计算，而不论是否开垦。每顷须缴纳草料三石、禾秆
二石，草料干枯的（嫯）、杂乱的（蘑）都结成束来征收。所收入的草

料和禾秆都需要称量无误才可收入。（所收取的）谷物、草料和禾秆去掉木头和草席的部分，把重量上报给县廷。如果不马上征用，就重新用草席盖上。用来驾车的马和耕地的牛需要领发饲料的，超过两个月没有领取的，或没有分发到的，都不再领发。受领大田一职（应为管理农田之基础公职）所应领取薪酬而未设固定账目的，按其领取凭证所到日期发给，不得超过凭证的规定。住在农村的百姓不得买卖酒水，田啬夫和部佐（均为秦时基层官吏职务）应严加禁止，不遵从法令者有罪。

除了对田间生产所应统计和缴纳的税赋有如此细致严格的规定之外，秦律还对谷物入仓的方式进行了详尽的规定：

> 入禾仓，万石一积而比黎之为户。县啬夫若丞及仓、乡相杂以印之，而遗仓啬夫及离邑仓佐主稟者各一户以气（饩），自封印，皆辄出，余之索而更为发户。啬夫免，效者发，见杂封者，以隄（题）效之，而复杂封之，勿度县，唯仓自封印者是度县。出禾，非入者是出之，令度之，度之当隄（题），令出之。其不备，出者负之；其赢者，入之。杂出禾者勿更。入禾未盈万石而欲增积焉，其前入者是增积，可殹（也）；其它人是增积，积者必先度故积，当隄（题），乃入焉。后节（即）不备，后入者独负之；而书入禾增积者之名事邑里于廥籍。万石之积及未盈万石而被（被）出者，毋敢增积。栎阳二万石一积，咸阳十万一积，其出入禾、增积如律令。长吏相杂以入禾仓及发，见屡之粟积，义积之，勿令败。（《秦律十八种·仓律》）

这说的是，谷物入仓的时候，要以一万石为单位堆成一积，用篱笆隔起来，设置仓门，由县啬夫或丞，会同仓、乡（管理者）共同封印，给仓啬夫和乡主管禀给的仓佐各留一门，以便发放粮食，由他们独自封印，就可以出仓，到仓中没有剩余时才再给他们开另一个仓门。啬夫免职，对仓进行核验的人开仓，验视共同的封缄，不必称量，只称量原由仓主管人员独自封印的仓。谷物出仓，如果不是原入仓人员来出仓，要再次称量，称量结果与题识符合，即令出仓。此后如有不足数，由出仓者赔偿；如有剩余，则应上缴。共同出仓的人员中途不要更换。谷物入仓不满万石而要增积的，由原来入仓的人增积，是可以的；其他人要增积，增积者必须先称量原积谷物，与题识符合，然后入仓。此后如有不足数，由后来入仓者单独赔偿；要把入仓增积者的姓名、职务、籍贯记在仓的簿册上。已满万石的积和虽未满万石但正在零散出仓的，不准增积。在栎阳，以二万石为一积，在咸阳，以十万石为一积，其出仓、入仓和增积的手续，均同上述律文规定。长吏共同入仓和开仓，如发现有小虫到了粮堆上，应重加堆积，不要使谷物败坏。

除这些仓库统计与管理的细节外，秦律还规定了会计统计方面的责任。如果统计错误或统计工具有问题，负责统计的官员也要受罚：

衡石不正，十六两以上，赀官啬夫一甲；不盈十六两到八两，赀一盾。甬（桶）不正，二升以上，赀一甲；不盈二升到一升，赀一盾。

斗不正，半升以上，赀一甲；不盈半升到少半升，赀一盾。半石不正，八两以上；钧不正，四两以上；斤不正，三朱（铢）以上；半斗不正，少半升以上；参不正，六分升一以上；升不正，廿分升一以上；黄金衡羸（累）不正，半朱（铢）以上，赀各一盾。

数而羸、不备，直（值）百一十钱以到二百廿钱，谇官啬夫；

过二百廿钱以到千一百钱，赀啬夫一盾；过千一百钱以到二千二百钱，赀啬夫一甲；过二千二百钱以上，赀官啬夫二甲。(《效律》)

这里列举了大量关于称重工具出现问题时，相应主管人员应当承担的责任。例如，称重的称若不准确，统计一石时误差若达到十六两以上，官啬夫就要赔偿一副盔甲。统计一斗时误差半升以上，也要赔偿一副盔甲。统计黄金时误差半铢以上，也要赔偿一副盔甲，如此等等。可见，秦律除了对民间田产要求详尽统计，以求尽量准确地获知民众的田产赋税数字，从而在有战争需求时尽可能多地动员民力之外，也要求统计官员自身严格执法，避免错漏、误报和瞒报等状况。由此，秦帝国的统治者希望建立起一个密布天罗地网、统计所有财务、精准控制一切资源的体制，这样才能"如身之使臂，臂之使指，莫不制从"。

当然，我们知道，在实践过程中，由于官吏和民众权责义务的不对等，秦制下的主政官员很快就逾越了立法者预先设计的边界，把民众逼上了死路，不得不起来造反。太史公在《陈涉世家》中说，陈胜吴广做屯长，遇到天降大雨，阻塞道路，误了日期，按律当斩。但是睡虎地秦简中的《徭律》显示，被征发的士卒如果没有出发，罚赔偿两副盔甲，耽误日期三到五天的，批评惩戒；六到十天的，赔偿一面盾牌；十天以上的，赔偿一副盔甲。遇上大雨阻塞道路的，免除责任。这个规定显然就比陈涉吴广面对的情况合理得多。我们不知道究竟是秦二世时因为暴力机关的层层加压令权责明显失衡，还是陈涉吴广为起事而扭曲了对法令的解释，但总而言之，天下皆曰秦因暴政而亡，足见秦制的残酷严苛本来就不得人心。

然而，对秦制的道德评价是一回事，秦制的政治动员效率则是另一回事。无论它有多么残暴，能够在短期内动员大量资源，形成军事上的优势，这是不争的事实。而那细致的会计账目统计技术，自然也居功甚伟。因此，尽管太史公仅用一句话带过了中行说教授匈奴的相关知识，我却不能不对这段材料加以重视，并猜想在这背后，其实是匈奴自冒顿建立军事管理体制之后，向持续性的国家治理又迈出的重要一步。

中行说投降匈奴的对象，正是冒顿之子老上单于稽粥。稽粥是他的名字，老上则是某种尊号，类似于"天可汗"。史载冒顿有非凡的武勇和胆识，故而能够征服东胡，但史籍并未详论稽粥的能力。除了特别信任中行说之外，亦很少记载他的治国理政方略。然而，他担任单于时期，能反复利用匈奴军队的机动优势和匈汉边界的地理条件，对汉朝发起突然性的入侵和掠夺。汉文帝数次集合军队应战，都因为无法解决匈奴的机动优势而没有获胜，无奈只能和亲岁贡，实际上是承认了相对于匈奴的劣势地位。总而言之，老上单于很好地继承了冒顿打下来的基业，将匈奴统合为一个能够长期持续的游牧民族征服政权。在这背后，中行说所教授的"计课其人众畜物"的财会技术，恐怕起到了极其重要的作用。

当然，我们前面也讲过，草原不同于农地，匈奴政权无法像秦制那样通过确定土地面积和赋税来控制人身。但是作为变通，通过统计人众（一定包括自由民与奴隶）和畜物（统计精度当然比土地差得多），也可以取得类似的效果。其中或许有一些对秦制的改进和发展。考虑到中行说出身燕地，这里地处匈汉交界处，也曾处在秦制的管理之下，很可能中行说亲眼见识过当地基层官吏如何变通秦制，将这一套施用于对游牧民族的管理，而匈奴反倒没有掌握这套管理技术。中行说也非常清楚，一旦匈奴人学会了秦制控制术，将给汉帝国带来多大的压力，所以才有自信说出那句"必我行也，为汉患者"。后来的历史进程也果如他所言，匈奴成了汉帝国的心腹大患。

如果站在汉帝国的立场上，中行说当然是叛臣、汉奸，罪大恶极。然而若我们跳出一家一姓的利益，并不站在某一个集团的立场上，而是站在大历史的视野上来看这件事，则或可有另外一种观察：仔细想一想，华北平原与蒙古高原的距离既然如此之近，两个社会展开文化交流就会是一种自然而然的趋势。就算一时之间，有哪个政权实施了高压政策，禁闭了国门，这种政策也很难持久。一方的智慧、经验、技术和思维方式很难不传递到另一方。沿这个道理想下去，其实明眼人很容易看出，既然汉人已经创制出严苛、残酷、耗尽民力来进行总体战的制度，那么这种制度传入匈奴，并被匈奴反过来利用，用以对付汉人，其实只是时间问题。

复兴汉室的匈奴刘

虽然在中行说的教授之下，匈奴政权在国家建设方面取得了长足的进步，但是中行说的另外一句话也指出了匈奴在面对汉帝国时的先天性不足："匈奴人众不能当汉之一郡。"

汉初虽承袭秦制，但也效仿周法分封了诸多异姓王与同姓王，地方主义传统仍然强盛，在政治上亦对冲了秦制大一统的资源汲取力度。故而高祖时有臧荼、韩王信、英布等异姓王作乱，文帝时有济北王刘兴居、淮南王刘长等同姓王作乱，景帝时更是有七国之乱。直到景帝平定七国之乱后，又休养生息了一代人，才为汉武帝发动对匈奴的战略反攻创造了条件。

自元光二年（公元前133）马邑之谋起，汉朝正式结束与匈奴的和亲政策，转为全面对抗。汉武帝时卫青和霍去病对匈奴取得了战场上的巨大胜利。封狼居胥一役，歼敌七万余人，俘虏匈奴屯头王和韩王，"匈奴远遁而漠南无王庭"。同时，汉武帝派遣张骞凿空西域，与乌孙结盟，联络大宛、月氏、安息、康居、身毒、于阗、捍冞等，尤其是遣李广利征服大宛，威震西域，树立了汉帝国的权威。此举实际上是对匈奴的战略后方釜底抽薪，嗣后匈奴在战场上失利，后撤，就会遭到这些政权落井下石的围攻。这为汉帝国长期控制河套地区和河西走廊奠定了地缘政治上的基础，其意义类似于黎塞留阻挠德意志统一从而奠定了法兰西帝国的基础。

但是，汉武帝取得对匈奴重大胜利的代价，是中原政权对民力的竭泽而渔。西汉在一般情况下，边防军通常保持三十万左右的规模。武帝时则临时增驻了六十万屯田士卒，边防军力最高达八九十万，这还没有计入特定战争需要临时征发的人员。（如李广利征大宛时，"赦囚徒捍寇盗，发恶少年及边骑，岁余而出敦煌六万人"。）汉时军官俸禄、衣粮辎重皆为官给，且需自中原转运大量粮食供给边疆，靡费甚重。以三十万边防军计，一年尚需 23 亿铜钱，若以九十万边防军计，则汉武帝时为维持这一常备军数量，就要消耗 70 亿左右的铜钱。而据王嘉与桓谭统计，汉元帝、汉宣帝时，都内（大司农，汉代国家财政主理官）一年收取的中央财政大约是 40 亿钱，算上地方行政开支也不过 65 亿钱左右。[1]

西汉自耕农一般为五口之家，有两个主要劳动力，计每个劳动力供养 2.5 人。视土地条件的不同，每人每年产粮约 725—1450 公斤，减去供养人口消耗的口粮约 600 公斤，则条件较差的土地上，农民依旧有余粮 50 余公斤，按"十五税一"的税率，基本等于余粮被完全收走。按

1　以上数据参见黄今言、陈晓鸣：《汉朝边防军的规模及其养兵费用之探讨》，《中国经济史研究》1997 年第 1 期。

"三十税一"计，也不过是只剩 25 公斤的余粮。这些粮食供给和平年代的官吏与边防军开支，已然十分吃力。汉时平均每个边防军消耗约六户的田租、十四户的赋敛，民众压力可想而知。更何况汉武帝时，军费供应增加了近三倍，为维持财政平衡，必须大幅增加赋税。西汉时一般情况下收取名目为"算赋"和"口赋"的人头税，口赋原为七至十四岁人口缴纳，每人 20 钱；算赋原为十五至五十六岁人口缴纳，每人 120 钱。武帝时将口赋增加 3 钱，又将征收年龄下调至三岁，"民产子三岁则出口钱，故民重困，至于生子辄杀，甚可悲痛"[1]。又开征酒税、家畜税、算缗（对商人征收的财产税和运输税），同时卖官鬻爵，实施盐铁官营，与民争利。饶是如此，仍然"大农陈藏钱经耗，赋税既竭，犹不足以奉战士"[2]。武帝晚年，吏治腐败，民变四起，不得不下轮台罪己诏，承认"当今务在禁苛暴，止擅赋，力本农"，才堪堪稳定了动荡不安的政治局面。

汉武一朝对匈奴取得了重大胜利，浑邪王投降汉朝，匈奴陷入内乱。到汉宣帝五凤元年（公元前 57），匈奴五单于并立，自相残杀，最后只剩下呼韩邪、郅支两股势力。呼韩邪迎娶王昭君，归顺汉朝。郅支为甘延寿、陈汤歼灭。但与此同时，西羌崛起，在金城（今兰州一带）与汉军对峙。东汉时期匈奴分裂为南北两部，南匈奴归附汉朝，北匈奴先后为窦固、班超和鲜卑部大败。东汉时代主要对外作战对象其实是羌人，双方掀起数次汉羌战争，成为东汉地缘政治对抗的主线之一。直到汉桓帝时，在凉州三明（皇甫规、张奂、段颎）的带领下，汉军在西域剿灭数万羌人，才算奠定优势。然而，西凉地区激烈的厮杀培养出一批批骄兵悍将，其中包括马腾、韩遂、董卓等等，他们又将很快撕裂东汉

1　〔汉〕班固：《汉书·贡禹传》，第 3075 页。

2　〔汉〕司马迁：《史记·平准书》，第 1422 页。

的天下。

汉灵帝时期，中山（今河北定州）太守张纯联合乌桓反叛，又开启了燕代之地与胡人纠结联合、对抗中原的地缘政治博弈。为应对张纯，东汉征发南匈奴人平叛。单于羌渠派遣其子左贤王於夫罗率军前往。然而，南匈奴长期被汉帝国征用作雇佣军，彼时也厌烦了秦制对民力的消耗，于是发动叛乱，叛者达十万人之众。次年，南匈奴叛军与休屠各胡合兵攻杀羌渠，另立单于。这位左贤王於夫罗就此滞留汉地，无法归国，干脆谋求在中原创业，自称单于，与黄巾军同时期的白波军合流，进犯太原、河内等地。又过一年，东汉政权爆发内乱，大将军何进被十常侍谋杀，董卓入京，废少帝而立刘协，专断朝政。於夫罗依附袁绍，但又与袁绍决裂，在辽水地区重整势力。嗣后，他又两次被曹操击败，投降了曹操。

汉献帝兴平二年（195），於夫罗死，其弟呼厨泉继单于位，反叛曹操后再败。建安二十一年（216），也就是曹操击败孙权、纳降张鲁之后的第二年，呼厨泉朝觐汉天子，被授予客卿之职，实际上成了曹魏的人质。[1]曹操把匈奴的事务交给右贤王去卑打理，将匈奴分为五部，大致安排在今山西境内。当时按照南匈奴的政治规矩，单于之下，最尊贵的是左贤王，其次是左谷蠡王，再次是右贤王，最后是右谷蠡王。左贤王往往由单于太子担任，右贤王则由单于的血亲但非直系子女充当，也就是说，这个职位经常由硬实力决定，其担当者往往与单于成为竞争关系。或许曹操正是利用了这一点来制衡南匈奴的内部势力。[2]

呼厨泉死后，南匈奴作为一股政治势力，其实已经式微。但是当时

---

1 〔南朝宋〕范晔：《后汉书·南匈奴列传》，第2965页。

2 〔日〕杉山正明：《游牧民的世界史》，黄美蓉译，（新北）广场出版社，2013年，第185—186页。

担任左贤王的，是后来对中国历史产生重要影响的一位关键人物。此人名叫刘豹，是前任单于於夫罗之子。他个人的事迹历史记载甚少，但他是后来汉赵政权建立者刘渊的父亲。

为什么单于之子姓刘呢？这是因为当年匈汉和亲之时，汉朝皇室之女远嫁匈奴，而在匈奴的习俗中，母亲一方部落的姓氏传承也十分重要，故而在匈奴最尊贵的血脉挛鞮家族中，有大批刘姓匈奴人传承下来，谓之"匈奴刘"。由于汉晋之际与匈奴相关的文献资料十分稀缺，因此有学者质疑刘豹家族是否真为匈奴贵族后裔。[1] 但据当代基因测序结果，陕晋蒙地区刘氏家族遗传标记为 C-Y138401，[2] 共祖时间约在1510 年前。其中刘姓在该基因家族中占比 38.24%，远高于刘姓在全国人口中的占比（5.4%），且与刘邦家族遗传标记不同（O-F254，共祖时间在 2290 年前）。故而，关于刘豹家族匈奴血缘的记载应是准确的。

虽然刘豹的事迹史料所载甚少，但其子刘渊是一位重要的历史人物。他曾拜崔游为师，学习《毛诗》《京氏易》和《马氏尚书》，更自学了《左传》《孙子兵法》《吴起兵法》等，且饱览史书，乃是文武全才。崔游是司马昭的相府舍人，后来刘渊到洛阳做匈奴部的人质，得到司马昭的厚待，为司马家族所熟知。司马炎篡夺曹魏政权建立西晋后，他很欣赏刘渊的才能，把他跟由余、金日磾对比。由余是春秋时代秦穆公的大臣，他本来是晋人，先投奔西戎做了绵诸国的大臣，后来又到秦国任职，等于是又跳了一次槽的中行说。金日磾则是我们前文提到过的休屠王之子，有学者怀疑他是大夏人。可见司马炎虽然非常清楚刘渊的身世背景，但仍很看重，对他有很高的期许，盼望他能参与讨伐东吴和鲜卑（秃发树机能叛乱）的战役。当时太原王氏家族的王浑、王济都对

1　参见唐长孺：《魏晋南北朝史论丛》，河北教育出版社，2000 年，第 382 页。

2　目前对历史上匈奴遗骨 Y 染色体的鉴定，遗传标记以 N3、Q、C 为主。

刘渊评价极高[1]，认为他的能力在由余和金日磾之上。但晋武帝身边的重臣孔恂、杨珧等人反对，认为他"非我族类，其心必异"，一旦有机会得到东吴或凉州这样的天险之地，必会作乱自立。刘渊后来在洛阳送别好友王弥时，泣涕不已，感叹自己被谗言所害，仕途不顺，恐怕就此会（作为人质）终生老死于洛阳。

然而不久之后，刘渊的父亲刘豹去世，他得以回到山西匈奴五部，担任左部帅，后来又担任北部都尉。他在任期间，"明刑法，禁奸邪，轻财好施，推诚接物"[2]，不仅招揽了匈奴五部的杰出人才，而且吸引了大量"幽冀名儒，后门秀士"，积蓄了实力。

到晋惠帝时期，皇室无能，盗寇四起，刘渊的堂祖父，也曾担任左贤王的刘宣等人秘密商议说，他们的先祖冒顿与汉朝约为兄弟，"忧泰同之"，可如今汉朝也已亡国，被魏晋相继代替，而我们的单于虽然保留了一个虚号，却没有一寸土地，"自诸王侯，降同编户"。如今正是司马氏骨肉相残、四海鼎沸的时刻，匈奴的复兴，在此一举。刘渊便是最适合担任单于的人。于是，南匈奴五部将密谋告诉了刘渊。

刘渊得知密谋后，作了周密的部署。当时"八王之乱"中最有实力的成都王司马颖正挟持晋惠帝，废除皇太子而自任皇太弟，还兼任丞相，控制朝局。司马颖封刘渊做冠军将军、卢奴伯。刘渊请求返回山西，动员匈奴五部前来协助司马颖，对抗要求惠帝复位的司马腾、王浚等部。司马颖大喜，封刘渊做了北单于。刘渊一回到左国城（今山西方山县南村），就被刘宣等人上了大单于的尊号。一个月之内就纠集了五万人众，定都离石。自此龙离浅滩，自有天地。

不久之后，司马颖遭王浚军队击败，刘渊本来打算依约定率兵去帮

1　也许与匈奴五部被安置在山西境内有关。
2　〔唐〕房玄龄等：《晋书·刘元海载记》，第2647页。

他，却被部下劝阻说，司马氏父子兄弟自相鱼肉，这是天要还命于匈奴。一旦打出单于旗号，鲜卑、乌丸也会认同大业，为什么还要去救司马氏呢？刘渊认为大有道理，所谓"大禹出于西戎，文王生于东夷"，可见帝王本来就不一定只降生于汉人土地，而是"惟德所授"。如今匈奴部队已聚众十万，相对晋兵都能以一当十。刘渊又说，按照亲属关系，他乃是大汉天子刘氏的甥亲。祖先曾与汉朝约为兄弟，兄终弟及，不也很有道理吗？

匈奴五部谋事之时（300年前后）其实距蜀汉刘禅政权灭亡（263年）只过去了大约四十年，蜀人怀念诸葛亮治才，恩泽尚在。晋室倾颓，天下疲敝，汉室的号召力尚在人心。刘渊干脆自称汉室，追尊后主刘禅。于是，晋惠帝永兴元年（304），刘渊于都城南郊设立祭坛，自立为汉王，把自己建立政权的合法性追溯到汉朝：

> 昔我太祖高皇帝以神武应期，廓开大业。太宗孝文皇帝重以明德，升平汉道。世宗孝武皇帝拓土攘夷，地过唐日。中宗孝宣皇帝搜扬俊乂，多士盈朝。是我祖宗道迈三王，功高五帝，故卜年倍于夏商，卜世过于姬氏。而元成多僻，哀平短祚，贼臣王莽，滔天篡逆。我世祖光武皇帝诞资圣武，恢复鸿基，祀汉配天，不失旧物，俾三光晦而复明，神器幽而复显。显宗孝明皇帝、肃宗孝章皇帝累叶重晖，炎光再阐。自和安已后，皇纲渐颓，天步艰难，国统频绝。黄巾海沸于九州，群阉毒流于四海，董卓因之肆其猖勃，曹操父子凶逆相寻。故孝愍委弃万国，昭烈播越岷蜀，冀否终有泰，旋轸旧京。何图天未悔祸，后帝窘辱。自社稷沦丧，宗庙之不血食四十年于兹矣。今天诱其衷，悔祸皇汉，使司马氏父子兄弟迭相残灭。黎庶涂炭，靡所控告。孤今猥为群公所推，

绍修三祖之业。顾兹眇暗，战惶靡厝。但以大耻未雪，社稷无主，衔胆栖冰，勉从群议。[1]

简单说来，就是刘渊把大汉各个皇帝都缅怀了一番，从汉高祖、文帝、武帝、宣帝、光武帝，到昭烈帝刘备，都是英明神武，都是英雄好汉。如今天可怜见我大汉宗嗣，司马氏父子兄弟相残，正是我大汉光复之时。诏令发布后，刘渊按照古代中国最为重视的宗庙祭祀传统，追封后主刘禅为孝怀皇帝，立汉高祖以下三祖五宗神主祭祀，立发妻呼延氏为后，分封文武百官，正式脱离晋朝，复兴汉室。

刘渊复汉后，接连与晋军作战，连战连胜，进据河东地，先后降服魏郡汲桑、鲜卑陆逐延和羯人石勒，一时势大，晋朝不能匹敌。晋怀帝永嘉二年（308），刘渊进一步称帝，改元永凤。第二年，迁都平阳，攻陷壶关，但进攻洛阳的战事并不顺利。同年，刘渊病重逝世，谥号光文皇帝，与光武帝对应。其子刘和即位。刘和与兄弟刘聪争权夺利，最终刘聪弑兄称帝，又于永嘉五年（311）攻陷洛阳，俘虏晋怀帝，建兴四年（316）攻入长安，西晋彻底灭亡，北方咸归汉政权控制。从这个角度看，刘渊创立的胡汉政权倒也确实完成了报复司马氏、复兴汉室的大业。

综合刘渊的身世经历，我们只能感叹一句：神奇！

他是冒顿的直系后裔，是匈奴版"黄金家族"挛鞮家族的子嗣，也是西晋匈奴五部共奉的大单于。然而他一生熟读汉家经典文献，自认为是汉匈之共同继承人，最后自立称王称帝，打出的旗号竟也是"光复汉室"。中国人都知道刘备一生碌碌奔波，兴复汉室而不可得；诸葛亮六

---

1 〔唐〕房玄龄等：《晋书·刘元海载记》，第 2649—2650 页。

出祁山，最终魂断五丈原，却不知道这位"匈奴刘"天子，确确实实自认为继承了刘邦、刘秀与刘备的大统，为诸刘恢复宗庙祭祀，几乎杀尽司马宗室，成功为汉室复仇（如果站在蜀汉政权的视角来看）。

然而倘若我们站在匈奴人的视角来看，刘渊的一切行为不仅很好理解，而且非常正当。还记得中行说总结的匈奴习惯法与汉地的差异吗？从匈奴视角看来，传承母系氏族、振兴母兄家族乃至为其复仇，都是天经地义之事。而部落氏族之间昨天还互相攻战，今天就约为兄弟之盟攻打别人，也是家常便饭。后来契丹、女真和蒙古风俗也与此相近。或许，以汉帝国的视角来看，南匈奴是不敌汉军之后归顺称臣；但以南匈奴的视角来看，这其实是约为姻亲兄弟的另一种结盟方式。既然如此，那么为汉室复仇，也是当然之理。

而且，匈奴在强盛时期作为北方游牧民族的共主，本来就在帝国内部宽容多个部落氏族保留自身的习惯法与政治传统。如前文所述休屠王可能继承大夏传统，匈奴内部亦曾有诸多汉人分封王。故而，刘渊对自身帝国的处理方式，在匈奴看来也只是以汉人传统治理汉人。刘渊在胡汉政权内部实施"胡汉分治"政策，设单于左辅、单于右辅，专门治理胡人，似乎也可以看作是匈奴政治传统的一种延续。

从这个角度讲，刘渊所创立的胡汉政权，与其用中原汉家的习惯和政治传统去审视，倒不如用匈奴习惯法，甚至欧洲中世纪的封建法去审视，反而更好理解一些。刘渊看待自己因为母系祖先的继承权对汉室有合法继承权的宣称，大约可以类比神圣罗马帝国皇帝查理五世因为母亲疯女胡安娜的继承权而对西班牙卡斯蒂利亚和阿拉贡的王位拥有合法权力的宣称。这种视角大概也是为匈奴部落所共享，所以刘渊宣布要将国号定为汉，按照汉朝传统祭祀刘氏祖先，也并未引发匈奴五部的反对。只是，受汉人传统熏陶的儒生不了解这一视角，无法理解为什么世代为仇雠的匈奴人愿为汉人"兴灭国，继绝世"，只好对胡汉政权短暂的"复兴汉室"视若无睹，存而不论了。于是，这段"匈奴复兴汉室"的神奇故事也就此湮没在了历史之中。

结语：秦制的"往复活塞"运动

故事讲到这里，所谓"匈汉一家"的来龙去脉，其实也讲得差不多了。

刘渊所建立的胡汉政权，从名义上讲，在血脉传统上确实与汉沾亲带故，在国号上继承大汉，也在宗法上自认为是刘汉后裔的最后一个政权。刘渊去世后，他的两个儿子刘和与刘聪也像以往匈奴人一样展开了对单于之位的残酷争夺。而在刘聪灭亡西晋以后，胡汉政权也很快陷入内乱，被匈奴刘氏族人刘曜改名为赵，再被石勒灭亡。自此之后，匈奴这个民族就彻底退出了中国历史的舞台。

但是，在我看来，从冒顿到刘渊的整段匈奴—汉帝国互动历史，实在是整个中国历史上胡汉互动大结构的一个缩影。

我在这里提出对胡汉互动的一个粗略模型，称之为"秦制的'往复活塞'运动机制"。其实，按照古代政权的标准来看，所谓一个政权的强盛时代，主要指的是这个政权战争能力得到空前加强的时代。这里的战争，既包括对外战争，也包括对内部流民和叛乱的镇压战争。因为古代政权的本质就是尽可能汲取一切资源的暴力集团，用于掌控一个社会的工具而已。

从制度史的角度而言，秦制自然是自春秋战国时代以来，中国暴力集团的一次空前加强。这种制度究竟为什么出现于秦，也许就如我们前文中介绍过的那样，与秦国本身就处在戎狄与中原的断层线上有关，属于文明的"边缘创新"现象，我们在这里就不展开讨论了。我要说的是，秦制出现之后，在匈汉的地缘政治关系中造成了此进彼退、此退彼进的消长关系，而这种消长关系，本质上是由匈汉社会各自的"秦制"落实程度决定的。简言之，汉人社会愈加"秦制化"，就会形成军事优势，就像一个活塞一样，挤压匈奴社会。而匈奴社会迫于压力，也不得不"秦制化"，同时汉人社会则因"秦制"过度耗竭民力而陷入困境，相对于匈奴的军事优势下降，匈奴又反过来挤压汉人社会的空间，活塞又被推了回来。

其实我们仔细想一想就会知道，如果我们站在汉人视角上可以将中原帝国的历史划分出强盛期和衰弱期，那么站在胡人的视角上，当然也可以把一系列游牧政权划分出强盛期和衰弱期，只不过它们的具体时段恰好与中原帝国相反而已。

例如，秦朝强盛之时，胡人不敢南下牧马，士不敢弯弓而抱怨，这便是匈奴的衰弱期。但是强秦很快被推翻，匈奴即刻南下，侵略燕、代等地，于白登围困刘邦，胁辱吕后。这便是匈奴的强盛期。如果我们粗略一点，把秦北伐匈奴、收复河套（公元前214）算作是匈奴衰弱期的开始，把冒顿在白登围困刘邦（公元前200）算作匈奴衰弱期的结束，那么匈奴的衰弱期大致持续了十四年。之后文景两朝，都可算作匈奴对汉的战略优势期。

汉武帝时期，又凿空西域，出击匈奴，在战场上赢得了对匈奴的巨大胜利。我们把武帝元朔二年（公元前127）收复河套、设置朔方郡算作是匈奴战略优势期的结束、衰落期的开始，那么这一次匈奴的战略优势期持续了七十三年。之后便是西汉帝国的战略优势期。

汉武帝对匈奴取得决定性胜利后，匈奴部落实际上陷入颓势，四分五裂。最终到汉元帝建昭三年（公元前36），甘延寿、陈汤诛杀反汉的郅支单于，基本终结了汉匈百年战争。但是，汉元帝晚年，西汉朝廷也不可避免地衰落了，"孝宣之业衰焉"[1]。此时距王莽代汉，也不过只剩下四十余年。

况且，汉武帝时期已经耗竭了民力，西汉帝国内部已经出现诸多危机。而就胡人的视角来看，虽然北方的匈奴衰落了，但西北方向的羌人又开始崛起。其实羌人自先秦以来一直都在史书中出现，汉武帝收复河套地区，设置河西四郡（自东向西分别为武威、张掖、酒泉、敦煌），在地缘政治上截断了羌人与匈奴的联系，算得上是一大胜利。但是到了宣帝时，义渠安国诛杀羌族首领，引发羌人反叛，羌汉对峙的军事前线实际上又回到金城一带。[2]金城的位置在今天的兰州，金城郡是原先天水、陇西和张掖各分出两个县置成的。羌汉在金城对峙，说明当时汉帝国已不能有效控制河西四郡。我们如果把羌人因义渠安国而反叛的这一年（公元前61）看作汉帝国在边疆战略优势期的结束，那么这个优势期大概持续了六十六年。

从中原视角出发的史书，似乎会把胡人当作是秦汉历史中的插曲。史家会把更多笔墨用在描写始皇帝的雄才大略、楚汉相争的英雄传说和卫青、霍去病封狼居胥的赫赫荣光上，匈奴似乎不过是偶尔出现的背景板而已。然而，当我们从这个视角跳脱出来，站在匈奴的立场上看，我们才会惊觉，这是一个与蒙恬对峙过的对手，一个击败过刘邦的对手，一个令文景两朝都束手无策的对手，一个以西汉十分之一的人口却曾拥有六十余年战略优势期的对手。它对西汉的心理震慑力，或许远远胜过章邯与项羽。而它从战略劣势到战略优势的关键转折点，正是自冒顿到老上单于的两代人，通过中行说的帮助而学习到了汉人的"秦制动员

---

1 〔汉〕班固：《汉书·元帝纪》，第 299 页。
2 〔南朝宋〕范晔：《后汉书·西羌传》，第 2877 页。

术"，尤其是会计统计技术。

看起来，这便是中原政权"秦制"对外输出的一个例子，只不过结果是中原政权自己遭了殃。这就是我称之为"往复活塞"的原因：活塞自对面压过来，正是因为这一端推了过去。

但是，汉帝国优势期的结束，并不是匈奴或羌人优势期的下一段开始。这是因为，战争本身不会只消耗一方的国力，无论是胡人还是汉人，都不愿意再过这种枕戈待旦、民力凋敝的生活。我们前文已经引用过经济史家的计算，按照当时的规定，汉时一名士兵的负担需要六户人家的土地税和十四个人的人头税来承担。汉帝国在一般时期用于边防的军费已占据国库收入的 34%，遑论兴师动众的高峰时期。匈奴方面虽然没有史料记载，但其理推想可知。因此，公元前 1 世纪之后，实际上是汉与匈奴的共同衰落。战争对文明的伤害，是需要漫长的时光才能疗愈的。

不过，我们总结的秦制的"往复活塞"运动却没有停止，而是在更大的空间尺度上展开。

东汉时代，虽然窦宪、耿秉等人对北匈奴的战争亦取得巨大胜利，燕然勒石，但西方的羌人又持续成为汉室的心腹大患。西羌与东汉的战争又持续了近百年。东汉末年，在凉州三明（皇甫规、张奂与段颎）的带领下，汉军虽然取得了对羌人战争的决定性胜利，但是汉羌之战也训练出大批骄兵悍将，其中如马腾、韩遂、董卓等，更是成为灭亡东汉的力量。因此我们也可以说，在宏观上，汉羌战争也重蹈了汉匈战争的覆辙，双方"同归于尽"。

刘渊只是历史上的一个变数。他以匈奴后裔的身份光复汉室，他的政权灭亡了西晋，算是以极其戏剧性的方式，为汉与匈奴之间的恩怨画上了最终的句号。这对冤家和亲家一同随着汉赵政权的坍塌而被彻底埋葬。然而，秦制的"往复活塞"还远没有终结。

趁着汉帝国衰亡之际，许多胡人学会了秦制动员术，用这部资源汲取机器肆虐天下，逐鹿中原。他们中有羯人石勒（得到汉人张宾的帮助）、鲜卑人慕容儁、氐人苻坚（得到汉人王猛的帮助）、羌人姚苌（杀死苻坚、侵夺前秦）和鲜卑人拓跋珪。而鲜卑拓跋氏在汉人冯太后（其家族为北燕皇帝冯氏家族，实际上是胡化的汉人）的帮助下实施改制，其中以国家承担官僚费用的班禄制、以"五家一邻，五邻一里，五里一党，各设一长"的三长制重建五进制的编户齐民和以"计口授田"配合三长制的均田制最为重要。这是永嘉之乱以后，北方第一次重建了相当于秦汉水平的政权。而这一次它的缔造者，正是实实在在的鲜卑人。所谓的"鲜卑汉化"，其实回归到政治学原理，就是鲜卑人放弃了自身的游牧政治传统，接纳了汉人的组织动员术，也就是我们说的"活塞"另一端压力的积蓄。而嗣后隋唐等汉人帝国的重新崛起，亦不过是"活塞"这一端的膨胀。以这样的视角纵观中国历史，唐兴则突厥衰，唐衰则契丹兴，宋金鹬蚌相争，蒙古渔翁得利，蒙古衰而明兴，明衰而后金兴，何尝不是在一个更大的尺度范围内循环往复，不断重复书写着内亚—东亚的政治命运吗？

第五章

慕容复的真正仇家是高句丽

上一章中我们提到了中原政权跟游牧政权互动的模型秦制的"往复活塞"运动机制。我想说明的是,这种现象并非只在北方和西北方向上出现,在东北方向,我们观察到这个机制也是适用的。最明显的便是在中国历史上反复出现过多次的高句丽。

在史料记载上,高句丽(后改称高丽,与918年王建建立的高丽不同)跟匈奴一样,也是位常客。朱元璋在建立大明后,曾经就"大城市"铁岭的主权归属问题给高丽下过一道诏书,统计了一下历朝历代中原政权讨伐高丽的次数:

> 汉伐四次,为其数寇边境,故灭之。魏伐二次,为其阴怀二心,与吴通好,故屠其所都。晋伐一次,为其侮慢无礼,故焚其宫室,俘男女五万口奴之。隋伐二次,为其寇辽西、阙蕃礼,故讨降之。唐伐四次,为其弑君,并兄弟争立,故平其地,置为九都督府。辽伐四次,为其弑君,并反复寇乱,故焚其宫室,斩乱

臣康兆等数万人。金伐一次，为其杀使臣，故屠其民。元伐五次，为其纳逋逃、杀使者及朝廷所置官，故兴师往讨，其王䚟耽罗，捕杀之。原其衅端，皆高丽自取之也，非中国帝王好吞并而欲土地者也。[1]

我们把朱元璋的统计加总一下，中原政权历史上讨伐高丽的次数总计是二十三次。这里需要说明的是，从汉到唐是被称为高句丽的政权，约于 5 世纪中叶改称高丽，并得到中原王朝的册封认可。这个高句丽政权事实上于 668 年被唐和新罗的联军攻破首都灭亡。高句丽灭亡之后，新罗统一了朝鲜半岛，到 10 世纪分裂。918 年，王建建立高丽政权，后再度统一朝鲜半岛，到 1392 年被李成桂建立的李氏朝鲜取代。朱元璋发诏书的这个高丽，其实已经是李氏朝鲜。因此这个统计里，单论高句丽的部分，其实应该是汉代的四次讨伐、魏的两次讨伐、晋的一次讨伐、隋的两次讨伐和唐的三次讨伐，合计十二次，也不少了。

一个东北边疆政权，为什么值得中原政权前后十二次的兴师动众？难道中原王朝也把这个蕞尔小国视为心腹大患？

高句丽的来龙去脉

要回答这个问题，我们还是得先从高句丽的来龙去脉说起。

高句丽第一次出现在史册上，应是《汉书·地理志》中"玄菟、乐浪，武帝时置，皆朝鲜、濊貊、句骊蛮夷"的记载。此处的"句骊"

---

1 〔朝〕郑麟趾：《高丽史》卷一百三十七。

便是后来我们熟悉的高句丽。《后汉书·东夷列传》中说："高句骊，在辽东之东千里，南与朝鲜、濊貊，东与沃沮，北与夫余接。""武帝灭朝鲜，以高句骊为县，使属玄菟，赐鼓吹伎人。"这里汉武帝所灭的朝鲜，并不是古朝鲜。原先古朝鲜政权被燕人卫满篡夺，这个卫满，跟我们上一章介绍过的张胜有同一个老板，那便是燕王卢绾。卢绾逃到匈奴，卫满逃到朝鲜，找机会发动政变占领了古朝鲜国。到他的孙子卫右渠时代被汉武帝灭亡，高句丽就变成了玄菟郡的一个县，其辖地大概覆盖今天中国的辽宁、吉林和朝鲜的咸镜南道、咸镜北道一带。从这个故事中我们也可以看到，中原政权动荡不安时，其政治精英前往周边的少数民族地区建立政权，传播秦制，推动当地政权构建，这个历史现象是普遍存在的。

公元前 37 年，也就是汉元帝在位时期，一位传说中被东扶余收养、名叫高朱蒙的王子在本国受到排斥，南下在鸭绿江沿岸卒本川建立卒本扶余，演化成后来的高句丽。但据历史学家考证，高句丽真正的始祖是中国史籍上记载的濊貊人。濊貊人可能是濊和貊这两个部落的结合体[1]，他们原来居住在松花江—嫩江流域，后来逐渐向东南方向迁移。这个民族虽然主要从事农业和渔猎，但是我们知道，欧亚大草原向东延伸到松嫩平原，游牧民族同样能够进入濊貊人的居住地，因此其文化也受到蒙古—西伯利亚草原文化的巨大影响。[2] 而高朱蒙出身的这个扶余部落，

---

1 《三国志》记载，濊人崇虎，而"貊"字本身就是熊的意思。朝鲜史书《三国遗事》有这样一段记载："时有一熊一虎，同穴而居，常祈于神雄，愿化为人。时神遗灵艾一炷、蒜二十枚，曰：'尔辈食之，不见日光百日，便得人形。'熊虎得而食之。忌三七日，熊得女身；虎不能忌而不得人身。熊女者无与为婚，故每于坛树下咒愿有孕。雄乃假化而婚之，孕生子，号曰坛君王俭。"这段记录很可能是两个部落联盟的历史记忆。

2 Kyeong-chul Park, *History of Koguryǒ and China's Northeast Asian Project, International Journal of Korean History*, 2004, 6: 2.

有学者相信就是"濊"的转称。[1]

朝鲜最早的官方正史叫作《三国史记》，相当于朝鲜版的《史记》，记载了新罗、高句丽和百济三个国家的历史，但这部史书关于高朱蒙的记载中有一半都是神话，所以我们能够确认的史料很少。高朱蒙原先很可能姓解，这是统治扶余的氏族。他后来改姓高，有一种说法是认黄帝为先祖，以黄帝之孙高阳氏为姓。[2] 我们能知道的是他后来降服了周边的沸流部（位于浑江—富尔江流域），并让自己的儿子娶了沸流部的公主。后来他又接连降服盖马、朱那、桓那、句荼，建国北沃沮，开疆拓土，死后被称为"东明圣王"。按照《三国史记》的说法，他的长子即位为高句丽的琉璃明王，他的另外两个儿子沸流和温祚此前害怕被太子迫害，带领他们的支持者逃到汉江以南，建立了百济。

既然高朱蒙在卒本自立为王了，那么他的这个政权跟汉朝的关系又是怎样的呢？对这个问题的讨论，其实可以帮助我们理解古代中央政权对边疆控制的实际情况。

我们之前说过，汉武帝时灭亡卫满朝鲜后，在当地设置了朝鲜四郡，分别是乐浪、玄菟、临屯、真番。后来又把临屯和真番并入乐浪和玄菟。这四个郡的具体管辖位置并不清楚，但高朱蒙起家的卒本，位于今天辽宁本溪桓仁满族自治县，而玄菟下辖的高句丽县则在今天的辽宁抚顺新宾满族自治县。这两个地方相距不到一百公里，开车时长不到两个小时。如果说高朱蒙的独立建国侵犯了汉的主权，就没有理由高朱蒙搞出这么大动静，而汉不知情。如果说高朱蒙仍从属于汉，而他建国后的四处征伐，很明显一没有得到汉的授权，二与汉的权威也有所抵触。真相究竟为何呢？

1　何秋涛：《民族探幽：夫余与秽貊》。

2　〔朝〕金富轼：《三国史记·高句丽本纪第六》。

我以为，这个问题要从郡县制的制度起源去作一理解。先秦时代初设县，是在秦武公十年（公元前688），"伐邽、冀戎，初县之。十一年，初县杜、郑。灭小虢"[1]。考察秦国在战国初期设置的县，多数都是新征服的地区。这些地区一来需要军事管理，二来没有经过分封，是国君自己打下来的地盘，国君对这些地区的人口与资源实际上有直辖权，不需要诸侯在其中扮演政治代理人。因此，秦国对这些县实施了我们前文所说的一套"秦制"，也就是把这些地方的土地国有化再授予民众，实施什伍之制将民众编户化，将治权委任给国君直接任命的县令等。这些举措实际上都有着明确的军事需求，县制本质上就是战时制度的长期化，而郡则是县上一级的军事指挥机关。[2]

　　这种将土地授受与编户齐民相结合的措施在农耕区当然是比较容易实现的，因为农业本身的技术属性决定了农民很容易被固定在土地之上。但是在游牧和渔猎区，这种控制就很难一一落实了。高句丽县和卒本城所在的地域其实是崇山峻岭之间的狭小平地，任何帝国在此设置行政机构，实际上的有效控制范围只有受到城墙和堡垒庇护的县城内部。一旦人民逃逸到周围的群山之中，帝国行政官员也只能"望山兴叹"，遑论还有气候的寒冷、语言的隔绝与文化习俗的差异——连靠近中原的燕代地区都很容易胡化，何况辽东苦寒之地？所以，汉武帝虽然在此设郡，但当地行政机构的真实控制力，也许并不及于广大山区，这片土地就像瑞士奶酪一样有很多孔隙供少数民族政权生存乃至壮大。这个道理，跟罗马帝国在与日耳曼部族的边境设置城堡，其真正的行政控制范围也主要集中于城堡周边，广大的森林与山地仍只能让给日耳曼部落去占领，是一致的。

1　〔汉〕司马迁：《史记·秦本纪》，第182页。

2　参见陈剑：《先秦时期县制的起源与转变》，吉林大学博士学位论文，2009年。

因此，高朱蒙建立高句丽政权后，汉帝国的行政官员很可能清楚他的所作所为。但是，元帝时期的汉帝国已经在走下坡路，也许对剿灭这支新兴的地方部落已经有心无力，不得不接受了他的存在。作为交换代价，高句丽实际上也必须像汉帝国的属国一样，在汉帝国需要对外征伐时承担一定的军事义务。这一点，在朝鲜史书中是有蛛丝马迹的。《三国史记》关于第二代高句丽国王琉璃明王的记载中，有这么一段：

> 三十一年，汉王莽发我兵，伐胡。吾人不欲行，强迫遣之，皆亡出塞，因犯法为寇。辽西大尹田谭追击之，为所杀，州郡归咎于我。严尤奏言："貊人犯法，宜令州郡，且慰安之。今猥被以大罪，恐其遂叛。扶余之属，必有和者，匈奴未克，扶余、秽貊复起，此大忧也。"王莽不听，诏尤击之。尤诱我将延丕侯雏，斩之，传首京师。莽悦之，更名吾王为下句丽侯，布告天下，令咸知焉。于是，寇汉边地，愈甚。[1]

这段说的是，琉璃明王第三十一年（公元 12），王莽征发高句丽的兵士讨伐匈奴。可见高句丽政权对西汉帝国还是负有出兵义务的。但是接下来的记载更有趣，也更能帮助我们理解秦制"往复活塞"的运作机制：被征发的高句丽人不愿意履行从军义务，新朝强迫他们，这些人就逃亡塞外，落草为寇。帝国的州郡认为责任在于高句丽政权，汉人严尤谏言说，妥善的处理之道是命令州郡安慰高句丽，否则我们就要同时面临多个对手。但是王莽不听，派军攻打高句丽，诱杀了高句丽将领延丕，把高句丽改为"下句丽"。这种侮辱引发了高句丽的反叛，于是他

---

1 〔朝〕金富轼：《三国史记·高句丽本纪第一》。

们增加了对汉帝国的侵袭骚扰。琉璃明王三十三年，也就是公元 14 年，琉璃明王灭亡了梁貊，同时袭取了高句丽县。[1]

我们在前一章中介绍过，所谓秦制，本质上是强化集权帝国对民众资源的汲取并用于作战。一旦压榨过度，引发反弹，秦制帝国自己也会衰落。由于汉帝国在强盛期拥有诸多属国，因此这种压榨自然也会传导到属国之上，引发属国的仇恨与叛乱，同时把汉帝国的这套机制学习过来，增强自己对抗汉帝国的实力。这里我们看到，高句丽正是这种历史规律的又一次重演。

在 1 世纪，高句丽抗衡汉帝国的主要举措是侵略和征服周边的扶余政权，扩充自己的实力。琉璃明王之子大武神王杀东扶余王带素，东汉辽东太守发兵征伐大武神王，将其围困在丸都山城（位于今吉林省集安市）。三个月之后，城中粮草消耗殆尽。大武神王急中生智，派人把宫殿池塘中的鲤鱼拿给汉军请罪。汉军见到鲤鱼，认为城中有水源，无法短期内攻克，只好撤军。自此之后，大武神王如困龙之返江海，四处征战，一发而不可收，甚至在公元 37 年攻了东汉的乐浪郡。七年之后，光武帝派军收复乐浪，与高句丽划定疆界，和平了一段时间。

然而，到 1 世纪中叶，高句丽又开始扩张。《三国史记》中记载，此时高句丽的君主号称太祖大王（或大祖大王），史载他从公元 47 年活到了 165 年，活了将近一百二十岁，其在位时间长达九十三年。历来学者都不太相信，认为这一记载中间有脱漏之处，或许他一人的事迹是几代高句丽王合并而成的。但是这一百年里，高句丽与汉军发生的直接冲突频繁且剧烈，计有：元兴元年（105）春，高句丽派兵攻汉辽东郡六县，被太守耿夔击破，主将被杀；元初五年（118），高句丽与濊貊联

---

1 〔朝〕金富轼:《三国史记·高句丽本纪第一》。

合攻汉玄菟郡，攻华丽城；建光元年（121）春，汉幽州刺史冯焕等击高句丽，被高句丽用诈降计打败，死伤两千余人；同年夏，太祖大王合鲜卑共八千人攻辽东，太守蔡讽以下百余人战死；同年冬，太祖大王合马韩、濊貊共万余人攻玄菟郡，汉军得到两万扶余军之助，击退之；本初元年（146），袭扰汉乐浪郡，杀带方县令，掠太守妻子。

这一时期的前半段，东汉主要精力放在北击匈奴上，无暇东顾。后半段，东汉朝廷陷入外戚专权，有好几个婴儿即位，也没有心思顾及对高句丽的讨伐。这正应了我们之前讨论秦制"往复活塞"时讲的那个道理：中原史书中的衰弱乱世，便是周边政权的强大盛世。高句丽在太祖大王时代，竟然如同汉帝国一样，接受了周边政权的朝贡，俨然一个"小天下"或"小中华"。例如，扶余使者曾来献上三角鹿、长尾兔、无尾虎；肃慎使者曾来献上紫狐裘、白鹰、白马等；东海古守曾来献上红色的豹子。[1] 当然，其时高句丽一面实质上扩充地盘，一面仍然给汉朝献上礼物，甚至自愿归属玄菟郡。[2] 这种外交策略上的双簧彼此之间并不冲突。

同时，在1—2世纪，高句丽的国家建设也在不断发展。早期高句丽政权的历史记载有明显的部落制色彩，但到了2世纪，高句丽很显然已经进化成军事化的编户政权。《三国史记》中有载，新大王高伯固的二儿子高武（一说名伊夷谟）因为贤能被国人立为国王，长子拔奇感到怨愤，与消奴加"各将下户三万余口"，投降了公孙康。由这个"三万余口"的细节可知，高句丽也学习了汉帝国的编户政策，实现了对国民的有效动员。

当然，秦制在编户齐民之外，也有韦伯所谓"理性官僚制"的一

---

1 〔朝〕金富轼:《三国史记·高句丽本纪第三》。

2 同上。

面，即不看血缘，不问出身，选贤任能，拔擢官吏，从而实现有效治理。2世纪时，通过考试选拔贤能的科举制度尚未出现，高句丽模仿汉帝国采取"举贤良"的政策，在自己的四郡之内广纳人才。四郡举荐了一个叫作晏留的人，晏留又向高武（故国川王）举荐了住在西鸭绿江河谷左勿村一个叫作乙巴素的人。乙巴素的祖上是琉璃王的大臣乙素，但当时他家道中落，只是个农民。故国川王把他委任为国相，"明政教，慎赏罚，人民以安，内外无事"。朝鲜史官论及此处，赞誉故国川王起用乙巴素就像商汤起用傅说、刘备起用诸葛亮、苻坚起用王猛一样，"得先王之法"。[1] 可见其政治文明的进步已经发展到了能够肯定理性官僚制度、选贤任能、唯才是用的程度。

其时中原政权正是东汉末期，社会动荡，民众疲敝，"汉人避难来投者甚多"[2]。高句丽与东汉政权、公孙康割据政权和曹魏政权多有交战。其中，与曹魏将领毌丘俭的交战是记载比较详细的一场战役。我们或可以从这场战役入手，解析高句丽何以一直成为中原政权必欲灭之而后快的心腹之患。

这场战役在《三国志·魏书》和《三国史记·高句丽本纪第五》中均有记载，但是所记载的过程不尽相同。在《三国志·魏书》中，这场战役的过程相对简单。正始年间，毌丘俭率步兵和骑兵合计近万人从玄菟郡出发，分兵数道进攻高句丽。高句丽王率步兵、骑兵两万人来迎，双方在梁口大战，高句丽败走。毌丘俭占领了拱卫高句丽首都的丸都卫城，屠戮了高句丽的首都国内城，斩首数千。正始六年（245），毌丘俭再度追击高句丽王，派玄菟太守王颀一直追到了肃慎部落的南方边界，刻石纪功，把丸都山改名不耐城。《三国志·魏书》还记载了一个

1　〔朝〕金富轼：《三国史记·高句丽本纪第四》。

2　同上。

劝谏高句丽王不要犯汉的大臣，毌丘俭刻意优待了他的家人。

然而根据《三国史记》的记载，从高句丽人的角度来看这场战争，感觉就完全不同了。首先，根据《三国史记》的记载，《三国志·魏书》把高句丽王的姓名搞错了。《魏书》中的高句丽王名字叫作宫，实际上是 197—227 年在位的山上王[1]。而与毌丘俭作战的则是山上王的继承人，东川王忧位居。魏军来犯之人数与高句丽王迎战之人数，与《三国志·魏书》记载相同，有可能是直接引用了《三国志·魏书》。对战役过程的记录则要详尽得多：东川王与毌丘俭打了三场仗，前两仗都击败了毌丘俭，各斩首级三千余，到第三仗，毌丘俭以方阵对抗，导致高句丽军大溃，死者一万八千余人。东川王不得不向南溃逃。《三国史记》在这里连续讲了三个在高句丽方看来是忠臣良将的故事，第一个人替东川王断后，第二个人把第一个人救了出来，第三个人则假称投降，刺杀了一名魏将，扰乱了魏军。东川王趁机分兵三路袭击魏军，魏军无法列阵，只能从乐浪撤离。最终，东川王得以逃脱复国。复国之后，由于丸都城已经被毌丘俭破坏，东川王只能又筑了平壤城。

对于这两段记载，我们首先要辨析一下。《三国史记》的写作年代在 12 世纪，远比《三国志》要晚，许多史实显然也参考了《三国志·魏书》。而在补充增添的部分中，作者对三场战役的记录很明显是不符合军事常识的。按照作者的记录，毌丘俭出征带兵一万，前两仗各被斩首三千，等于最后一战以三千余人迎战高句丽王几乎完好无损的部队，以少胜多，杀死一万八千。考察数字记载比较精确的古代战例，一支军队一旦达到 20%—30% 的伤亡率就会出现溃退现象，甚至有的训练不足的军队在伤亡率达到 5% 左右就会自认战败，四散奔逃，绝没有整支部

1　他本来的名字是延优，但因为长得像曾祖父太祖大王高宫，故而得到另外一个名字"位宫"。"位"就是"像"的意思。

队被成建制屠杀的现象。《三国史记》的这些数字更像是不通战事的文人拍脑袋编出来的。但是高句丽王在奔逃过程中阻止了魏军的攻势，则是有可能的。

我们从以上记载中可以获取的最有价值的资料，其实是双方的军事作战模式。这里有一个细节很重要，就是《三国史记》中记载高句丽东川王在失败后，"依山谷，聚散卒自卫"。我认为这个细节是提示我们理解东北亚地缘政治和高句丽乃至高丽政权的一个重要切入点：朝鲜多山。

联合国教科文组织在评价韩国中部古山城遗址时说，朝鲜有"山城之国"的称号，古朝鲜人利用朝鲜半岛多山地丘陵的自然环境，创造了独特的防御措施。韩国境内已发现的大小山城遗址多达 2400 处。今天能够辨认的属于高句丽时代的城堡遗址也有 170 处。可以说，朝鲜人在漫长的征战史中的确发展出了独到的、依托城堡为关隘的军事作战体系。

例如，前文所述之丸都山城位于今吉林省集安市北 2.5 公里，此地位于长白山余脉老岭山脉的峰峦间，多个起伏错落的山峰大致围合成一个环形峰岭。丸都山城地势东、西、北三面高而南面低，高差大约 440 米，且有东北—西南走向的通沟河为天然屏障，易守难攻。丸都山城沿地势走向构筑城墙，东、西、北三面城墙砌筑在环抱的山脊上，外边缘临近陡峭的绝壁，东南角以石壁为城墙，山梁缺口处用条石垒砌，这正是所谓"筑断为城"的高句丽山城建造原则。丸都山城共有七座城门，所有城门均只有一个门洞，城中只有宫殿群这一个大型建筑群，没有街坊的规划设计。可见该城类似于日本的大阪城、姬路城、江户城等位于天守阁之下的城池，以军事防御功能为主，而非经济功能为主。[1]

由于环境条件的不同，朝鲜山城与中原政权城堡的建筑理念有较大

---

1 朴玉顺：《集安高句丽丸都山城的筑城理念浅析》，《南方建筑》2010 年第 6 期。

差异。中原政权多为平地修筑，就近取材，原材料多为泥土或泥土加工烧制成的砖块。而朝鲜山城依傍的山地多有石矿资源，因此其城堡修筑以石材为主。在 12 世纪以后投石机技术得到较大发展之前，石堡防御性更为坚固。丸都山城本身即为石材垒砌，但它还只是拱卫国内城的卫城。国内都城中则已发展出了角楼（城堡墙壁垂直突出的小塔）、马面（城墙上每隔一段距离出现的凸出墙体外侧的墙台，用于消除城防死角）、女墙（城墙顶部内外沿上的薄形挡墙）等建筑构件。东川王后来修筑的平壤城则更加使用大量石材，并建有卫城、大城、山城三层城墙，最下端是黏土层的地基，在其上垒砌石块，内壁用大型石块或花岗岩石材砌成，墙芯以黏土为主，混以碎石，在中世纪早期，这种修筑方法几乎类似于现在的混凝土技术。可以想见古代军队对这些山城发起攻击的难度。[1]

高句丽控制范围内山地绵延，险要关隘极多，高句丽人在各处都修建山城、关隘和平地城，对浑江、鸭绿江和黄海海面进行监控，实际上等于建立了一整套依托地势的联合防御体系。根据今日学者的考证，自国内城向外延伸，依托天险地利，高句丽人可以设定六条防线，拱卫国内。

可以想见，虽然高句丽的体量、人口规模和军事技术能力均与中原政权相差甚远，但是依托山城关隘组成的防御体系，能令拥有显著力量优势的中原军队即使付出极大代价，也难以剿灭高句丽政权的有生力量。多数中原军队习惯的是平原地区的大规模作战，而在山间难以施展。山地攻坚战，守方依托城寨关隘可以居高临下射击，优势极大。而且，山地运输困难，对远道而来的客军也有十分不利的影响。

1　孙维伟：《高句丽都城体制及其防御体系研究》，延边大学历史学硕士论文，2017 年。

丸都山城王宫遗址

毌丘俭能够取得对高句丽作战的大胜，很可能与他本人同样出身山地密布的山西有关。但即便是他，也无法真正剿灭化整为零、"依山谷"自卫的高句丽军队。而一旦中原军队因补给、士气、战场失利等原因撤出，隐蔽在山间的高句丽人便可以卷土重来。这其实与西汉早期文景二帝对匈奴作战的不利条件是类似的：匈奴人的骚扰部队即便作战失利，也可以随时撤回草原，汉军追赶极难。同样，高句丽人即便作战失利，也可以随时撤回山间，汉军同样难以追击。从这个角度讲，山上人与马上人一样，能够依托地理便利给平原人造成长时间缓慢消耗的军事压力。

像毌丘俭这样虽然给予高句丽重创，却终不能全盘剿灭，最终挡不住高句丽人卷土重来的战例，在历史上其实远不止一次。我们几乎可以说，中原政权对高句丽的每一次作战差不多都是如此。其中最有名的案例，当然应该是唐太宗第一次征高丽之战。当时高句丽已改称高丽，与

高句丽城墙遗址

百济合军攻打新罗，新罗向唐求援，于是唐太宗于贞观十八年（644）筹建四百艘战舰，任命对高丽山川地形极为熟悉的张俭为前锋，率步骑六万御驾亲征高丽。

唐太宗李世民也是中国历史上少见的悍将，谙熟弓马，一生中打过不少以少胜多的血战硬仗。例如他在吕州追击敌兵，"大破之，乘胜逐北，一昼夜行二百余里，战数十合""一日八战，皆破之，俘斩数万人""不食二日，不解甲三日矣"。在与王世充交战时，他不慎遭遇王世充率领的三万大军，"众寡不敌，道路险厄，为世充所围。世民左右驰射，皆应弦而毙，获其左建威将军燕琪，世充乃退"。后来又以五百骑与王世充万余步骑相抗，"出入世充陈，往反无所碍"，最终援军到来，世充大败，唐军"斩首千余级，获排矟兵六千"，可见其武勇。[1]

1　参见〔宋〕司马光:《资治通鉴·唐纪四》，中华书局，1956年，第5881、5886—5887、5890、5891页。

此番征高丽，唐太宗信心满满，以为断不至于像隋炀帝那般下场。唐军初期战事也确实很顺利，先后攻下盖牟城（今辽宁抚顺）、卑沙城（今辽宁大连）、辽东城（今辽宁辽阳，隋炀帝久攻不下的城池）和白岩城，并于驻跸山以三万人大破十五万高句丽军队，斩首级两万余，迫降三万六千八百人，可见其指挥能力完全不低于年轻时的巅峰时期。但是打到安市城（今辽宁鞍山海城）时，受阻于安市城坚固的城防。唐军从夏天打到深秋（645年十月），也未能攻下城池，只得班师回朝，临行时还赠送安市城缣帛百匹，以"表扬"城主的忠诚。虽然败得潇洒，但终究是劳师动众，未能实现战略目标。这也足见高丽山城防御体系的确是一块难啃的硬骨头。

运筹帷幄，颠覆后燕

毌丘俭虽然取得了对高句丽的重大胜利，但其时中原王朝征战在即，三国分裂很快就要一统于晋的大旗之下。然而晋是中国历史上十分短命的一个统一王朝，从太康元年（280）灭孙吴到建兴四年（316）汉赵政权灭西晋，统一局面只维持了三十年左右。我们上一章讲述过，刘渊立汉伐晋，中原大乱，高句丽美川王恰在此时抓住机会，先后入侵玄菟、辽东和乐浪，于313年夺取乐浪郡。自此，汉武帝在朝鲜半岛设置的四郡，悉数不再受中原政权掌控。

西晋灭亡之后，北中国区域进入乱世，少数民族先后建立十六国政权。不过高句丽也没有马上坐大，因为朝鲜半岛尚处在高句丽、新罗和百济三国纷争的时代，新罗极大地抑制了高句丽的扩张能力。在如此复杂的地缘政治局势下，高句丽虽时有扩张，但任何举动都很容易招致周边诸国的觊觎或对手的报复，一战不慎，就有可能重演被毌丘俭险些灭国的下场。

例如，高句丽袭取乐浪后不过三十年，鲜卑首领慕容皝受封燕王，修筑龙城（今辽宁朝阳），实际上变成割据一方的封建领主。这位慕容皝的儿子慕容儁自立称帝，其所建立的政权，就是金庸小说《天龙八部》里慕容复心心念念要光复的大燕政权。为了巩固后方，慕容皝听取慕容翰的建议，称王后先讨伐高句丽。慕容皝率兵四万，以慕容翰、慕容垂为先锋，成功攻陷高句丽复建的新丸都城，逼逃高句丽故国原王高钊，挖掘了攻占乐浪郡的美川王之墓，将其尸体和其妻子故国原王生母周氏掳走，并搜刮金银财宝及五万人口，还将新建的丸都城再度夷为平地。

因为这样的奇耻大辱，高句丽与慕容燕成为仇敌。但是慕容燕的实力显然比高句丽强太多，因此故国原王只好移居平壤，暂避锋芒，并派遣王弟向慕容燕称臣，才换回父亲的遗骨。母亲却仍被强留龙城，充作人质。直到燕伐高句丽近三十年后，高句丽才等到了复仇的机会。

前燕立国后，曾有一段时间进军中原，迁都邺城，与前秦平分黄河流域。但在慕容恪死后，政权陷入内乱，吴王慕容垂出走前秦。前秦苻坚趁机派王猛讨伐前燕。王猛率军六万，灭前燕十五万军队，攻克邺城，前燕灭亡。慕容垂与前秦决裂，在中山（今河北定州）建立后燕，慕容泓在华阴建立西燕，后被后燕攻破。高句丽人看到燕国政权如此散乱，感到了复仇的希望。

前燕讨伐高句丽是故国原王十二年，王猛讨伐前燕是故国原王四十年，二十八年过去，弹指一挥间。故国原王已从一个青年变成中老年，而且次年他也将在百济伐平壤之战中阵亡。但是，复仇是一盘放凉了更美味的菜肴，故国原王看到了利用其他中原政权制衡前燕的机会，绝不想放过。那一年，慕容评因前燕灭亡而来投奔，尽管同属白山黑水一带的老乡，但故国原王仍然将他擒住，扭送前秦。他大概是把"结好前秦、共抗燕国"的既定战略传给了自己的世子。他一去世，世子即位，是为小兽林王，第二年即与前秦交好。

那一年，秦王苻坚遣使来到高句丽，队伍中有佛学大师释顺道，他还携带着佛像、经文等，赠送给小兽林王。苻坚自己是佛教的虔诚信徒，他曾说过，自己攻下襄阳后只得到了"一个半人"，一个人是著名高僧释道安，半个人是东晋史学家习凿齿。因此，苻坚遣送僧侣前来高句丽，既是外交态度，也是宗教上的传道。而小兽林王自然也心领神会，在都城外恭敬地迎接前秦使者和释顺道，后来还创建肖门寺，令释顺道在此传播佛法。小兽林王此举恐怕不只是宗教上的皈依，也有地缘政治上"远交近攻"的意思，也即友好前秦、削弱后燕。他在位期间虽然甚少征伐，但是建立太学，颁布律令，促进了高句丽制度的完善，夯实了力量。应该说，他为高句丽的兴起奠定了基础。

小兽林王在位十四年，没有子嗣，其弟即位，是为故国壤王。他即位第二年就开始袭击后燕控制的辽东，俘虏一万人口归还，再度揭开高句丽与燕国的战事。但是战事的真正扩大，还要到故国壤王之子广开土大王时代。

广开土大王又称好太王，名叫高谈德，是高句丽历史上最负盛名的帝王之一。他即位后先是多次进攻仇敌百济，"大败之，虏获八千余级"，然后又与后燕政权多次交战。计有双方战事如下：

> 九年，春正月，王遣使入燕朝贡。二月，燕王盛，以我王礼慢，自将兵三万袭之。以骠骑大将军慕容熙为前锋，拔新城、南苏二城，拓地七百余里，徙五千余户而还。

十一年，王遣兵攻宿军，燕平州刺史慕容归弃城走。

十三年，冬十一月，出师侵燕。

十四年，春正月，燕王熙来攻辽东城。且陷，熙命将士："毋得先登，俟刬平其城，朕与皇后，乘舆而入。"由是，城中得严备，卒不克而还。

十五年，秋七月，蝗，旱。冬十二月，燕王熙袭契丹，至陉北，畏契丹之众，欲还。遂弃辎重，轻兵袭我。燕军行三千余里，士马疲冻，死者属路。攻我木底城，不克而还。[1]

从这段记录中可见双方的战事已从慕容皝时期前燕政权对高句丽政权的碾压，变成了后燕慕容盛、慕容熙时期，双方有来有回的战略相持状态。但是，在经历了从广开土大王九年（400）到广开土大王十五年（406）这六年的拉锯状态后，广开土大王十六年，也就是407年，后燕政权发生了一件大事：后燕中卫将军冯跋及其弟冯素弗趁慕容熙送其妻天王皇后符训英下葬之际，发动叛乱，杀死慕容熙，胁迫慕容云为燕王，史称北燕。慕容氏前后数代英雄建立的基业，至此基本烟消云散。[2]

而同一年，广开土大王竟然马上派使节去叙了个亲，叙亲结果是，这位慕容云的祖父高和，是高句丽王室的支属亲眷。慕容云和高句丽王有一个共同的祖先，那便是轩辕黄帝之孙高阳氏！

慕容云本来姓高，因为在东宫服侍过慕容宝的太子，所以慕容宝也把他当儿子一般对待，赐姓慕容，这是大家都知道的事。但是广开土大王专门派遣使者去叙了这个亲戚关系，那恐怕就不是一般的叙亲，而是

---

1 〔朝〕金富轼：《三国史记·高句丽本纪第六》。

2 其实还有一个南燕，是后燕在慕容宝永康元年（396）遭北魏进攻后领土被截断形成的，到慕容超太上六年（410）被刘裕灭亡。

有明确的政治意图。在我看来，这背后其实隐藏着一个关于东北亚地缘政治博弈的惊天秘密。

由于史料的缺乏，这个秘密的来龙去脉，今天已经无法还原。但是我们仍能从史籍中获知一点蛛丝马迹。

让我们来仔细想一想这个变局中的不合理之处。前燕时期，鲜卑慕容氏在高级职官中占绝大多数，但是到了后燕，尤其是龙城时期，在慕容氏之外，高句丽人显著增加。据今天学者考证，当时在政权中担任过左将军、步兵校尉和侍中等官职的高、孟、马、孙家族很可能都是高句丽人[1]，可见高句丽人已经在后燕政权中形成势力。

冯氏是慕容垂攻灭西燕之后的降将，一般被认为是鲜卑化的汉人，但也被认为是攀附汉姓的鲜卑人。[2]无论是以上哪种情况，冯跋在后燕这个鲜卑人高度垄断且对汉人高度提防的政权中是缺乏号召力的。此外，《晋书·冯跋传》还有这样一段记载：

> 初，跋弟素弗与从兄万泥及诸少年游于水滨，有一金龙浮水而下。素弗谓万泥曰："颇有见否？"万泥等皆曰："无所见也。"乃取龙而示之，咸以为非常之瑞。慕容熙闻而求焉，素弗秘之，熙怒。及即伪位，密欲诛跋兄弟。其后跋又犯熙禁，惧祸，乃与其诸弟逃于山泽。每夜独行，猛兽常为避路。[3]

据此记载，冯跋兄弟在慕容熙登基之前，就已经得罪了他。冯跋本人在慕容宝时代被封中卫将军，这是禁军将领，级别不低，但是离最高

1　陈连庆：《中国古代少数民族姓氏研究》，吉林文史出版社，1993 年，第 159—162 页。

2　〔日〕内田昌功：《北燕冯氏出身与〈燕志〉〈魏书〉》，《辽宁省博物馆馆刊》2007 年。

3　〔唐〕房玄龄等：《晋书·冯跋载记》，第 3127 页。

决策层尚有很大差距。而慕容熙登基是在光始元年（401），被杀是在建始元年（407）。一个中卫将军，得罪了后燕皇帝之后落到逃难山泽的地步，怎么会有政治资源胁迫高级将领慕容云称帝？这是疑点之一。

《晋书》中，冯跋兄弟依靠其从兄万泥等二十二人为政变核心力量，趁慕容熙出门送葬皇后时占领京城，"发尚方徒五千余人闭门距守"，政变成功。尚方徒是在尚方工作的工匠，并非职业军人。慕容熙在得知政变消息后，亦"收发贯甲，驰还赴难"[1]。从这个细节来看，他或许调动了能调动的军队回朝镇压。五千尚方徒何以能战胜职业军队？这是疑点之二。

冯跋兄弟在胁迫慕容云叛乱时，慕容云心生怯意，说他一直有疾，这一点大家也都知道，咱们还是从长计议。冯跋逼迫道：

> 慕容氏世衰，河间虐暴，惑妖淫之女而逆乱天常，百姓不堪其害，思乱者十室九焉，此天亡之时也。公自高氏名家，何能为他养子！机运难邀，千岁一时，公焉得辞也！[2]

冯跋说慕容氏已经衰落，这也就罢了，但他这句"公自高氏名家，何能为他养子"就很有意思，似乎高氏家族的尊贵尚在慕容氏之上，高氏家族的人做了慕容氏家族的养子，反倒丢了脸一样。慕容氏再不堪，好歹也是出过皇帝的家族。而且冯跋本人也是被慕容宝提拔起来的，慕容氏也算对他有恩。用一句玩笑话说，慕容复心心念念的贵胄家姓，何以在冯跋看来远不如"高氏"？这是疑点之三。

---

1 〔唐〕房玄龄等：《晋书·慕容熙载记》，第 3107 页。

2 〔唐〕房玄龄等：《晋书·慕容云载记》，第 3108 页。

后燕政权内部出了这么大的变故，高句丽却像非常清楚一样，马上派使臣前来，而且还专门要与慕容云叙祖宗，并且得出了都是"高阳氏"后裔的结论。这究竟是巧合还是早有安排？这是疑点之四。

最后，冯跋在推举慕容云为天王（后燕最高统治者的称号）之后，又过了两年（409年），就杀了慕容云，自立为燕王。也有史学家把这一年定为后燕灭亡、北燕开始的年份。冯跋组建的政治集团中，严格排斥了鲜卑慕容氏，却有相当多的高句丽人进入最高决策层，例如尚书令永宁公孙护、吏部尚书广宗公马弗勤等[1]。而且冯跋建立北燕之后的二十余年间，高句丽与北燕政权相安无事，一改多年征战的姿态，似乎高句丽才是北燕政变的最大受益人，这是疑点之五。

由以上五个疑点出发，从"谁受益最大，谁最有动机"这个角度考虑，我认为，真相很可能是高句丽利用了后燕政权中的高句丽人集团，给予冯跋支持，令其从内部颠覆后燕，其目的是使这个新政权服从其外交战略，不再就乐浪、辽东等郡的归属与高句丽发生战事。

从实力上看，高句丽在朝鲜称王日久，有许多地方家族势力盘踞辽东，足以形成对冯跋的支持。且当冯跋落难山泽之中时，也只有高句丽有能力把他重新推举上去，变成帝王。

从意愿上看，广开土大王连年征战，虽然维持了对乐浪等地的控制权，但劳民伤财，有损国力。泰温·兰尼斯特有言："有的胜利靠宝剑和长矛赢取，有的胜利则要靠纸笔和信鸦。"以广开土大王的聪明才智，用这法子不费兵刃地摧毁敌人的根基，保有自己的地缘政治优势，实在是上上之策。

而且，这也能够解释，为什么冯跋的政变刚一完成，高句丽就要派

1　张金龙：《北燕政治史四题》，《南都学坛》1997年第4期。

人前去叙亲。试想，一国新立，马上有另外一国派遣使者前来拜访，并且严密地论证这个新立的国君跟我们的君王共享祖先，这哪里是来外交的？这分明是来确认战果、宣告新政权的高句丽血统并且彰显外交支持的。至于什么"高阳氏"之后裔，那完全是一顶高帽子，以示北燕诸臣，承认高句丽这个宗亲并不丢人。

最后，高句丽在北燕政权灭亡时的态度也值得玩味：冯跋后来被他的弟弟冯弘杀死，冯弘自立为天王。北魏征讨冯弘时，左右劝冯弘投降，冯弘的回答是："吾未忍为此，若事不幸，且欲东次高丽，以图后举。"事实上，冯弘确实是向高句丽求援，高句丽也的确派出将领葛卢迎接，"（冯弘）乃拥其城内士女入于高丽"[1]。但是冯弘来到高句丽后，还像在自己国家一样"政刑赏罚"，触怒了高句丽长寿王，长寿王撤掉他的左右侍从，把他的太子拿来做人质。冯弘于是上表刘宋政权想要归附，长寿王便杀尽冯家子孙十余人。从冯弘亡国时的反应及高句丽长寿王对待他的态度来看，很像是宗主国与傀儡政权之间的关系。[2]这个角度确实是最有说服力的解释方向。

这也印证了我们之前的观察：中原政权之衰亡，通常伴随着边疆政权之兴起。高句丽这个历史上长期朝贡中原，甚至朝贡中原政权分裂出来的临时割据政权的蕞尔小国，竟然也能够在中原分裂之际，瞅准时机，利用高句丽人集团为内应，颠覆燕国，制其为傀儡，这恐怕也是打破许多人刻板印象的地方。

1　〔北齐〕魏收：《魏书·海夷冯跋传》，第 2128 页。
2　以上论证受到知乎用户"戴万琦"的启发，特此致谢。

高句丽的灭亡

我们前文已经介绍过，朝鲜半岛多山的地理环境造就了高句丽以山城为防御体系的军事传统，易守难攻。纵然中原政权可以凭借体量优势一时击败高句丽，但终究难以长久维持。一旦中原军队因为补给等原因被迫返回，高句丽人便会卷土重来。而在中原政权衰落时，高句丽反而有机会通过安插在当地的暗钉，反过来在一定程度上操控当地政权。

高句丽的历史巅峰，便是从广开土大王到长寿王这两代君主的统治时期。长寿王于 475 年攻破百济首都汉山城，杀百济盖卤王，吞并汉江。到他统治末年，高句丽人口增加到九万户，南境拓展到牙山湾—大同江—汉江一线，东临日本海，西滨黄海，北抵辽河。"其地东西二千里，南北一千余里"[1]，达到历史的巅峰。南北朝都封高句丽王为"乐浪郡王"，承认了它雄霸一方的地位。491 年，扶余被勿吉灭亡，扶余人内附于高句丽，是高句丽实力最为强盛的时代。

不过，任何"秦制国家"都会因为战争对民力的损耗而渐渐衰落，高句丽也不例外。6 世纪上半叶，高句丽出现内乱，各派系纷纷依托山城建立起事实上的封建制度，撕裂了国家。6 世纪下半叶，高句丽在北方受到契丹的袭击，南方的百济和新罗则开始交好隋朝，合力攻打高句丽。这构成了对高句丽政权最大的生存威胁。

我们对比汉灭匈奴的历史，便可知道此间关键：两个互不隶属的社会交战，如果一方不能威胁另一方的军事腹地，那么战争威胁就很难解除。文景二帝时期，汉军面对人数远少于自己的匈奴处于劣势，原因就是匈奴部落逐水草而居，部队机动性强，一旦汉军袭来，则可以退入草

---

1 〔北齐〕魏收：《魏书·高句丽传》，第 2215 页。

原，汉军难以追赶。直到汉武帝派张骞凿空西域，才从根本上解除了匈奴的边患。因为汉一旦深入西域，与匈奴在西域的对手接触，那么匈奴的草原腹地便不再安全。当匈奴与汉军正面交战失利时，即便他们撤回西域，那些对手也会对匈奴群起而攻之。

高句丽的道理也是一样。高句丽的军队虽然在强度上无法与游牧民族相比，但是在人数上犹有过之。而且，他们依托山形地理修建城堡，也给中原军队带来极大的麻烦。除非中原军队能够有办法威胁到高句丽的后方腹地，使他们撤回山林也不安全，否则无法彻底解除高句丽的威胁。

而这个威胁后方的办法，就是联合百济和新罗。我们前文介绍过，百济的王族与高句丽属于同宗，而新罗的情况则不相同。这两个国家因为距离中原政权更远，接受中原文化的时间更晚，国家政权的建设也就更晚。早期的百济基本认为自己是高朱蒙的后裔，与高句丽友善，直到被故国原王南侵之后才与其决裂，到 3 世纪古尔王在位期间，才基本巩固了国家制度。新罗则要到 4—5 世纪才建立起王权制度，在 6 世纪初开始实施州、郡、县三级区划，基本建立了"秦制国家"体系。一旦"秦制国家"建立完成，这些政权也就开始迅速吞并周边小国，最终引领朝鲜半岛于 532 年进入所谓"三国时代"。史家们为与 892—936 年新罗分裂后的"三国时代"区分，又称其为"前三国时代"。朝鲜半岛的三国时期，高句丽、百济、新罗互相征伐不休，但从地缘政治的后果来讲，我以为最重要的，是关于汉江河口的争夺。

汉江由发源于金刚山的北汉江和发源于大德山的南汉江组成，两河在京畿道汇流，经首尔（历史上称为汉阳）注入黄海（韩国称西海）江华湾。汉江河口冲积平原极其肥沃，是朝鲜半岛上最适宜耕种和发展大都市的平原区域。比这更重要的是，谁控制了汉江河口，谁就控制了通往中原政权的海上通道。

其实，汉江河口在6世纪以前对朝鲜半岛没有那么重要。因为自西晋灭亡以来，黄河流域的中原地带处于四分五裂的局面，战乱四起，民生凋敝。但是到5世纪下半叶，北魏拓跋氏政权基本统一北方，又于5世纪晚期推行了汉化改革[1]。到6世纪，北方经济恢复，文化鼎盛，以至于陈庆之北伐洛阳时，感叹道："吾始以为大江以北皆戎狄之乡，比至洛阳，乃知衣冠人物尽在中原，非江东所及也，奈何轻之？"[2]

但是很不凑巧的是，6世纪以后恰好赶上高句丽的内乱，而新罗恰好处在上升期。551年，趁高句丽内政不稳，新罗和百济合攻高句丽，占领汉江上游，新罗夺取了十个郡，百济夺取了六个郡。随后，高句丽陷入与突厥的战争，向新罗妥协，以京畿道换取新罗停止进攻平壤城。新罗控制了京畿道一带后，又从百济那里夺取了汉江下游一带。到554年，新罗控制了仁川湾，稳固了与中原政权通航的水道。因为走海路，新罗可借这条水道直接前往南朝，扩大了贸易和政治往来的范围。

从中国史书中，我们也看得到，新罗最早向梁朝贡是在普通二年（521）。到6世纪下半叶，朝贡往来变得频繁。光大二年（568）、太建二年（570）、太建三年（571）、太建十年（578）朝贡陈朝，河清三年（564）、河清四年（565）、武平三年（572）朝贡北齐，开皇十四年（594）朝贡隋，隋封新罗王金真平为上开府乐浪郡公新罗王。大业以来，新罗更是每年朝贡一次隋朝。[3]

新罗如此强化对中原政权的朝贡关系，主要目的是为了方便它进行对百济和高句丽的战争。例如新罗真兴王十五年（554），百济王来攻

1　早期改革推手就是我们前文介绍过的、出身冯跋家族的冯太后。

2　〔宋〕司马光：《资治通鉴·梁纪九》，第4766页。

3　韩国磐：《南北朝隋唐与百济新罗的往来》，《历史研究》1994年第2期。

新罗，被新罗军队阵杀。真兴王二十三年（562），百济来侵，再为新罗所败。真智王二年（577），新罗再败百济。真平王二十五年（603），新罗再败高句丽军队。被隋朝册封十年之后，新罗认为对隋外交工作已经基本到位，于是在大业四年（608）"请隋兵以征高句丽"。[1]

早在开皇十八年（598），隋已与高句丽发生冲突。当时高句丽先发制人突袭辽西的营州，激怒隋文帝。隋文帝派汉王杨谅等率三十万海陆大军攻打高句丽。但是隋的海军遇到大风，船多沉没。抛锚休息时又遭到高句丽部队袭击，而陆军则遭遇瘟疫，损失十之八九。[2]杨谅别无办法，只好撤退。这也是隋文帝一生中唯一的一场大败仗。战后，高句丽婴阳王高元上了份表，自称"辽东粪土臣元"，意思是我是铁器，您是瓷器，瓷器犯不着跟铁器碰。隋文帝只好咽下这口气，吃了个哑巴亏。

新罗上表以后，隋炀帝开始募集军队征讨高句丽。此次隋炀帝组织的军队规模十分庞大，《隋书》记载共发动了1133800人，其中作战部队约30万，分左右各十二军，全面围攻高句丽。但是，如此大的军队调动指挥相当不便，况且高句丽占据地形之险，隋军先是渡辽河失败，又被高句丽城堡阻挡，"既而高丽各城守，攻之不下"[3]。不过半年，大败而归。隋军渡过辽河时有305000人，到后来因为战败溃逃，回到辽东城时只剩2700人，"资储器械巨万计，失亡荡尽"[4]。

隋炀帝虽遭大败，但仍不愿放弃进攻高句丽。又于大业九年（613）、十年（614）两度征兵进攻高句丽。但是，隋帝不断征用国民从军，民生疲敝，心怀不满，内乱四起。大业九年，杨素之子杨玄感叛乱，隋帝

1　〔朝〕金富轼:《三国史记·新罗本纪第四》。

2　〔唐〕魏征等:《隋书·高祖下》，中华书局，1973年，第43页。

3　〔唐〕魏征等:《隋书·炀帝下》，第82页。

4　〔朝〕金富轼:《三国史记·高句丽本纪第八》。

不得不派在高句丽作战的宇文述回国镇压。兵部侍郎斛斯政作为杨玄感党羽，出逃投降高句丽，高句丽获得了关于隋军的大量情报，顺利击败隋军。大业十年，隋炀帝再征高句丽，但遭到高句丽军的持续伏击，并切断其供给线，战事始终不顺利。最后，高句丽婴阳王将斛斯政遣返给隋炀帝并请降，隋炀帝只能就坡下驴，班师回朝。

隋对高句丽的征伐，并不如中国史书中所说的，纯粹是因为高句丽"不遵臣礼"。从我们前文中的讲述可以知道，高句丽在东北亚地缘政治格局中，扮演了关键角色。它在辽东盘踞日久，对地方政治影响巨大，甚至有可能反过来渗透当地政权，威胁中原。再者，辽东地区为连接东北、蒙古、朝鲜半岛和中原的通衢，高句丽一旦控制这一地域，便可北上联络突厥，进一步威胁中原政权。这便是从隋文帝到唐高宗都要整饬军备，连年讨伐高句丽的原因。但是，高句丽依险恶而守的山城防御体系又确实像豪猪一样，即便是中原的虎狼之师，也不能避免吃亏。

我们前面也分析过，隋讨伐高句丽的战略失误，就在于没有先制定好外交战略，如汉武帝凿空西域那样联络新罗，从而对高句丽后方造成威胁。唐太宗在位时，也未能吸取这一教训，导致战事失利。直到唐高宗时才注意到这一问题。永徽六年（655），高句丽联合百济、靺鞨攻打新罗，新罗武烈王遣使向唐求援，唐军派营州都督程名振、左卫中郎将苏定方发兵渡辽水击高句丽。但这只是惩戒性战争，而非灭国之战。不过，唐与新罗就此结成了稳固的盟友关系。显庆五年（660），唐与新罗的联军攻灭百济，获得了针对高句丽的战略优势。乾封元年（666），统治高句丽二十余年的铁腕摄政渊盖苏文去世[1]，因他的儿子们争斗，高句丽发生内乱。长子渊男生投降唐朝，获得重用。渊男生在高

1　隋朝时，高句丽出现内乱，权臣渊盖苏文杀死荣留王，扶植宝藏王登基，成为摄政，并主导了对抗隋唐的战争。

句丽内部极有名望，他的投降成为唐对高句丽战争的重要转折点。乾封二年（667），唐将李勣攻下对高句丽有极其重要战略地位的新城（今辽宁抚顺北高尔山山城），薛仁贵攻下南苏、木底、苍岩三城，与渊男生顺利在鸭绿江会师。总章元年（668），唐军自北进攻，进入平壤城；新罗军自南进攻，俘虏渊盖苏文的弟弟渊净土，高句丽灭亡。

高句丽灭亡后，唐军接收了一百七十座城，百姓六十九万七千二百户，这是个相当惊人的数字。当年邓艾灭蜀，接受了不过二十八万户百姓。隋灭南陈，接收百姓五十万户。[1]区区一个高句丽，户数竟然大过蜀汉与南陈。这样的规模，放在任何一个朝代，也不容小觑。可见中国史书有时过分关注内部事务，不免忽略了边疆政权的体量与能力，低估了中原政权所须面对的地缘政治压力。

结语：东北亚方向的战略失误

唐虽然灭掉高句丽，却并没有消除朝鲜半岛的地缘政治隐患。与汉武帝凿空西域不同的是，汉武帝联络西域灭匈奴，却并不允许西域任何一家坐大。唐联合新罗灭高句丽，而在唐军撤走之后，新罗占据了权力真空，成为统一朝鲜半岛的政权和唐帝国在东北亚的新挑战者。

唐与新罗联合灭高句丽后不过两年，新罗文武王就联合原高句丽和百济的反唐势力挑战唐朝。咸亨元年（670），原高句丽将领剑牟岑扶植高句丽王室安舜在百济故地建立起高句丽复兴政权。唐派高侃率兵进行镇压。安舜逃往新罗，被新罗接纳，封为高句丽王。这宣布了唐与新

---

1 〔唐〕杜佑：《通典·食货七》，中华书局，1988年，第148页。

罗同盟关系正式破裂。咸亨二年（671），新罗攻占唐朝设在百济的熊津都督府。到上元元年（674），新罗已从唐朝手中夺得原百济的大部分领土。上元二年（675），唐军在七重城（今韩国金城北）、石岘城、赤木城、买肖城（今韩国仁川）大败新罗军，文武王遣使向唐谢罪。[1]

彼时，唐朝实际上已经与吐蕃发生了冲突。龙朔元年（661），禄东赞任吐蕃大相，开始对外扩张，攻灭白兰羌、护密、吐谷浑，吞并原先为唐控制的生羌十二州。唐帝国不想在两条战线上同时与强大的边疆对手开战，于是与新罗和解。随后，新罗步步逼近，唐步步退后，将安东都护府从平壤迁至辽东故城，将熊津都督府从泗沘迁至建安故城（今辽宁营口）。垂拱元年（685），新罗统一大同江以南地区，事实上与唐瓜分了原先高句丽的领土。7—8世纪，新罗成为朝鲜半岛一大强权。《三国遗事》中载："新罗全盛之时，京中十七万八千九百三十六户，一千三百六十坊，五十五里，三十五金入宅。……城中无一草屋，接角连墙，歌吹满路，昼夜不绝。"[2]

从军事征服和领土扩张的角度讲，唐高宗征高句丽当然是成功的，毕竟得到了实际的土地和人民。但是从地缘政治的角度讲，唐高宗征高句丽则不能说有那么成功，因为从后续结果来看，唐征百济和高句丽，在很大程度上反倒服务了新罗的扩张。唐靡费百万之军、亿万之资，反倒令新罗统一朝鲜半岛三国百余年，不能说这是战略上的成功。

比较唐高宗征高句丽与汉武帝征匈奴，我们便可看出两者的明显差别。高句丽虽然频繁侵扰辽东边境，但相比匈奴对汉帝国的破坏，毕竟不可同日而语。然而汉武帝征匈奴，彻底扭转了战略守势局面，掌握了

1　据《三国史记》记载，买肖城之战新罗大胜唐军。

2　〔朝〕一然：《三国遗事》卷一。

应对匈奴的主动权，消弭边患百年之久。而唐高宗征高丽，虽灭其国，但不过两年后又与新罗反目，致其坐大，两者在战略上的得失差距，我以为是很明显的。而这种战略得失差距背后的原因，我个人认为是中原政权对边疆的认知和战略意图上的差距导致的。

汉武帝征匈奴之前，派遣张骞出访西域，联合月氏。张骞虽未完成联合月氏的外交任务，但在西域的见闻使其足以了解西域各个民族和政权的利害得失，使其能为汉武帝制定正确的地缘政治战略："今单于新困于汉，而昆莫地空。蛮夷恋故地，又贪汉物，诚以此时厚赂乌孙，招以东居故地，汉遣公主为夫人，结昆弟，其势宜听，则是断匈奴右臂也。既连乌孙，自其西大夏之属皆可招来而为外臣。"[1] 这段话的意思是说汉在西域联合乌孙对抗匈奴是第一步，把大夏之属变成外臣搞"离岸平衡"是第二步。站在中原立场上，对于一片无法长期占据的土地，消灭敌对政权还不够，还需要以"离岸平衡"的纵横术防止潜在敌人坐大，这才是根本。

朝鲜半岛本来是高句丽、百济、新罗三国混战之局面，中原政权是有条件搞"离岸平衡"的，防止其中任意一家坐大。但是唐军的两场战争，实际上被新罗的外交策略所利用，助其统一朝鲜半岛大部分地区，这不能不说是战略上的一种失误。由此带来的教训是，中原政权虽自视天下之"中"，然而一旦缺乏对边疆和周边世界的认知，反倒会很快在战略上陷于不利境地。身处中国，反倒更应当了解世界，这正是身为大国不可不接受的"世界历史民族"之命运。

1　〔汉〕班固：《汉书·张骞传》，第 2692 页。

第六章

粟特人与唐帝国的历史转向

黄河远上白云间，一片孤城万仞山。羌笛何须怨杨柳，春风不度玉门关。

玉门关在今天敦煌西北约九十公里处，汉代张骞凿空西域，和田美玉取道于此前往中原，故得"玉门关"之名。此地在疏勒河畔，附近山脉连绵。来自太平洋的暖湿季风吹到此处，气力已竭。大体以阴山—贺兰山—巴颜喀拉山—冈底斯山一线为界，以此向西，黄沙滚滚，西风烈烈，与中原地貌人文迥然不同，这正是"春风不度玉门关"的由来。如果你去过玉门关，身体感受会直观地告诉你，玉门之外，便是西域。

而若要探讨中国与世界的关系，不得不展开的一个话题，也是西域。自玉门向西，沿塔克拉玛干北缘，经罗布泊（楼兰）、吐鲁番（车师、高昌）、焉耆（尉犁）、库车（龟兹）、阿克苏（姑墨）、喀什（疏勒）到费尔干纳盆地（大宛），一路胡天飞雪，驼铃悠悠。此地见证了秦、汉、匈奴、波斯、摩揭陀、亚历山大、贵霜、嚈哒等等无数政权的兴亡起落，然而商贾贩卖之声终究缕缕不绝，其顽强的生命力像是亚欧大陆上永远跳动的心脏，泵动着向周边输出游牧民族的铁和血。

中国历史上有条不成文的规定：评价一个帝国是否强大，重要标准之一就是看它能否有效控制西域。原因我们在之前讲述匈奴的故事时已经讨论过：对北方游牧民族而言，因为部队具有机动性，一旦与中原作战失利，则退居漠北，便不会落入战略劣势。而中原政权想要威胁游牧民族的漠北后方，就必须对西域有实质的掌控力，这样西域的诸多城邦王国才可能在"离岸平衡"的地缘政治博弈中向漠北落井下石。

若以历史上问鼎中原者对西域的掌控范围排名，第一名当属蒙古帝国，第二名当然就是大唐帝国。以疆域而言，显庆二年（657），唐军将领苏定方于金牙山（今乌兹别克斯坦首都塔什干）击败西突厥沙钵罗可汗，灭亡西突厥。唐帝国分西突厥弩失毕五部置濛池都护府，分咄陆五部置昆陵都护府。这里的濛池都护府，辖境相当于今天中亚楚河以西至咸海（一说里海）一带地区，当为唐帝国疆域的极限。这也是中国古代政权向西延伸的极盛时代。

但是我今天想在这里揭示的，是大唐帝国能够掌控西域的另一个面相，这与唐人本身就极为擅长利用西域自身的社会结构与政治力量是分不开的。而在其中扮演了关键角色的，我以为就是名为粟特人的古代民族。

谁是粟特人

粟特在哪里？粟特人是谁？

粟特人在中国古籍中被称为"昭武九姓"，其实是对来自中亚九个粟特城邦的统称。粟特的位置在巴克特里亚以北，花剌子模以东，费尔干纳以西，阿姆河（中国古代称"浒水"）和锡尔河（中国古代称"药杀水"）之间的泽拉夫尚河谷地区，大致在今天的乌兹别克斯坦和塔吉克斯坦的部分地区。历史上最早关于粟特人的记载，出现在公元前 6 世纪波斯帝国阿契美尼德王朝时期。今日伊朗克尔曼沙汗省贝希斯敦山上保留有大流士一世时代的铭文，上写着大流士一世在位时征服的国家，其中便有粟特的名号（Sogdia）。大流士一世后来在苏撒修筑大型宫殿，其中铭文有言："所用天青石、玛瑙诸宝石，都出自粟特。"这可能是粟特人朝贡大流士一世时留下的记录。

泽拉夫尚河谷并非单纯的草原游牧地带，而是处在农耕世界与草原世界的交界处。这对于我们理解粟特民族的性格十分重要。因为从游牧民族的生活条件来看，畜牧业能够生产足够的食物，牧民能够驯化马匹，利用车轮，使其活动边界大大增加，这都有助于商贸活动的开展。[1]

粟特人分布的河中地区是中亚地带的交通枢纽。摊开地形图，以阿姆河中上游—费尔干纳盆地为中心向东、南、西三侧观察，我们就会发现，三侧的地形恰好如同三条走廊。向东，沿锡尔河溯其上游行进，走开阿利克一线翻越天山，可进入新疆地区，经乌鲁木齐后继续向东到玉门、敦煌一带，就进入了中原地区的门户。向西，自阿姆河进入伊朗高原，我们会发现北部的厄尔布尔士山脉与南部的扎格罗斯山脉将伊朗高原包围起来，留下东西向的通道，可以直抵两河流域与小亚细亚半岛。向南，中亚民族只要能够通过喀布尔（今阿富汗首都），便可抵达印度次大陆的广袤平原。这也是贵霜帝国、德里苏丹国和莫卧儿帝国占领印度的途径。

换句话说，中亚河中地区这片被沙漠和高山包围起来的农耕地带，

---

1 〔美〕大卫·安东尼：《马、车轮和语言》，第 465 页。

乃是亚欧大陆中心岛上的通衢之地。这便是粟特人生活的世界：对东、西、南三个方向的传统农耕帝国而言，此地都是边疆。然而这片四方通衢之地，是粟特人的中土。

历史上，粟特人基本没有建立起独立的王国，而是甘愿服从周边诸帝国的统治。其中一个重要原因是，此地山多地少，农耕腹地不足，虽有农业，但不能支撑足够的人口和庞大的兵源，也就只能等待周边农业文明成果的输入。

公元前 6 世纪，大流士一世征服粟特，将其纳入阿契美尼德波斯帝国的统治之下。公元前 4 世纪，亚历山大大帝征服波斯，粟特也臣服于亚历山大帝国。亚历山大大帝还娶了一位粟特贵族的女儿罗克珊娜（Roxana）为妻。亚历山大大帝殁后，粟特人又臣服于希腊—巴克特里亚王国的统治，接受了希腊化时代的文化。公元前 2 世纪，北方游牧民族塞人和大月氏入侵希腊—巴克特里亚王国，灭亡该政权，将其分为五个部族，每个部族的酋长称为"翕侯"。五个翕侯中的贵霜翕侯消灭了其他翕侯，击败安息（帕提亚帝国），又南下攻取克什米尔地区，建立起贵霜帝国。4—5 世纪，嚈哒人经阿尔泰山向西南占领粟特，侵略贵霜帝国和波斯帝国，建立嚈哒帝国。粟特经历了一次大劫难。6 世纪突厥帝国兴起，联合波斯帝国瓜分嚈哒帝国后，粟特又迎来了中兴。

换句话说，从公元前 6 世纪到 6 世纪，一千二百年的时间里，粟特人迎接着城头变幻的大王旗，历经波斯、马其顿、大夏、贵霜、嚈哒的统治，但依旧保持着自己的生活方式：接受周边政权的征服，习惯于多元文化的生活方式，在中亚地带的绿洲之间辗转，从事商贸活动，维持自身的文化存在。

中文文献记载，经商乃是粟特人的习俗。"康国人并善贾，男年五岁则令学书，少解则遣学贾，以得利多为善。"[1] "俗习胡书，善商贾，争分铢之利。男子年二十，即远之旁国，来适中夏，利之所在，无所不到。"[2] 波斯文献则把粟特描述为"商人汇集之地。其居民好战。他们是积极的圣战者和（优秀的）射手"[3]。

粟特人的生存本领便是从小学习周边各民族的语言。中国史书记载粟特人通"六蕃语"或"九蕃语"，说的就是这个民族通晓多种语言，代代相传的本领是跟各个民族打交道。[4] 这当然是一种天生的商业民族特征。

这里需要解释的是，古代社会的贸易往来不像现代社会，有着全球统一标准和市场规范制度。长途贸易的风险是很高的。古代社会控制贸易风险的最有效途径，就是熟人关系。换句话说，古代社会即便是跨国贸易，也不是在陌生人与陌生人之间发生的，而是在熟人与熟人之间发生的。也就是说，本地消费者跟本地代理商打交道，本地代理商跟中介商打交道，中介商跟货物来源地的卖家打交道，货物来源地的卖家再跟生产商打交道。其中每一个环节都高度依赖于商人的人际网络。

敦煌出土过一封粟特人的书信，可以帮助我们理解他们商业网络的细节以及他们与周边政权在纷争年代的共存关系，其全文如下：

> 致尊贵的老爷拔槎迦（Varzakk）——迦那迦（Kānakk）（家族的）那你答拔（Nanai-thvār）之子，千万次的祝福和屈膝致意，就像对待神灵那样，他的仆人那你樊陀敬上。而且，老爷们，能

---

1 〔唐〕杜佑：《通典·边防九》，第 5256 页。
2 〔后晋〕刘昫等：《旧唐书·西戎传》，中华书局，1975 年，第 5310 页。
3 佚名：《世界境域志》，王治来译注，上海古籍出版社，2010 年，第 106 页。
4 荣新江：《中古中国与粟特文明》，生活·读书·新知三联书店，2014 年，第 273 页。

看到您康乐无恙，对他来说，那将会是一个好日子。老爷们，（当我）听到您贵体康安的好消息时，我觉得自己也精神倍增！

而且，老爷们，酒泉的遏末娑支（Armat-sāch）平安无事，姑臧〔武威〕的遏娑支（Arsāch）也是一样。还有，老爷们，一个粟特人自"内地"〔即中原〕来此已有三年。我将胡耽娑支（Ghōtam-sāch）安置好了，他一切安好。他去了 Kwr'ynk（居延?）……现在没有人从那边来，所以我可以写信告诉您那些去"内地"的粟特人的情况，他们近况如何（以及）都到过哪些地方。而且，老爷们，据他们说，最后一位天子因为饥馑和火灾逃离了洛阳。有人在宫殿和城市里放火，宫殿被付之一炬，城市〔也遭到了毁灭〕。洛阳已不复存在，邺也不复存在！而且……匈奴人（?），他们……长安，所以他们占据了（?）它（?）。……远至南阳（?）并且远至邺城——（同样）正是这些匈奴人，〔他们〕昨天还是天子的（臣民）！而且，老爷们，我们不知道留下来的中国人是否能将匈奴人〔从〕长安、从中国驱逐出去，或者他们（是否）能够在那里夺回自己的国家。还有，〔……在……有〕一百个来自撒马尔罕的自由人……在……有四十人。此外，老爷们，自从〔……来自〕"内地"……已失的（织物）（?），你们的〔……已是〕三年了。

从敦煌直到金城〔兰州〕，在……卖，亚麻布正在销售（卖得很好?），而不论是谁弄坏了织物和羊毛织品（?）……

还有，老爷们，至于我们——住在从金〔城〕（?，<也可以复原成"姑臧">）到敦煌的这些人，无论是谁——我们仅仅是保住了性命，只要……活着，而我们是没有家的，年事已高行将弃世的。若这一切不会（成真），我就不会准备给你们写信告知我们近况如何。而且，老爷们，如果我写信告诉了你们中国现在发生的所有事情，（这定会）令人不胜伤悲：对你们来说，那里已无利（可图）了。还有，老爷们，自从我送索勒（Saghrak）和芬阿喝（Farn-āghat）到"内地"已经八年了，而我们得到他们的一封回信也已是三年前的事了。他们当时平安无事……但现在，自从最近的不幸发生后，关于他们在那边过得怎样，我〔没〕有从那边收到只言片语。此外，四年前我又派走了另一个名叫遏帝呼檠陀（Artikhu-vandak）的人。当商队离开姑臧，阿呼〔沙迦〕（Wakhushakk）……在那里，当他们到达洛阳，不论那里的〔……〕，还是印度人、粟特人，都死于饥荒。〔我还〕派了那斯延（Nasyān）去敦煌，他到了"外面"（即出了中国地界），又进入敦煌，（但是）现在他未经我的允许就走了，他得到了不小的惩罚，在 Kr"cyh 遇袭致死。

拔槎迦老爷，我最大的希望就是在您的权威庇护之下！度路越飒檠陀（Dhruwasp-vandak）之子毕娑（Pēsakk）从我这里拿走五〔……〕四个斯塔特，他把它存了起来，但没有过户。从现在起，您应该原封不动地得到它……这样没有我的允许……度路越飒檠陀……

那你答拔〔老爷〕，您应该提醒拔槎迦，让他取出这笔存款，你们俩都清点一下数目，如果后者想要拥有它，那么你们就应该把利息加到本金里，并把它过到另一个账上，而您应该把这个账目交给拔槎迦。如果你们两个都认为让后者保管这笔钱不合适，那么你们就先保管着，再把它交到任何一个你们认为合适的人手中，这样这笔钱可能就会变多。不过，请记住，有一个孤苦无依的孩子……如果他能一直活着并长大成人，除了这笔钱他没有别的任何指望，那么，那你答拔，当听闻得屈（Takut）已离开众神（与世长辞）时，诸神和我父亲之灵将给予您支持！——当得悉槃陀（Takhsīch-vandak）长大成人，就给他娶个妻子，别把他从您身边送走……日复一日，我们都在担心被谋杀、被抢劫。当你需要现金时，可以从中拿出一千或二千斯塔特的钱。

而且，温拉莫（Wan-razmak）帮我往敦煌送了属于得屈的三十二囊的麝香，他应该把它们转交给您。当它们交至您手上时，您应该把它们分为五份，其中得悉槃陀应该拿走三份，毕婆（应该拿走）一份，您（应该留有）一份。

此封信写于车斯—万领主十三年，塔格合米开月。[1]

据这封信，我们至少可以获知三个主要信息。

其一，这封信中涉及的粟特商业网络大致有三层。这封信中的最上层是那你答拔和他的儿子拔槎迦，据其他信件可知，拔槎迦将总部设在撒马尔罕。第二层是这封信的作者那你槃陀，他是西域和中原之间商业网的负责人。最下层是各地区的代理商，例如酒泉的遏末娑支、武威的遏娑支以及信中提到的胡耽娑支、芬阿喝、索勒、遏帝呼槃陀和那斯延。遏末娑支和遏娑支年纪较大，有定居的城市，其他人则是新派来的。

用许多朋友比较熟悉的电视剧《大宅门》打比方，那你答拔和拔槎迦的地位相当于百草厅的当家白家，比如白文氏和白景琦；那你槃陀像是胡总管；其余各地代理商则像是更下一级的打工人。只不过区别在于这里的粟特网络做的是跨国生意，可能在不同地区有不止一位像那你槃

---

1 〔法〕魏义天:《粟特商人史》，王睿译，广西师范大学出版社，2012年，第22—24页。

陀这样的负责人。

其二，据考古学家的考证，信中提及的洛阳被焚毁，应该就是中国历史上的永嘉之乱，也就是我们前文中提过的匈奴汉赵政权攻灭西晋之战。永嘉五年（311），刘渊之子刘聪攻入洛阳，俘虏晋怀帝等王公大臣，劫掠宫殿，焚毁晋朝宗庙，挖掘破坏皇陵，杀死王公百官及平民三万余人。

这场浩劫在中文史料中多有记载，而这封信则从当时一个西域小商人的视角书写了战乱对普通人造成的莫大影响。洛阳的印度商人和粟特商人不是直接死于战火，就是死于战后饥荒；索勒和芬阿喝到达中原之后，上一封信也已是三年之前，乱世流离，不知所终。中国这个地方对于粟特商人也已经无利可图。由于交通和通信的不便，古代商人的账目极有可能因为战乱的破坏和消息的逸散于顷刻间失去，或者财富被当地政权没收从而变得一文不名，我们在后续讨论阿拉伯商人时还会聊到类似的例子。

其三，据这封信流露出的信息，洛阳的战乱当然打击了粟特商人的具体业务，但是整个商业网络倒不一定完全遭到破坏。从书信中可知，虽然中国的生意无法延续了，但撒马尔罕的粟特商人总部依然可以回收部分利润，从而不至于全盘破产。这正是身处边缘地带的好处：我们前文中说过，粟特商人面向东、南、西三个方向，假使某个商人在这三个方向上都有网络布局，那么任何一个方向面临政治动乱，他还有可能在另两个方向上得到弥补，生存下来。而一个生活在洛阳地区的商人就没有这种好运气了：他可能会直接死于刘聪的刀兵之下。所以，地处边缘有时未必是坏事。而这种边缘地带的"地缘优势"，恐怕正可以折射出，一千年来此地风云变幻，粟特商人却总是可以屹立不倒背后的奥秘。

由于粟特商人的网络庞大，因此他们有可能免遭单一方向地缘政治风险的破坏，他们历代的资本和经商人脉得以积累，到 6 世纪时，他们便成长为此地垄断性的商贸网络掌门人，其地位很像中世纪前期地中海沿岸的犹太人、意大利的威尼斯人和地理大发现时期伊比利亚半岛的商人。

粟特社会的聚落是以商人为核心的，其首领在中文文献中称为"萨保""萨宝"或"萨薄"。这个称呼主要来自佛教典籍，"萨薄"是梵文 sārthavāha 的音译，意思是"商队首领"，或可译为"商主"。在佛经的本生故事中，他们的基本形象都是富有的商人，他们像神话故事中的航海家辛巴达一样置办船具，率众商人出海寻宝，遇到危险时则救助众生，有时甚至献出自家性命。"萨保"或"萨宝"则是直接译自粟特文 s'rtp'w，是由"商队首领"发展成的"聚落首领"。北朝和隋唐的中原政权其实都在城市中划定专门的粟特人居住区，也即"萨保府"，令粟特人自己的萨保担任官员，实质上就是允许粟特人在"特区"里"高度自治"。[1]

而在国家层面，粟特地区从来都没有真正实现政治统一，当地由数个城邦实行高度自治，撒马尔罕（中国古代称"康国"）则是诸城邦之首。每个城邦的君主都更像是屋大维开创的"第一公民"，而且许多城邦并没有父死子继的现象。城市聚落有自己的独立权，城镇可以向个人出租地产（实施包税制），整个政治结构非常像是中世纪西欧常见的，由商人通过议会和宪章实施自治的商贸城邦。[2]

粟特商人于 6 世纪以后在中亚商路上所取得的垄断地位，可以由出土文献证实。新疆维吾尔自治区吐鲁番市高昌区阿斯塔那古墓群出土

1　荣新江：《萨保与萨薄：佛教石窟壁画中的粟特商队首领》，《龟兹学研究》，新疆大学出版社，2006 年，第 20 页。

2　〔法〕魏义天：《粟特商人史》，第 106—107 页。

的一份约记录于 610—620 年的文件统计了当时吐鲁番的三十五笔商业交易，其中二十九笔至少涉及一位粟特人，十三笔交易的双方都是粟特人。吐鲁番离粟特大概有 1500 公里，相距如此之远，而粟特人在当地商业中的地位却如此重要，可见到 7 世纪早期，粟特商人在丝绸之路上的角色已经举足轻重，他们已正式进化为"掌控丝绸之路的犹太人"。

军事、外交与经济的三重角色

那么，身为"丝绸之路上的犹太人"，粟特人对中原政权又有什么意义呢？我个人认为意义至少有三方面。

其一，是作为中原政权驱策或雇佣的军事力量。

前文述及，粟特人生活的区域乃是农耕与游牧的交界地带，因此其生活方式既有商贸的一面，也很容易沾染武人的习气。自中亚地区向伊朗高原、印度地区和天山南北的通路上多有天堑阻隔，路途遥远、环境险恶，商队没有武力上的自保手段，断无条件成行。因此粟特人既是商人，也是武人。早在三国时期，粟特军队就曾为中原政权所看重。蜀汉建兴四年（226），诸葛孔明第一次率军北伐时，后主刘禅的诏书中就有这么一段：

> 凉州诸国王各遣月氏、康居胡侯支富、康植等二十余人诣受节度。大军北出，便欲率将兵马，奋戈先驱。[1]

---

1 〔晋〕陈寿：《三国志·蜀书·后主传》，第 895 页。

这说的是，诸葛亮在北伐前对西域进行了外交动员，河西走廊到中亚的部落也派军前来援助蜀军。其中"康居胡侯"指的就是粟特城邦撒马尔罕的贵族，名叫康植的，显然是粟特军团的领袖。

两晋南北朝时期，粟特人持续不断向东方寻找商贸机会，其民族的迁徙和在甘肃、河北一带的定居，使其在形成商贸集团之外，也形成了令人瞩目的军事集团。

例如，2000 年在西安出土的粟特人安伽墓，其年代可以追溯到北周。解读墓志可知，安伽的祖先是布哈拉出身。布哈拉在中国古代称"安国"，来自此地的粟特人以国为姓，故而姓安。安伽的父亲生于凉州，移居关中，曾任冠军将军、眉州刺史。安伽在关中作为粟特人首领之子长大成人，在北周同州任萨宝，就是粟特聚居区的首领。同州自西魏宇文泰时代开始到北周中期一直是军事中枢，当地的粟特语佛经卷轴轴心是用箭杆来代替的，足见此地的粟特群落乃是兼有商业、信仰和军事属性三位一体的集团。[1]

再如，同样来自布哈拉的粟特家族安兴贵、安修仁兄弟，对唐王朝政权的巩固做出了贡献。安氏兄弟也是凉州姑臧人，隋朝大业年间，薛举在金城（兰州）起兵，凉州震动，当地豪强李轨也认为自己呼应了"李弘"的谶纬，李姓当为天下王，于是他也在凉州谋事，"以观天下变"。安修仁是当地粟特人的领袖，他"夜率诸胡入内苑城，建旗大呼，轨集众应之"，为李轨夺取金城充当先锋，并立下了汗马功劳。李轨封他做了"户部尚书"，但是很快，李轨的"吏部尚书"梁硕忌惮粟特集团的力量，"尝见故西域胡种族盛，劝轨备之"，于是李轨与安修仁之

---

1 〔日〕森安孝夫：《丝绸之路与唐帝国》，石晓军译，北京日报出版社，2020 年，第 123—124 页。

安伽墓石门门额上的祆教火坛浮雕

间产生了罅隙。[1]

武德元年（618），唐高祖李渊为了进攻薛举，跟李轨修好，称李轨为从弟。后来李轨攻占河西五郡，改称凉帝，李渊大怒。当时安修仁的哥哥安兴贵在长安做官，自荐说"臣于凉州，奕代豪望，凡厥士庶，靡不依附。臣之弟为轨所信任，职典枢密者数十人，以此候隙图之，易于反掌，无不济矣"[2]。于是李渊派他到李轨处招降。但是李轨的想法是奉李渊为"东帝"，自立为"西帝"，不愿降服唐政权。

安兴贵没有办法，与安修仁"引诸胡众起兵图轨"，率兵围城，宣称"大唐使我来杀李轨，不从者诛及三族"，结果城中老少都来归附安氏兄弟。李轨见大势已去，没有办法，携妻子上玉女台，饮酒作别之后，被押送大唐，旋被处死。唐帝国授安兴贵右武侯大将军、右柱国，封凉国公；授安修仁左武侯大将军，封申国公。[3]

1 〔宋〕欧阳修、宋祁：《新唐书·李轨传》，第3708—3709页。

2 〔后晋〕刘昫等：《旧唐书·李轨传》，第2251页。

3 同上，第2251—2252页。

由这段历史可知，粟特人久居凉州，已经形成相当的豪强实力。在改朝换代之际，粟特集团的力量足以左右地方政权的废立。河西五郡自两汉以来兵马雄壮，当年隗嚣割据此地时，数败公孙述等来犯之敌，也屡次拒绝服从光武帝，使光武帝颇费了一番心思。李轨设想与李渊分立东西二帝，应在硬实力方面有相当的把握，孰料安氏兄弟代表的粟特集团一易帜，李轨政权立刻土崩瓦解，可见粟特人在当地的势力之大。若没有他们的支持，大唐未必就那么容易定立天下。

近来，日本学者山下将司对天理图书馆所藏的《文馆词林》又作了彻底的梳理，从安修仁墓志铭中进一步发现了重大史实。他明确指出，安修仁家族从北魏到隋初，代代出任凉州萨宝，但是安修仁能出任隋朝武官，并能左右李轨政权兴亡的背后，其实是在凉州存在着以乡兵名义组织起来的粟特人军团。而且当时除凉州安氏之外，还有固原史氏、太原虞弘都是北朝到唐初粟特人统帅府兵制军府的例子。可见粟特人在南北朝—隋唐的军事力量中占据重要地位。[1]

唐代建立以后，粟特军人在唐代军事体系中同样扮演重要角色。从敦煌和吐鲁番文书中我们可以得知，唐朝把甘肃沙州和西州的粟特人都编入乡里，在沙州为从化乡，在西州为崇化乡，其实就是以编户齐民的方式将粟特人组织为可以动员的部队。除了西北地区，当时河北道（今辽东）的营州也有大量粟特人。武则天时代，因为契丹攻陷营州，武后遂"大发河东道及六胡州、绥、延、丹、隰等州稽、胡精兵，悉赴营州"。高适有一首《营州歌》，写的正是当时东北地区粟特军事聚落的兴盛：

---

1 〔日〕森安孝夫:《丝绸之路与唐帝国》，第125页。

营州少年满原野，狐裘蒙茸猎城下。

虏酒千钟不醉人，胡儿十岁能骑马。[1]

这些粟特部落来自当时已经归附唐帝国的东突厥汗国，武则天发动他们，主要是为了对抗契丹和奚。嗣后起兵反叛的安禄山，正是来自营州柳城的粟特聚落。他的故事我们稍后再行详述。

其二，粟特人因其遍布各个政权的商业、关系与情报网络，在当时的中亚外交关系中发挥了重要作用。其中，有三个人物值得我们稍微聊一下。

第一个人叫作安吐根。《北史》站在传统汉人儒家思想的立场上，把这个人列在《恩幸传》里面，认为是"令色巧言，矫情饰貌"之徒，其实倒反映了儒生并不理解外交复杂性的一面。

安吐根生活在北朝晚期，他们家从曾祖父的时代就定居酒泉，臣服北魏政权。原先他们是商人世家，后来因为粟特人熟悉各族语言的优势而从事了外交工作。北魏末期，安吐根被派遣到以蒙古高原为根据地的蠕蠕（即柔然）作使节。据日本学者后藤胜的考证，当时柔然可汗阿那瓌想仿照中原政权强化自己的政权建设，因此他很看重熟悉汉人政务的安吐根的文书能力，于是把他延聘到自己的宫廷内。[2] 这样说的辅证，是阿那瓌把同一时期从北魏来的使节淳于覃也留下来，做了自己的秘书官（黄门郎）。换句话说，在阿那瓌看来，安吐根的角色有点像是我们之前讲过的中行说。

柔然与北魏一直处于对峙关系。安吐根留在柔然后过了几年，永熙

<hr />

1　荣新江：《中古中国与粟特文明》，第 278 页。

2　後藤勝：《ソグド系帰化人安吐根について：西域帰化人研究 その 3》，《岐阜教育大学紀要》14，1987 年。

二年（533），北魏因为河阴之变的爆发而陷入内战。当时柔然为了摸清北魏政局详情，派安吐根返回北魏。安吐根可能是很早就看好了北魏重臣高欢将来会更进一步，于是向他透露了柔然计划攻打北魏的消息。这看起来像是背叛了柔然的利益，其实恰恰相反。因为当时高欢权倾朝野，早有自立之心。第二年，他便在北魏的内战中先发制人，立北魏孝文帝曾孙元善见为帝，创立东魏政权。北魏另一权臣宇文泰则立元宝炬为帝，建立西魏，北魏正式分裂。这正是外交的奇妙之处：安吐根的行为，反倒令柔然和东魏政权的实际支配者高欢建立起密切的关系。[1]

之后，安吐根积极推动东魏与柔然的联姻和亲，在他的促成下，阿那瓌一生中与东魏颇多结亲。他的孙女邻和公主叱地连嫁给东魏高欢的儿子高湛，女儿蠕蠕公主嫁给高欢，儿子庵罗辰娶东魏兰陵公主。借由这些姻亲关系，柔然和东魏在地缘政治上可以说是结成了极其稳固的同盟。但是，6世纪中叶，原先为柔然做锻工的突厥突然崛起，突厥可汗土门向阿那瓌求亲，结果被拒绝。北齐文宣帝天保三年（552），土门发兵攻击柔然，阿那瓌自杀，柔然瞬时陷入风雨飘摇的境地。

彼时安吐根已经提前跳离了柔然这艘沉船，转而在东魏任职。由于史料的缺失，我们并不知道他此举到底是早有政治预判，还是纯粹的运气使然，总之他在突厥崛起之前，便已归顺高欢。后来东魏被北齐取代，他依旧节节升官，做到假节凉州刺史和开府仪同三司的高阶官位。他最后一次留名历史，乃是与北齐权臣、胡太后的情人和士开之间的对峙，并促进了和士开的下野。照这一点来看，安吐根虽然在北魏、柔然和东魏之间反复跳槽，但他本人倒是一个行事颇为正直的好官，一生也在外交上多有立功。

---

1 〔日〕森安孝夫：《丝绸之路与唐帝国》，第107页。

第二个人叫作安诺槃陀。他在历史上虽然留下了姓名，但并未有太多事迹记载。

他的留名，与我们刚才介绍的突厥土门可汗的崛起有关。突厥早先臣服于柔然，只是个非常小的部落。土门做了可汗之后，部落稍微有了点规模，与中原通商。大统十一年（545），宇文泰派遣酒泉胡安诺槃陀出使突厥，整个突厥部落大为欣喜，说大国的使节到来了，我们突厥要崛起了。[1] 其实宇文泰之所以派遣安诺槃陀，可能只是单纯看中了粟特人善于通商和语言的便利条件。因此，粟特人安诺槃陀的名字便随日后崛起为一大强国的突厥一并载入史册。

虞弘墓浮雕《乘象猎狮图》，猎狮是波斯文化中常见的仪式行为

第三个人叫作虞弘。这个人并不见于史册，他的名字是随着1999年他的墓葬出土才广为人知的。

此墓位于山西太原，当时一被发掘，就震惊了考古学界——因为这是迄今为止在中原地区发现的唯一有准确纪年的西域文化墓葬。墓葬中石棺上刻有象征祆教信仰的圣火，浮雕中的人物高鼻深目、胡须浓密，

1　〔唐〕令狐德棻等《周书·突厥传》中记载："大统十一年，太祖遣酒泉胡安诺槃陀使焉。其国皆相庆曰：'今大国使至，我国将兴也。'"（中华书局，1971年，第908页）

显然都是高加索人种。不少人物头戴波斯日月冠，画面中出现的衔绶鸟、带绶马、胡腾舞、人物头部的扇形长帔等元素拥有浓郁的波斯、中亚风格。此外，曾在罗马帝国受到崇拜的印度—伊朗神祇密特拉也现身于浮雕中。

虞弘墓出土有内容翔实的墓志铭，从中我们能了解到虞弘此人的生平：

> 公讳弘，字莫潘，鱼国尉纥驎城人也。高阳驭运，迁陆海于空桑；虞舜膺箓，徙赤县于蒲坂。弈叶繁昌，派枝西域。偒傥人物，漂注东州。□□奴栖，鱼国领民酋长。父君陁，茹茹国莫贺去汾、达官，后魏平北将军、朔州刺史。

> 公承斯庆裔，幼怀劲质。紫唇燕颔，白耳龟行。凤子含龙虎之文，洞闲时务；龙儿带烟霞之气，迥拔枢机。扬乌荷戟之龄，□□□月之岁，以公校德，彼有惭焉。茹茹国王，邻情未协，志崇通药，□□□芥。年十三，任莫贺弗，衔命波斯、吐谷浑。转莫缘，仍使齐国。文宣御极，焕烂披云，拘絷内参，弗令返国。太上控览，砂碛烟尘，授直突都督。来使折旋，歙谐边款，加轻车将军、直斋、直荡都督。寻迁使持节、都督凉州诸军事、凉州刺史、射声校尉。贾逵专持严毅，未足称优；郭伋垂信里儿，讵应拟媲。简陪阃阃，奋叱惊道。功振卷舒，理署僚府。除假仪同三司、游击将军。貂珰容良之形，佩山玄玉之势。郑袤加赏，五十万余。张华腹心，同途异世。百员亲信，无所愧也。武平既鹿丧纲颓，建德遂蚕食关左。收珠弃蚌，更惨琴瑟。乃授使持节、仪同大将军、广兴县开国伯，邑六百户。体饰金章，衔綦簪笏，诏充可比大使，兼领乡团。大象末，左丞相府，迁领并代介三州

乡团，检校萨保府。开皇转仪同三司，敕领左帐内，镇押并部。天道茫昧，灾害斜流。九转未成，刘兰溘尽。春秋五十有九，薨于并第。以开皇十二年十一月十八日葬于唐叔虞坟东三里。月皎皎于隧前，风肃肃于松里，镌盛德于长夜，播徽猷于万祀。乃为铭曰：

> 水行驭历，重瞳号奇。隆基布政，派胤云驰。润光安息，辉临月支。簪缨组绶，冠盖羽仪。桂辛非地，兰馨异土。翱翔数国，勤诚十主。扣响成钟，应声如鼓。蕴怀仁智，纂斯文武。缓步丹墀，陪游紫阁。志闲规矩，心无沟壑。秋夜挥弦，春朝命酌。彩威麟凤，寿非龟鹤。前鸣笳吹，后引旗旌。□□□□，宏奏新声。日昏霜白，云暗松青。□河昏树，永阍台扃。

墓志铭开头说，虞弘来自鱼国尉纥驎城。这个"鱼国"和"尉纥驎城"究竟指的是哪里，学者们至今争论不休，并没有形成统一的意见。他的粟特人身份，是墓志铭中说他在隋朝担任过"检校萨保府"而确认的。"检校"是代理的意思，虽为代理，但萨保是粟特聚落领袖，自然应由粟特人担任。而且虞弘的字"莫潘"（Mākhfarn，意为"月神之荣光"）也是一个常见的粟特名字。

"高阳驭运"和"虞舜膺箓"两句，是非常漂亮的恭维之辞，不一定有实指。这里引用的典故是三皇五帝中的颛顼生于若水，迁至空桑，舜生于诸冯，迁至蒲坂。翻译成白话其实是在说，虞弘原先是鱼国人，如今来到天朝上国，就像颛顼和虞舜一样，"搬家搬得好"。但是下一段又带出虞弘的家史：他的某位祖先叫奴栖，是鱼国的领民酋长，这是一个北魏设立过的官职，大抵就是承认北方少数民族酋长的治理权；他的父亲叫君陁，可能是个粟特名字 kwnt 的音译。他在茹茹国担任莫贺去汾、达官，"茹茹"就是"柔然"的意思，"莫贺去汾"在史籍中也作"莫何""莫贺础""莫何弗"等，是北亚游牧民族常见的官名，最早是勇武之人的意思，后来成为部落首领的称号。"达官"则是 Tarkhan 的音译，这是中亚的爵位头衔，在中文史料中也写作"达干"或"答剌汗"。在虞弘的那个年代，"莫贺去汾"这个官职一般是封给外交官的。君陁后来在北魏做了平北将军和朔州刺史，很可能是代表柔然出使北魏的过程中被北魏留下了，跟安吐根的经历类似，只不过是反过来的。虞弘后来也做了莫贺弗，可见这个粟特人家族是个外交官世家。[1]

墓志铭的第二段开头先是一大段溢美之词，实质内容从"茹茹国王，邻情未协"开始。这里的"邻情未协"指的是柔然与东魏交好时，在地缘政治上与西魏、嚈哒和突厥存在矛盾，因此有遣使通好的需求。令人惊异的是，虞弘十三岁竟然就担任外交官（莫贺弗），为柔然国出使波斯和吐谷浑。昔有甘罗十二岁拜为上卿，今有虞弘十三岁出使波斯，相隔八百年，堪称流传千古的两段佳话。他后来做莫缘（官名）出使北齐，因为两国关系恶化，所以北齐皇帝高洋把他留下，高湛又授他做直突都督，仍然从事外交工作，此后一路升官，历仕北齐、北周、隋朝三代。他的晋升轨迹与外交和军事两条线都有关，在北齐时"都督凉州诸军事、凉州刺史、射声校尉"，在北周时统领并州、代州、介州三州乡团（地方武装），被比作贾逵、郭伋（二人都曾北御匈奴）一样的一流人才，最后在隋开皇十二年（592）以五十九岁之龄去世。

这段墓志铭不仅为我们揭示出一个史籍未载的天才少年外交官的生平，还透露出许多历史细节，例如粟特聚落作为军事集团和粟特人作为

1 参见冯培红：《鱼国之谜——从葱岭东西到黄河两岸》，第三章：虞弘的家族与生平，甘肃教育出版社，2023 年。

外交人才在北朝各国（乃至于包括柔然在内）的政治优势。以墓志铭与墓葬反映出的惊人事实来看，当时其实是一个精彩纷呈的年代：一个远道而来、信仰拜火教、采纳波斯习俗、会多门语言，还可能使用拜占庭金币的粟特人，为中原政权充当使节，折冲樽俎，实在令人遐想联翩。其实大一统之前的分裂时代并不苍白，反倒是一个世界因素于中华社会无拘无束绽放纷呈的时代。

通过以上三个人物的生平，我们大致可以了解粟特人在6世纪前后于中原和北方少数民族政权中扮演外交官角色的重要性。但是，我本人其实更关注粟特人对当时中原政权的第三个意义，那便是在经济—社会结构中因为把持商业力量，而对帝国的军事存在产生的隐匿却深远的影响。

要讨论这一问题，我们就得先聊另外一个相关的话题：为什么丝绸之路叫作"丝绸之路"？

你的第一反应，也许是中国产的丝绸精美绝伦，举世无双，成为这条商路上最受欢迎的商品，故而得名"丝绸之路"。但仔细想想，其实这个说法中颇有可思考之处。丝绸的盛行，与19世纪工业化以后棉布的盛行有本质区别，因为丝绸是奢侈品，无论再怎样精美，社会总需求是有限的。而且当时丝绸之路上还有大量其他贸易品，例如麝香、胡椒、贵金属等等。前面我们引述的那你樊陀撰写的古信札中，出现了亚麻布、织品、麝香、金银、酒、胡椒等商品，但是没有丝绸[1]。为什么丝绸的意义却这样重要呢？

这个问题的答案其实隐藏在中国古代社会的货币经济中。

商品经济得以长期运行的一大前提是有稳定的货币。在古代社会的

---

[1] 不排除是因为信件残缺。

技术条件下，货币价值的稳定一般体现为所铸硬币中贵金属量的稳定。但是在古代中国，铸币长期采取的是浇铸法而不是压制法，因此所铸硬币的重量很不稳定，成色也很悬殊。有人曾称量过十八枚面值相同的11世纪的中国铜币，最轻的2.70克，最重的4.08克，这样的铜币自然得不到市场的信任。[1]相比同一时期的欧洲，同一地区、同一年代发行的同一批货币，误差大的也只是离标准货币重量差0.3克不到。[2]因此，中国商品经济的运行受制于铸币技术条件，是存在先天不足的。

因为这个原因，纺织品在古代中国一定程度上扮演了货币的角色。这首先是因为，纺织品在古代社会是必备的军需物资。古代士卒衣粮官给，自先秦以来已成惯例。以汉代为例，据居延汉简的记录，汉代士卒衣物的供给，冬夏衣物分仓储存，夏衣有袭、单衣、单绔，冬衣有复袍、复绔，日用品有巾、袜、履等项。单衣物供给，汉代三十万边防军一年衣物供给费用就有大约七亿钱。[3]这些物资当然不是由国家采购来的，而是国家向民众直接征收麻布、棉布与丝绢等纺织品，用于制衣。既然国家收税时一定要用，纺织品又有便于携带、便于分割等特点，因此它在古代中国长期被当作货币使用。

在早期帝国时代，丝绸是被当作外交礼物使用的。张骞出使西域时，便"赍金币帛直数千巨万"[4]。这种产品最初因为外交行为而流通，后来成为商人们追逐的对象。历史学家认为，丝绸制品在公元前1世纪时已经形成一个高需求市场，中亚商人为了控制货源，必须旅行到黄河

1 〔德〕马克斯·韦伯：《儒教与道教》，王容芬译，商务印书馆，1995年，第48页。

2 参见〔英〕M.M.波斯坦等主编：《剑桥欧洲经济史》第二卷，钟和等译，经济科学出版社，2004，第720页以下附录中世纪钱币一览表。

3 参见黄今言、陈晓鸣：《汉朝边防军的规模及其养兵费用之探讨》。

4 〔汉〕司马迁：《史记·大宛列传》，第3168页。

流域，这便是粟特商人赖以崛起的秘密。[1] 他们的发家，从道理上跟汉萨商人控制鲱鱼贸易是一致的。

而对于中原政权之经营西域来说，纺织品还有另外一个好处：自长安至西域，路途遥远，补给困难，丝绸这种商品价值既大，重量又轻，特别适合在长途商贸中充当货币，因此为粟特商人所喜爱。有一组数字可以让我们了解这种需求的规模：7—8 世纪以来，唐王朝为了支持帝国向西拓张，投入了巨额预算。到天宝九载（750），丝绸和麻织品占国家收入的 55%，谷物占 35%，货币只占 9%。而 8 世纪前半叶，唐帝国生产的纺织物，20% 的用途是控制西部地区，每年所耗费的数量达五百万匹以上。[2]

敦煌出土的一批文书能够证明纺织物对于唐帝国控制边疆的重要性。唐代有一支驻扎在沙州城（今甘肃省敦煌西）的边军，名为豆卢军，这批文书便是豆卢军军仓在向民间收购谷物时的账册。据该账册的记录，天宝四载（745）的头六个月，一位敦煌高级军官遭军队欠饷，价值 120 担的谷粮，总计超过 8 吨。如果换算成铜币，那就需要将 160 公斤铜运到敦煌，而这只是一位军官的工资。[3] 因此，实际采取的办法，是军队向当地民众征购所需的物资，而用丝绸支付给民众。这就意味着，当从敦煌到碎叶的各个乡镇遍布着士兵和汉人官吏的时候，当帝国为了把触角伸向西域而必须使用丝绸作为薪俸和各类政府开支的时候，丝绸就会大量涌入河西走廊与塔里木盆地，成为粟特商人追逐的利物。

而反过来说，丝绸在这些地区能够当作货币来使用，当然也要多亏这些逐利的商人。试想，如果当地没有广泛的贸易网络存在，即便你将

---

1 〔法〕魏义天，《粟特商人史》，第 38 页。

2 同上，第 112 页。

3 同上。

丝绸运到甘肃，空值千金，也不能换来一斗米、一间屋，再精巧的丝绸也没有任何用处。领取丝绸作薪俸的官兵们也无法在当地长期生存。所以，粟特商人在当地铺开的大规模商贸网络，对于唐帝国经营西域，其实是提供了一种"基础设施"。没有商贸网络提供的基础设施，帝国也就没有办法长期保持军事存在。

这才是丝绸之路的真相：所谓"丝绸之路"，其实是古代帝国为了维系在西域的长期存在，不得不从中原调集大量纺织品，最初是作为官兵的军需物资，时间一长，丝绸这类高端纺织品因为轻便、易分割等优势，自然演化成当地通用的货币。而丝绸作为商品的价值是把持当地商贸网络的粟特商人们所追逐的对象，丝绸作为货币的价值又有赖于粟特商人在当地广泛提供的贸易服务。总结起来就是丝绸之路的成功，是汉唐帝国区域经济与粟特商贸网络相结合的成果。

换言之，这条商路的运作模型，是东端的庞大帝国为了维系河西走廊—塔里木盆地—费尔干纳的军事存在，采取政府手段，直接调配绢丝作为当地开支，而这种开支方式恰好匹配了"自生自发秩序"中商人网络的需求，两相配合，帝国的军事存在才能得到支撑，商人的贸易网络也才能顺利运转，共同造就了丝绸之路的千古佳话。

当然，这种合作关系一旦破裂，也会带来双输的局面：商人网络可能会被连根拔起，帝国的军事存在也会遭到破坏。

扰乱两大帝国

这就要说到 8 世纪中叶粟特人在东西方两大帝国掀起的叛乱。这两场叛乱的背景，是粟特人的商业网络空间受到了帝国扩张的挤压。这种挤压是同时来自两个方向的：西方的阿拉伯帝国和东方的唐帝国。

7世纪晚期—8世纪初期，阿拉伯帝国负责进攻粟特方向的总督名叫屈底波·伊本·穆斯林。在阿拉伯帝国战胜波斯萨珊王朝后，他就被任命为呼罗珊总督。他于706—709年对粟特诸国展开了血腥的进攻，并且热衷于将当地人转化为穆斯林。

当屈底波攻下贝坎德城（Baykand）后，他残酷镇压了当地居民的反抗，处死全部成年男子，将妇女儿童卖为奴隶。此举震惊了当地所有的粟特城邦，他们联合起来与阿拉伯人对抗，但因为力量悬殊而失败。709年，屈底波攻占昭武九姓中的安国（布哈拉），并迫使康居（撒马尔罕）成为阿拉伯帝国的附庸。

阿拉伯帝国的扩张，反过来又刺激了唐帝国采取相应的军事行动。军事行动一开始是应当地政权请求而发起的。开元三年（715），阿拉伯帝国与吐蕃联手征服了费尔干纳，立了一个傀儡君主叫阿了达。原先的君主则逃往安西都护府向唐朝求救。唐玄宗派监察御史张孝嵩率附近各戎族部落兵马一万人向西挺进，攻克了阿了达三座城池，斩首、俘虏千余人，助原费尔干纳王复国。张孝嵩传檄诸国，唐军声威震动西域。

为报复唐军的行动，开元五年（717），阿拉伯帝国欲联合吐蕃与突骑施策划袭取安西四镇。安西都护府副大都护汤嘉惠调集周边的突厥部队抗击阿拉伯军队，将其击退。这就是拔换城大捷。然而不幸的是，唐军在这场战役中取得的胜利，因为数十年后另外一场战役的失败而黯淡无光。

另外一场战役的名字，叫作怛罗斯之战。怛罗斯战役的直接负责人是唐军中的高句丽裔将领高仙芝。高仙芝的父亲叫高舍鸡，高句丽灭亡后被唐军带到中原，从河西四镇的一名士兵，一步步成长为四镇十将，当上了将军，可以说是个勤勤恳恳的军人。

高仙芝小时候体格并不强壮，他父亲一度担心他状况不佳。然而，高舍鸡没有想到的是，自己一辈子兢兢业业，累功晋爵，却培养出一个与自己性格完全相反的冒险分子。这个年轻人升任安西副都护后，每次出军，随从都有三十余人，鲜衣怒马，排场做足，跟父亲的行事风格完全相反。

可高仙芝怎知，他的胆大妄为将给这个帝国带来不可估量的后果。高仙芝崭露头角，是在收复小勃律国的战争中。小勃律国原来是大唐的属国，但是后来吐蕃赞普赤德祖赞（就是迎娶了金城公主的那位赞普）跟小勃律国联姻后，小勃律国就倒向了吐蕃，进而成为吐蕃控制西北的门户。

天宝六载（747）三月，唐玄宗敕令高仙芝率一万名士兵征讨吐蕃。高仙芝兵分三路，马不停蹄，神速行军深入敌境，大破吐蕃主力，杀五千人，生擒千人，又俘虏小勃律王夫妇。西域各国遂再度归附唐朝。

高仙芝的这场军事冒险取得了巨大的成功，但他性格中的激进主义也暴露无遗。战役结束后，他越过上司节度使夫蒙灵察直接向皇帝汇报战果，令夫蒙灵察大怒，骂他"啖狗肠高丽奴"。但唐玄宗很喜爱激进有为的高仙芝，提拔他接替夫蒙灵察担任节度使。

高仙芝得到了皇帝的肯定后，更加肆意妄为。接下来，他将犯下人生中最大的错误。

天宝九载（750），因唐朝得知石国与黄姓突骑施（突厥的一支）相互勾结，触动了自己在碎叶的利益，因此派遣高仙芝征讨突骑施与石国。高仙芝击败突骑施后，再度暴露了胆大妄为的性格缺陷，骗石国国王，只要投降，和平就可以实现。然而，当石国士兵放下武器后，高仙芝却"将兵袭破之，杀其老弱，虏其丁壮，取金宝瑟瑟驼马等"[1]。他还

1　〔后晋〕刘昫等：《旧唐书·李嗣业传》，第 3298 页。

将石国国君俘虏，解送长安处决。

高仙芝此举很可能只是为了迎合唐玄宗晚年好大喜功的心境，为他营造一种"虽远必诛"的强盛氛围。但高仙芝没想到的是，石国王子竟然从屠城中逃脱，身怀国仇家恨，向阿拉伯帝国求援。

高仙芝得知此消息后，反而觉得这是一个更好的机会。如果能一举战胜大食（阿拉伯帝国），自己必然会出将入相，名垂青史。于是，他伪称石国王子与大食共谋进攻安西四镇，以此为由，率军西进。

收到石国王子的求助后，阿拉伯帝国随即派兵东进，与高仙芝交战。双方于天宝十载（751）在怛罗斯展开决战。唐军与阿拉伯精锐激战五日，不分胜负。最后，原先隶属于大唐联军的葛逻禄部（很可能是在粟特间谍的煽动下）背叛唐军，突然发难，切断唐军步兵与主力的联系，而阿拉伯帝国趁机以重骑兵猛攻唐军，击败高仙芝。此战以高仙芝所率七万唐军伤亡殆尽而告终。大唐与阿拉伯帝国的军事冲突，也画上了句号。

有人说此役是大唐王朝在中亚地区扩张进程的终结，但这种说法并不太符合历史事实。至少，在天宝十二载（753），唐将封常清再次破大勃律，说明这场失败并未打断唐军在中亚的步伐。而且，西域各国在战后仍然忠诚于大唐。但是，怛罗斯之战本身所体现的中亚地缘格局，又的确从另外一个层面深刻影响了唐朝在中亚的进军。因为，它与接下来唐朝内部的巨大动荡，有着密切的关系。

回顾8世纪以来这个地区的局势，我们就会发现，怛罗斯之战，不过是东西方两大玩家——阿拉伯和大唐一系列地缘政治博弈中的一环。问题在于，无论是阿拉伯人，还是中国人，都不理解中亚地区的本质局面：这里离长安和巴格达都太远，又太碎片化，任何一方想要完全控制这个地方，一来代价太大，二来对当地百姓的生活也是一种伤害。所以，最好的处理方法就是任由当地的小城邦保持中立自治，作为两大帝国的缓冲带，做点中介生意赚钱。然而，阿拉伯人不理解这一点，并在当地强力推行伊斯兰化的政策，反过来刺激了唐帝国对此地安全的担忧。而一旦东西方两大帝国在焦虑中走向"修昔底德陷阱"，那么两者的碰撞，就会很快将当地弱小的中亚民族碾碎。

在两大帝国的夹缝中辗转求生存的粟特人，是当时最快理解这一处境的民族。粟特人的国力虽然无法与两大帝国相比，但其军事力量、外交情报网络和通过商业网络积累下的巨大财富，也确实让人不可小觑。从 8 世纪中叶起，粟特人实际上利用了自己的商业资源与地下网络，在东西方两大帝国间掀起了两场巨大的政治事变。

在阿拉伯帝国，这场事变主要是粟特商人利用财富和间谍网支持萨曼波斯发动叛乱，成立萨曼王朝。而此举又迫使哈里发设立以马穆鲁克为名的奴隶兵役制予以回应，从而永久地改变了阿拉伯帝国的政治结构。这一系列变化并非本书关注的主题，在此就不详述了。

但是粟特人在唐帝国掀起的事变，在中国历史上可以说是家喻户晓。它造成了巨大的灾难，也永久地改变了唐帝国的命运。这场事变，史称"安史之乱"。

安史之乱的主角安禄山、史思明实际上都是粟特人出身。这一点早已为历史学家的考据所确认。唐朝人姚汝能编纂的《安禄山事迹》记载：

> 安禄山，营州杂种胡也，小名轧荦山。母阿史德氏，为突厥巫，无子，祷轧荦山神，应而生焉。是夜赤光傍照，群兽四鸣，望气者见妖星芒炽落其穹庐。（时张韩公使人搜其庐，不获，长幼并杀之。禄山为人藏匿，得免。）怪兆奇异不可悉数，其母以为神，

遂命名轧荦山焉。(突厥呼斗战神为轧荦山。)[1]

姚汝能不懂少数民族语言，以为安禄山的名字是从突厥语"斗战神"借来的。而根据伊朗语专家恒宁（W. B. Henning）的考释，"禄山"其实是粟特语 roxsan 的汉语音译。我们前文讲过，亚历山大大帝征服粟特后，娶了一个粟特妻子叫罗克珊娜，罗克珊娜跟安禄山，其实是一个意思：光明。

《安禄山事迹》继续记载了安禄山成长的经历：

长而奸贼残忍，多智计，善揣人情，解九蕃语，为诸蕃互市牙郎。[2]

我们前面介绍过，汉语文献在提到粟特人时，往往形容他们"通六蕃语""通九蕃语"，而"牙"在中国古代就是中介商的意思。所以，安禄山的成长轨迹是一个典型的粟特人成长轨迹。

安史之乱的另一主角史思明，与安禄山一样，也是"营州杂种胡"。他有一个来自粟特语的名字"窣干"，意思是燃烧发光，"思明"则是唐玄宗赐给他的名字，可能就与这个粟特语名字的原意有关。而且他年轻时也是"通六蕃语，为牙郎"。

安史之乱中的第三个重要人物李怀仙，是"柳城胡人"。柳城位于今天辽宁省朝阳市，当时是营州下辖的一座城镇。我们前文介绍过，武则天时代，大量粟特人迁往营州，这便是安史之乱的粟特军事聚落形成的背景。

当代学者考证，在安史阵营中，有大量出身粟特的将官，包括安庆

---

1 〔唐〕姚汝能：《安禄山事迹》，中华书局，2006 年，第 73 页。

2 同上。

绪、安忠臣、安忠顺、何千年、何思德、史定方、安思义、安岱、康杰、康阿义屈达干、康节、曹闰国、何元迅、安神威、安太清、安武臣、安雄俊、史朝义、康没野波、康文景、何数、何令璋、石帝廷、康孝忠等。这些都是唐朝史官在记录唐军战功时偶尔提及的安史叛军将领，足可证明，粟特武人是安禄山叛乱的主力。

而在资金方面，也有充分的证据表明，安禄山的叛乱，既利用了粟特聚落的商贸资金，又利用了粟特聚落的祆教网络。《安禄山事迹》中记载：

> （安禄山）潜于诸道商胡兴贩，每岁输异方珍货计百万数。每商至，则禄山胡服坐重床，烧香列珍宝，令百胡侍左右，群胡罗拜于下，邀福于天。禄山盛陈牲牢，诸巫击鼓、歌舞，至暮而散。遂令群胡于诸道潜市罗帛，及造绯紫袍、金银鱼袋、腰带等百万计，将为叛逆之资，已八九年矣。[1]

"潜于诸道商胡兴贩""潜市罗帛"，已明确说明安禄山有意识地利用粟特商人的地下贸易网络，筹措"逆叛之资"。而"百胡侍左右，群胡罗拜于下，邀福于天"则说明安禄山有意识地利用祆教，在粟特商人面前强调自己的信徒属性，增强其凝聚力。事实上，安禄山在粟特人中间，被视为"光明之神"。他死后，史思明就追谥他为"光烈皇帝"。这些事实都说明，安禄山是有意识地利用粟特人的祆教信仰，将自己打扮成为半人半神的粟特英雄，以增强叛军的凝聚力。

安史之乱前后历时八年，造成数十万士兵伤亡，影响人口数千万，

---

1 〔唐〕姚汝能：《安禄山事迹》，第83页。

将原本富饶的华北、关中地区变成"宫室焚烧，十不存一。百曹荒废，曾无尺椽，中间畿内，不满千户。井邑榛棘，豺狼所嗥"[1]的荒野。司马光更称"由是祸乱继起，兵革不息，民坠涂炭，无所控诉，凡二百余年"[2]。安史之乱终结了盛唐，改变了中国的社会结构，令唐王朝彻底退出了中亚博弈，深刻地影响了日后的地缘政治格局。

安史之乱后，唐朝的精神气质为之一变。初唐以来，自李唐皇室以下，人人皆能以海纳百川的开放心态面对西北诸异族，接纳周边各邦人士之精英豪杰，担任高官，驰骋天下。安史之乱以后，唐人的"信人不疑"因粟特人的背叛而受伤，开阔的胸襟气度不复存在，取而代之的是以韩愈"复古运动"为代表的保守思潮，一直延续到两宋。如此造成的代价，也是汉人王朝失去了对西域的掌控权，更令少数民族政权坐大，使东亚进入长期分裂的时期。

结语：中亚的漫长诅咒

唐帝国与粟特人都早已消逝在历史的长河中，但我以为，这段故事背后折射出的历史经验，直至今天仍值得我们反思。

用中国古代历史中常有的"忠奸之辨"的思维方式是无法分析这个故事的。在这个思维框架之下，我们无非是对安禄山、史思明的背景摸得更清楚一些，细节搞得更明白一些。如果安禄山和史思明是汉人，我们当然可以谴责他们背叛自己的同胞同族。然而，这两个人其实都是粟特人，他们的起兵，实际上是作为中亚"犹太人"的粟特商人面对两大

1　〔后晋〕刘昫等：《旧唐书·郭子仪传》，第 3457 页。

2　〔宋〕司马光：《资治通鉴·唐纪三十六》，第 7066 页。

帝国的倾轧侵略，最终走上了反抗之路。如果不分析这背后折射出的中亚地缘政治境况，我们就无法真正理解他们的动机。

中亚地区地形支离破碎，民族关系复杂多变，虽然不一定总能形成统一的稳定帝国，但那些城邦和部落一样有悠久的文化与牢固的社会结构，有庞大的商贸网络和积累起来的巨额财富，也有扎根当地的领主／军事集团。这正属于马基雅维利所谓的"易于征服而难于统治"的地带。照唐帝国那样实施松散的羁縻政策，满足于离岸平衡，本来是最好的生态。但是阿拉伯帝国不明白这个道理，由此带来的地缘政治冲突，挤压了粟特人的生存空间，也反噬了两个帝国自身的政治命运。

在中原帝国强盛的时代，汉人政权也须知中亚而用中亚，利用粟特人在当地的族群优势，鼓励自治的同时利用他们羁縻地方，在各大中亚政权中实施离岸平衡。但是，采取这条路线的前提，是中原帝国真正了解世界，真正了解异域民族。知之，才能用之。

而一旦中原帝国放弃了对世界的了解和认知，仅从自身习惯的暴力经验来看待这些地域，比如像高仙芝那样必欲除之而后快，那么引发的激烈反弹，也将使中原帝国丧失在此地的羁縻能力，从而不利于中原帝国大一统目标的实现。尤其是在一个朝代的中期，中原帝国越快转向纯粹的汉人文明叙事，就可能越快丧失对异域经验的利用和对异域地缘政治的捭阖能力。

没有对世界的了解，就没有大一统政权。我想这正是中亚政治博弈反复传递给中原文明的一大经验与教训。

第七章
阿拉伯商人与宋代的财政国家进程

　　讨论人类文明的进程，当然不能不讨论国家这个概念，但国家究竟是什么呢？对于这个问题，20世纪以来影响最大的回答当然来自马克斯·韦伯。他在《以政治为业》中说，国家就是能够成功垄断合法暴力使用权的机构。简单说，国家是暴力机器，而且是唯一合法的暴力机器。

　　现在，让我们想办法把这个高度抽象的定义跟丰富的现实世界尽可能对应起来。谁来执行暴力？怎么垄断？其实用我们之前举过的冒顿的例子就很好理解：冒顿用鸣镝训练自己的手下，谁的鸣镝不跟他射向同一个方向，谁就会被处死。哪怕射的是冒顿自己的战马、妃子乃至父亲，也是一样。冒顿的每个手下，只要手执弓箭，跨骑战马，显然都有执行暴力的能力。但是垄断暴力就意味着他们不能有自己的意志，或者至少不能抵抗冒顿的意志。冒顿的意志在他们身上得到了全面的贯彻，这就叫作垄断暴力。

　　冒顿的手下如果只有三五十人，或者百来号人，那么这个原则还是适用的，但要是人数更多，那就麻烦了。譬如说，冒顿手下有个五千人或者一万人，以骑兵列阵的形式排开，马队长达数百米。在草场上疾烈飞驰时，未必人人听得到鸣镝。也就是说，你得有效果更好的通信手段（比如军旗或军号），才能完成意志的贯彻与上传下达。而且，冒顿以鸣镝所射的对象不会反抗。如果对方是会反抗的敌军，会不会有人害怕到不敢上前？会不会有人掉头鼠窜、临阵脱逃？再者，冒顿自己也只有一个人，他是否有可能专注于眼前敌人的攻击，而无暇指挥数百米之外的另一个作战小队？可见，规模一扩大，原先不成为问题的，现在都成了问题。

当然，冒顿可以选择一个聪明的做法：在自己的手下中选拔一些指挥官，让他们执行自己的命令，分担行政任务。在政治学上，这便是官僚制（或者说科层制）的诞生。但是，这种制度对于垄断暴力也存在反作用力：如果某个高级军官手握一千骑兵，他认为自己有机会取代冒顿，于是造反发难怎么办？或者某些中级军官并不愿意执行冒顿的命令，消极怠工，对冒顿掩盖一线的实情，又该怎么办？

这看起来好像已经有些难办了，但我们在讨论的还只不过是一支万来人的军队。如果这支部队的规模再行扩大，又该怎么办？比如说，这支部队里不仅有骑兵，还有步兵、弓兵等兵种，步兵中又有长枪兵、大刀兵、藤牌兵等分类，此外还可能有必要的操控攻城器械的技术兵。这些不同的兵种需要不同的指挥原则，他们的装备和补给也要分门别类处理。以及，任何一支军队都要有后勤和补给措施，军队规模越大，所需的后勤补给也就越多，这些也需要人管理。如果冒顿只擅长指挥骑兵，对后勤知识一窍不通，又该怎么贯彻他的意志，垄断暴力？

最后，假设冒顿面对的不再是一支数万人的军队，而是一个国家。这个国家也许不只有一望无际的平原，它也有层叠的山峦、广袤的农田和弯曲的海岸线。他又该如何垄断这片广阔土地上的暴力？有些山间的村庄，就在河对岸目力所及的地方，实际走过去却要花费一整天的工夫。如果你是冒顿手下的一名基层官吏，要渡河去到那个村庄完成征召任务，为冒顿筹集他那准备征服世界的大军，你要花多久才能顺利完成这项任务？你的征兵对象不会提前逃到山林里去吗？他的家人不会向你谎报他失踪或已经病逝吗？甚至更坏的情况也许是，你去到那个村庄，不愿意服兵役的村民联合起来杀了你，把你的尸体抛进河中，无人知晓。面对如此复杂的一个国家，冒顿又该怎样贯彻他的意志，垄断暴力呢？

我们在前文中反复介绍过，"秦制国家"每隔一段历史时期，其机制就会崩溃。古代社会的技术水平不足以支撑中央政府对其领土事无巨细地进行统计和管理，那样做的成本太高了。对于一个统治领土异常庞大的帝国来说，它当然可以用严刑峻法来恐吓和镇压不愿意服从的民众，有时却反而将民众逼上梁山，落草为寇，进一步增加了它的统治成本，直到它不得不缓和下来，达成某种新的稳定态。但这当然也会削弱它的暴力执行能力，让它不能抵御内部叛乱和外部入侵。

出现这种状况的本质，在于人类文明往往是一个复杂社会，而前现代政府只是一个简单系统。前现代政府没有现代意义上的统计学知识，也没有工业部、交通部、通信部这些专业技术部门，没有能力对复杂系统进行有效管理。它只懂得收税和征兵，而这些简单粗暴的功能又极容易搅乱复杂社会，造成系统的崩溃，表现为农民起义、内部叛乱和朝代灭亡。

那么，面对复杂社会，更聪明的做法是什么呢？答案是：尊重金钱的力量。

金钱是复杂社会中自生自发秩序的一种标记。为什么我愿意听从你的号令，为你服务，把赚取利润中的很大一部分交给你？因为你发给我工资。为什么你发我一万块就能令我满意，而不是两万块？因为工资数额是由就业市场的自由竞争确定的，不管是你压价还是我抬价，我们之间的契约都很难达成。为什么我把赚取利润的 50% 而不是 80% 交给你？因为你跟客户签订的订单价格也是由市场自由竞争确定的，你抬了价，就会损失客户；降了价，就会损失利润。这就是金钱的力量：没有国王的命令，没有统一的意志，每个人却能找到自己合适的地位、合适的价格，集腋成裘、聚沙成塔，维系了一个社会衣食住行、生产制造的方方面面。

国家也可以借鉴这种智慧，以金钱的力量调度资源投向自己希望的方向。譬如，国家征召士兵，不仅不是免费征用，在提供必要的衣食住所与武器装备之外，还要发给优厚的军饷；国家征发工人修建水坝或运河，不是强制劳动，而是采取雇佣制，给予工人满意的薪酬，甚至委托给资质优异的私人公司来承担这类职责。

倘若冒顿学会了这套办法，他其实可以用更顺滑、遭到更少抵抗的方式贯彻自己的意志。他的官吏也许不会遭到抵抗和谋杀，而是可以很顺利地完成征召任务。但是，这样做的前提是，他有一个相当高的财税收入水平。这样才能支付得起他希望贯彻实施的许多重大任务。这种形态与非常原始的、粗糙的、落后的国家形成对比，政治学研究中今天称其为"财政国家"。它是政治现代化过程中的重要一步。

财政国家与政治现代化

早在 18 世纪，一些学者就注意到有两种国家形态的区别。莫罗·德·博蒙特系统考察过欧洲的关税和税收体制，他在 1769 年的著作中就提到过两种国家，一种叫作"领地国家"（domain state），一种叫作"税收国家"（tax state）。[1]用今天的观点来看，领地国家其实就是国王因为控制了领地上的人和物（最重要的是粮食和矿产）而具备暴力能力的国家。税收国家则是国王因为控制了领地上的商业与税收而具备暴力能力的国家。从收敛财富的角度来看，后者的力量其实比前者要大，因为在古代社会技术条件下，农业的产出是十分有限的，而且天花板很低，国家从土地上拿走的太多，留给老百姓的当然会太少，从而引发民变；工商业的从业人数相对很少，人均创造财富的能力却很强。倘若国王肯保护工商业，鼓励贸易，甚至直接兴办一些企业，那么他能动用的财富就可以在很短的时间里显著增长。这就是财政国家的诞生。

读到这里，也许有人会联想到历史课本上的"开明专制"。我们熟悉的"开明专制"君主只是这个历史潮流中的第二批。在他们之前，至少从 13 世纪开始，已经有一批君主实践过这种办法了。

比如，从财税细节上看，13 世纪以前的英格兰王国是比较典型的"领地国家"，国王主要通过王室领地、封地权和管辖权来获得大量收入。但是，从约翰王（1199—1216 年在位）时期开始，英格兰政府已经开始收取进出口商品的关税（每英镑征 16 便士），到爱德华一世（1272—1307 年在位）时期，政府更加重视这方面的收入，把出口羊毛和进口葡萄酒、纺织品等商品的关税固定下来。英文中的"关税"（customs）正是在这一时期诞生的：它代表历任国王按照习惯所获得的征税权利（custom 意为"习惯"，民众对王室负有 custom duty，就是按习惯上对国王有纳税的义务，因此 custom 演变为"关税"的含义）。1294—1337 年，王室对羊毛加征了特别补充税；从 1415 年以后，王室对葡萄酒加征了"吨税"和"镑税"，这些间接税收入在财政收入的比

1　参见〔英〕理查德·邦尼主编：《欧洲财政国家的兴起：1200~1815 年》，沈国华译，上海财经大学出版社，2016 年，导论第 2 页。

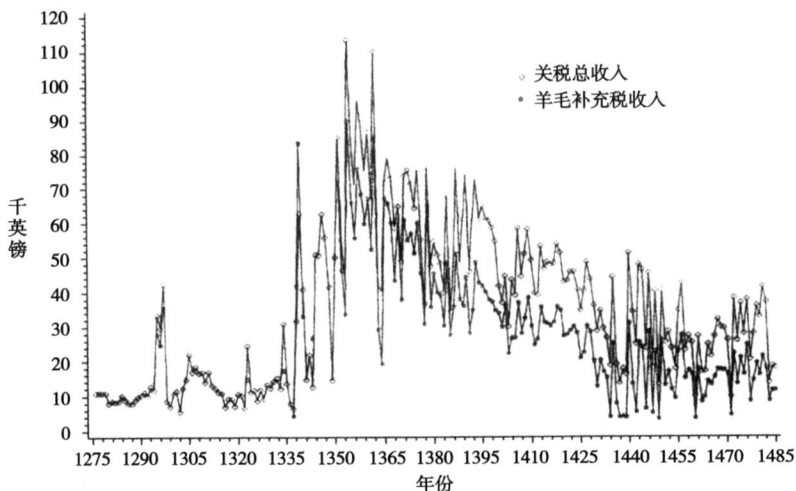

120
110
100
90
80
70
60
50
40
30
20
10

千英镑

○ 关税总收入
● 羊毛补充税收入

1275 1290 1305 1320 1335 1350 1365 1380 1395 1410 1425 1440 1455 1470 1485
年份

1275—1485 年英格兰海外贸易关税总收入和羊毛补充税收入

重中大幅增加。[1]

　　法国的情况也很类似。12—13 世纪，法国国王的主要领地收入是王田的地租、捐税、减刑劳役、器具出租、林权收益、贸易通行税、司法行政罚款和造币收益等，其中来自土地的收益是绝对的大头。法国国王要雇被称为庄园管家的官员承包领地收入，其定位类似《红楼梦》里给贾家交租的乌进孝一样。但是从 13 世纪中叶开始，路易九世为了给十字军东征筹措资金，开始对犹太人征取开业许可税。14 世纪中叶英法百年战争爆发后，法国政府对税收的需求进一步提高，开始对商品交易额征收 5% 的贸易税，葡萄酒的交易税则从 8% 很快增长到 25%。此外，部分地区的民众还要缴纳盐税、饲料税甚至壁炉税。大约在这一

1　参见〔英〕理查德·邦尼主编：《欧洲财政国家的兴起：1200~1815 年》，第 20—32 页。

时期，法国国家财政体系从传统的领地国家进化为了财政国家。[1]

还有一个例子是卡斯蒂利亚王国，也就是西班牙的前身。因为面对内战和抵抗穆斯林战争，13 世纪起，卡斯蒂利亚国王阿方索十世（1252—1284 年在位）就开始了财税改革。他创立了名为梅斯塔（Mesta）的畜牧业协会，刺激了这一产业的发展。与产业兴起相伴的，则是他开始对牧羊活动征税，并且设立了羊毛出口的关税。他的重孙子阿方索十一世（1325—1350 年实际掌权）则进一步开征了一般交易和消费间接税以及销售税。到 14 世纪中叶，间接税已经成就了这个王国 90% 的收入。此外，在 1369—1406 年间，卡斯蒂利亚王国还创立了王国政府的财政管理机构，如名为总会计师（contadurias mayores）的会计机构以及包税法案等等。这些制度上的进化，也标志着卡斯蒂利亚王国向财政国家的深度转型。[2]

综合以上案例，我们确实可以看到，在 13 世纪以降的欧洲，一种相对清晰的财政国家体系开始浮现。要发展成为财政国家须具备五项条件：一、国家财政收入高度货币化（而不是收取实物地租）；二、间接税（包括消费税、过路费、坑冶矿课）在税收结构中逐步占据主要份额；三、具有流通性的债务票据在公共财政中扮演重要角色；四、财政管理体制高度集权化和专业化；五、政府公共开支足以支持国家政策对市场（如通货膨胀、投资和实质工资）发挥直接显著的作用。[3]

考察当时欧洲的这些制度转向，我们大致可以勾勒出三个规律：

其一，这些制度进化往往由战争驱动。比如，英格兰王国从 13 世

1　参见〔英〕理查德·邦尼主编：《欧洲财政国家的兴起：1200~1815 年》，第 106—114 页。

2　同上，第 175—177 页。

3　Margaret Bonney, Richard Bonney and W. M. Ormrod eds., *Crises, Revolutions and Self-sustained Growth: Essays in European Fiscal History, 1130–1830*, Shaun Tyas, 1999, pp. 18–20.

纪开始进行的财税改革，直接动因就是英法百年战争的爆发。法国的财税改革跟英法百年战争与十字军战争有关。卡斯蒂利亚王国的财税改革也是因为受到与葡萄牙的战争、内战和安达卢西亚战争的刺激。

战争是最直接、大量消耗国家资源的活动，为了获得持续战争所须的财力，政府必须想办法广开税源。当然，如果在本身就拥有优质兵员的游牧社会或渔猎社会，政府增强战争能力的方式往往是动员更多的人力来直接参与战争。但是在已经具备一定经济发展水平的地区，比如商贸城邦林立、长途贸易发达、商品生产多元化的地区，政府更有可能倾向于通过加收商业税来扩大税源。这正是高中世纪时代西欧出现的情形。

11世纪到14世纪在历史上被称为"高中世纪"时代。由于技术的进步和长途贸易的兴盛，地中海沿岸地区、大河沿岸地区（如莱茵河）和英吉利海峡沿岸地区均发展出了相当发达的商贸经济。我们以上列举的英格兰王国、法兰西王国和卡斯蒂利亚王国都属于这种情况。由于羊毛、葡萄酒等商品的贸易已经相当发达，而且在地理交通要道（例如港口）对贸易进行课税的成本并不高，因此国王能够以比较轻松的方式扩大财政来源，这是因地理和经济环境的不同造就的不同发展路径。

其二，这些制度进化经常伴随着政府对商业团体的权利进行保护。其实早在10世纪以前，西欧就出现了一系列商贸城邦，像著名的威尼斯、热那亚和米兰等等，它们都已成为航海或经商活动的枢纽，也在内部采取商人自治模式，通过议会选举政府长官，并制定法律。而一旦它们名义上服从的领主、国王或皇帝想要对它们增加税赋，这些商贸城邦往往要求领主、国王或皇帝颁布宪章或特权法案，把一些政治权利正式赋予当地商人，以此作为增加赋税的对价交换。

在我们以上提及的这些国家迈入财政国家体系的过程中，我们也看到了很多这方面的特征。例如，约翰王与诸贵族于1215年签订了《大宪章》，到 1297 年，又得到了爱德华一世的确认。这部宪章中就有涉及伦敦金融城自由权的条款。[1] 再如，从阿方索十世开始，卡斯蒂利亚王国就很注意保护境内商品尤其是粮食的交易自由。他还巩固了始于 12 世纪中叶的定期集市政策。从 1150 年到 1300 年，卡斯蒂利亚王国在王室领地之内创建了五十多个定期集市，王室的贡赋收入每年都要经由议会核查。[2]

当然，这一时期领主、国王或皇帝对商业团体权利的保护，与后来的议会改革或宪政革命的程度还不可同日而语。宪章和特权经常只来源于某个领主或国王的命令，而不是成文法。新任领主或国王即位时，他需要再次声明是否还有意愿延续这项政策。但总的来说，宪政主义的本质是商人向暴力集团购买合法权利的结果，这也是财政国家发展导致的一个边际效应。

其三，这些制度进化带来了政府向商业社会学习而产生的文官化。所谓政府的文官化，指的是政府通过由文士担任官僚的科层制来集中资源和贯彻意志。中国有着漫长的文官政府传统，所以我们认为这是理所当然，但对西欧国家来说，文官政府不仅与此前的国家政府迥异，也与中国的文官政府有所区别。

在财政国家之前的领地国家时代，各个国王基本只有一个小政府。这个小政府里的官员与其说是政府的文官，不如说是国王的私臣，或者说廷臣。国王不一定有固定的首都或办公地点，比如神圣罗马帝国早期的皇帝或英格兰国王，他们没有固定的首都，经常变换宫廷的所在地，

1　1215 年《大宪章》第 13 条，也即 1279 年《大宪章》第 9 条：伦敦市将拥有过去拥有的所有旧自由和关税条件。此外，我们将授予所有其他城市、自治市镇、城镇和五个港口的男爵，与所有其他港口一样，享有所有自由，并免付关税。

2　参见〔英〕理查德·邦尼主编：《欧洲财政国家的兴起：1200~1815 年》，第 175—178 页。

去较大的封臣领地处办公。他们也没办法干涉封臣自己的廷臣，只能通过巡回法庭的方式处理封臣领地上的司法案件。

但是当领地国家变为财政国家，由于要经常处理各种复杂的财会文书，国王不得不雇佣很多具备财会知识的专业人士。比如，卡斯蒂利亚王国在14世纪以前的财政总管叫"司库"，经常由犹太人担任。14世纪以后，各种地方司库和出纳员变得繁多，到亨利二世（1369—1379年）时期还出现了专业的审计官、财政总会计师和他们的辅助会计。这些都是为了处理日渐繁杂的财务工作而设立的，而且这个趋势一直持续到近代早期。例如，在西班牙殖民美洲后，为了处理殖民地繁复的财务文件，腓力二世设立了14个议事会，处理来自西班牙、葡萄牙、佛兰德斯、意大利和美洲的326个区域的问题，每个区域都有一套自身的行政管理程序。J. H. 艾略特曾说，查理五世是武士—国王，腓力二世则是惯于久坐的国王——他在成堆文件包围的书桌边度过自己的工作日，象征西班牙帝国从征服者时代进入公务员时代。[1]可见，在领地国家向财政国家体系过渡的漫长岁月中，这种变化是长期存在的。

以上这些内容，包括战争推动的中央集权、宪政对新兴商业阶级的赋权和政府的文官化，当然都是政治现代化进程中的重要主题。但是，这毕竟不是本书的主旨，这里只是介绍一下"财政国家"这个概念以及从这个角度来看如何理解现代国家的诞生。在此提到欧洲国家的这段演化史，只是想指出，古代中国也有一段历史与欧洲财政国家的演化有深刻的相似性，时间上也与它们大概处于同一时期，这便是有宋一代的财政国家化。

1　参见〔美〕查尔斯·蒂利：《强制、资本和欧洲国家（公元990—1992年）》，魏洪钟译，上海人民出版社，2007年，第83页。

两宋的财政国家化演进

在财政制度的建设史上，宋代可以说是中古中国进步最大的一个时代。如果一个政治学研究者在安史之乱之前的时代穿越到唐代，观察帝国的财政运作，那么他看到的还是一个典型的领地国家。这个国家虽然建立起了一个横跨东北亚至西域的庞大军事帝国，但其扩张主体其实是府兵和内附的胡人军队。支撑这支军队的主要是实物赋税，包括绢帛和军粮。以天宝元年（742）为例，唐军四十九万边兵军费开支涉及一千余万匹衣赐和一百七十万石军粮，而钱币在军费支出中几乎不见踪影。但这位研究者如果再穿越到三百年后，来到北宋，那么他就会看到一个财政国家的雏形。尽管这个国家控制的地域大大缩减，但岁入已经高度货币化，税收也以间接税而非直接税为主。例如，到熙宁十年（1077），北宋间接税岁入达到 4248 余万贯，已经占到全部岁入的三分之二。[1]

唐宋三百年间，中国如何从一个领地国家初步转变为财政国家，帝国建制的方方面面如何因为现实需求而自发转向，这是一个极其宏大的课题。在这里，我只能简单勾勒一下转型的大致面貌。

与欧洲国家类似，中国的这一转型也是因为战争活动推动政府筹集军费、扩充税源，进而重视商贸活动，寻求治理转型的。如果站在微观层面看安史之乱以来的财税体制演化，我们就会发现，通过敛税来维系军事动员体制的动机在其中起到了巨大的推动作用。比如，安史之乱期间，安史叛军与唐军之间的城市攻防战不下五十五次，而城市攻防战旷日持久，对攻守器具和人员组织的要求极高，十分考验攻守双方的财力。到唐朝大历年间（766—779 年），如果你去给藩镇军队当兵，那么

1　参见刘光临、关棨匀：《唐宋变革与宋代财政国家》，《中国经济史研究》2021 年第 2 期。

你可以享有春冬衣每季各三匹，支身粮每年七石二斗，在县界之外作战时还能拿额外的出界粮。战乱频发的年代，由于需求的广泛存在，雇佣军成了一份很有前途的职业，相应也对各个政治集团造成了财政上的负担。比如长庆元年（821）唐朝发诸道、方镇兵马对付成德兵变，双方在深州和下博陷入胶着，参战的魏博军一个月的开支就要接近二十八万贯。当时白居易在《论行营状》中就忧虑发动这个级别的战争所造成的财政压力："茶盐估价，有司并已增加，水陆关津，四方多请率税。不许，即用度交阙；尽许，则人心无憀。"[1]

唐代中叶以后，政府为了筹措军费，采取过历史上秦制帝国曾经多次采取的间接税办法，例如盐酒茶榷。"榷"就是专营、特许的意思，盐酒茶榷就是官府把这些日常的刚需消费品特许给少数商家经营，再向他们收取高额费用，本质上是一种消费税。唐政府在大运河沿途及江淮主要城市设置巡院，并以专业税务官吏管理。这些临时性办法，到了宋代就变成了固定征收项目。这也与欧洲历史上财税体系的进化类似。

唐末五代十国之乱，虽只持续了半个多世纪，但是所造成的伤亡并不少。北方辽朝南下占据燕云十六州，西夏崛起盘踞西北，都给北宋带来相当沉重的地缘政治压力。这一时期辽与西夏的国家建构，其实相比汉唐时期中原政权所面对的少数民族政权都要强大得多，因此两宋的战略形势也就严峻得多。为了应对战争以及解决内乱问题，北宋政府常年招收流民入伍，以至于兵力臃肿。到宋仁宗朝，国家兵力竟已达到一百二十五万之巨。[2]

军事活动造成的财政压力如此之大，不得不迫使政府作出系统性反应，进行全方位的财税改革。这一反应的集大成者，便是由王安石主导

1　参见刘光临、关棨匀：《唐宋变革与宋代财政国家》。

2　〔元〕脱脱等：《宋史·兵志一》，中华书局，1977 年，第 4574 页。

的熙宁变法。

熙宁二年（1069），王安石担任参知政事，设立制置三司条例司，议行新法。随后数年里，他的团队颁布了均输法、青苗法、农田水利法、免役法、方田均税法、市易法等财政上的变革举措。当然，除此之外他还颁布了诸如保甲法、裁兵法、置将法、保马法、军器监法、太学三舍法等治安、军事和科举方面的改革措施。我们关注的角度在于，王安石新法中的许多条款有非常明确的向财政国家转型的色彩。

我们从这个角度来简要梳理一下这些变法条款。

先从制置三司条例司说起。这是王安石拜相后的第一个举措，也是为他后续所有变法政策提供行政驱动力的核心机构。这个机构，其实是一个直接的财政部门领导机构。北宋初年，财政大权由户部司、度支司和盐铁司三司分权掌握，户部司负责管理全国户籍账目、田赋、劳役等事务，度支司负责管理财政收支、漕运和俸禄赏罚等事务，盐铁司则负责盐铁官榷等事务。三者事务既有分工，又有重叠，分层架屋，多有不便。其实这种分权机制是帝王操纵属下，使其互相制衡的权术，但是对帝国财政运行造成了不利影响，从办事的角度讲，确实应当改革。王安石便先从这里入手，设置了制置三司条例司来作为三司的上级机构，由宰相统领三司的财政和审核国家年度预算。翻译成现代概念，就是顶层设计，统一领导，删繁就简，提升行政效率。

均输法，也是汉代就采取过的老办法。汉武帝时期，桑弘羊就曾施行过这个办法来降低行政成本。均输法的前身是官办的长途贩运商。最纯粹的秦制暴力帝国，解决长途贩运的方式最简单，就是以徭役的方式发动民众来押送物资送往某地。但这种办法的社会成本是最高的：一个人一旦被选中服徭役，短则一两个月，长则半年，就要耗在押送路上，误了农时不说，家中若有什么变故，一个家庭就直接毁了。所以，这种办法对政权的根基打击最大。而稍微聪明一点的办法，就是均输法：官府设立均输官，其实是半官半商的性质，京师如果因为徭役的转运或者因为别的原因有了多余的物资，均输官就把它们运到别的地方贩卖；京师如果对特定物资有需求，就在适当的市场上采购，避免完全采取徭役的做法。王安石在熙宁变法中采取的均输法与此类似，他在淮南路、两浙路、江南东路、江南西路、荆湖北路与荆湖南路设置发运使，按照"徙贵就贱，用近易远""从便变易蓄买，以待上令"[1]的原则，负责督运各地"进贡"的物资，意在通过官府采购的行为减轻人民负担。但是，在实践过程中难免会有副作用，就是这些发运使从事的长途商贸，反而可能损害了原本从事这些贸易的商人之利。

青苗法，其实是官办的金融服务。中古民间社会的农业生产中，春种是投资期，秋收是盈利期。然而任何投资都有风险，农户要是播了种却遭遇了天灾人祸，或者家里有个三长两短，总需要临时借钱来渡过难关，民间自然就产生了高利贷。这些放贷者自然不是做慈善，而是乘人之危，盘剥用度。王安石设此法的本意，是由政府每年分夏秋两次借钱或粮食给农户，以规避高利贷对民众的剥削。但在实践过程中，这些借贷基本被官府变成了强制措施。官员借机谋利，民众则因为被强制摊派借贷而承受了额外的负担。

农田水利法，是官府规定各地兴修水利工程，以改良农业生产条件。兴修水利工程的成本是按照当地居民的财力分摊的。倘若当地民力筹款不足，则可以向政府贷款，取息一分。基本上，这是一种定向到水利工程上的官方贷款。

免役法，其实在历朝也实施过。我们前面讲过，古代中国社会的徭

---

1 〔元〕脱脱等：《宋史·食货志下八》，第 4556 页。

役负担极重，因此民间常有出钱免役的做法。官府承认民间这种做法的合理性，将之制度化，就是免役法。这个政策看似是一种良政，后来张居正采取这一改革收到的成效也是显著的，但是我们在讨论时需要注意到这个事实：北宋一朝在熙宁之前就有一些特殊户籍是不负担徭役的，其中最主要的是坊郭户，也就是城市和城市周边为其提供农产品和服务的村镇人口。按不同学者估计，宋代大约16%—22%的人口属于城市户籍，可以免除徭役。[1]这是最主要的部分。其余像寺观户（和尚和道士）、官户、女户和未成丁，各自只占人口的千分之几，可以忽略不计。免役法实施后，这批人也是要出一部分免役钱的。因此，这实质上是个给"中产"放血，让他们承担一部分底层民众负担的改革政策，引发反弹也是自然的。

方田均税法，这也是中国古代历朝都搞过的田亩普查，目的是按照实际情况区分五等不同条件的土地，按照不同条件来收税。这个政策本身非常清晰，与财政国家的关系也不大，在此不再赘述。

市易法，是把桑弘羊的老办法扩大化的一项政策。汉武帝时桑弘羊曾经提出平准法，就是由官府在低价时买入粮食和日用品，高价时再抛售，相当于用国家储备来稳定市场价格。因为北宋都城汴京的物价波动很大，于政权稳定不利，王安石于是模仿桑弘羊推行市易法，并且在此基础上向商人发放国家贷款，每年纳息二分，相当于用国有资产贷款的方式降低资金成本，通过降低商人资金成本来平抑物价。

王安石变法的大致精神，跟中世纪盛期欧洲的财政国家演化非常相似。它们本质上是从一个领土国家收取实物和动员人力的资源汲取体系，向一个充分吸收商业贸易和金融经验的资源汲取体系去转型。比如

1　参见游彪：《关于宋代的免役法——立足于"特殊户籍"的考察》，《中国史研究》2004年第2期。

高度注重市场管理，以此来稳定间接税收入；比如用集权化和专业化的手段来打造新的财政管理体系；比如以直接的资本手段对市场进行调节等等。从财政和政治现代化的角度看，这些变法举措，不可谓不是一种进步。

但是，符合历史进步大趋势的改革，不代表就是短期内的正确行动。王安石变法举措太多，动作太大，急于求成，反而给政治对手留下太多把柄。当然，从他作为政治家贯彻自己理想信念的角度看，这是可以理解的。他自考取功名以后，在江浙皖豫辗转为官二十年，所见所闻之弊病实在太多，一朝得君行道，自有时不我待之感。国家的问题，往往不到积腠理之疾累至于骨髓而不能改革，待到需要改革时，不下猛药已不能奏效。然而为了下这味猛药，改革者又不得不雷厉风行，这反而破坏了尚能维持均衡的政治结构，自会引发保守者的激烈反对。王安石用来总揽改革上层设计和执行的制置三司条例司，仅运行了一年就被废止，正是因为动人权力如杀人父母，一旦权力失衡，君王也必须予以抑制。

王安石的改革虽然失败了，但他开启的财政国家化路线有两个重要的继承人，第一个是章惇，第二个是蔡京。他们意识到像王安石那样试图提出全局解决方案是很难落地的，于是在其政治生涯中基本只努力解决其中一两个问题，也都取得了一定的成功。

章惇是在王安石主持变法时就被他看中的人才，王安石拔擢他做了编修三司条例官，后来又做察访使，是一方大员。章惇此人文武双全，治理两湖地界时平定了当地群蛮，受到宋神宗重视，但因为反对司马光罢行免役法，言辞过激而被贬黜。宋哲宗亲政后，确立了"绍述"的国是，也就是继续推行变法。章惇因而得到重用，对司马光一党反对变法的人进行了严厉的政治打击，"协谋朋奸，报复仇怨，小大之臣，无一得免，死者祸及其孥"[1]。因为党争手段的酷烈，章惇被列入《宋史·奸臣传》，但是从具体的施政举措来看，他主要的努力方向是恢复王安石熙宁变法中的大部分举措，并使之适应哲宗朝的具体境况。

还在司马光主政期间，章惇就曾激烈反对司马光罢废免役法的举措。绍圣元年（1094）"绍述"新法之后，章惇的第一件举措就是恢复免役法。同年，他又主导恢复了制置三司条例司，第二年恢复青苗法，第三年恢复保甲法，第四年恢复市易法。此外还有恢复王安石选官制等一系列办法，此处不再赘述。针对王安石推行新法时的一系列弊端，他也做出了调整。比如王安石时代的免役法虽然采取出钱免除徭役的便民之法，但是在执行过程中变成强制执行。当时因为铜钱铸造和流通的供应不稳定，钱荒时常发生，下等户交不出钱免役，反而被官吏罚得家破人亡。针对这种弊端，章惇把免役钱的数额由原来的二分减为一分，而且规定优先从五等户中的最下等减免。再如，王安石时代的青苗法也有定额强制贷款的弊端，章惇也把它改成"不课郡县定额""给散本钱，不限多寡"[2]。再如，为避免市易法演变成官员敛财的工具，章惇特别规定"不许赊请"，也不把官员通过市易法赚取的利润与利息作为政绩来考核定赏，这些变法政策，终于得以持续推行下去。[3]

章惇在哲宗朝任相七年，他继续推行新法，使得北宋政府的财政能力得到加强，反映在地缘政治上，就是北宋得以对西夏采取筑城进逼的策略，一步步蚕食西夏的领土，并于平夏城之役取得对西夏的决定性胜

1　〔元〕脱脱等：《宋史·章惇传》，第 13711 页。

2　〔清〕徐松辑：《宋会要辑稿·食货·青苗下》，大东书局，1936 年，食货五之十六、十七。

3　参见林秋均：《奸相或能臣：章惇与哲宗后期绍述新政之研究》，台湾师范大学历史学系硕士论文，2016 年。

利。在他主政期间，北宋也对吐蕃采取进逼措施，顺利占取邈川与青唐两大城。以上都是北宋一朝少有的地缘政治大突破。从这个意义上讲，章惇实在是一位能臣，他被列入《奸臣传》，应是《宋史》作者在立场上站司马光而反王安石的结果。

章惇之后，另一位继续推行财政国家建设的关键人物，就是蔡京。因为《水浒传》，这位"奸臣"在人们心中的形象几已定格，但仔细考察他的施政举措，在财政体系转型的路径上，他也是一位能吏。

与坚决支持新法的章惇不同，蔡京对变法的立场，持很大的投机主义取向。他最早是支持王安石一派的，元祐年间司马光主持朝政后，他做开封府知事期间率先响应罢行免役法，改为差役法，得到司马光的赏识。绍圣元年，他又积极配合章惇，恢复免役法。崇宁二年（1103），他做了宰相，封了嘉国公，独揽大权，开启十七年四任宰相的执政生涯。

蔡京之所以得到徽宗的宠信，很大程度上是因为他的确理财有术，当然难听地说就是敛财有方，就连大儒朱熹在评价他时也说：

> 京之当国，费侈无度。赵挺之继京为相，便做不行。挺之固庸人，后张天觉亦复无所措手足。京四次入相，后至盲废，始终只用"不患无财，患不能理财"之说，其原自荆公。又以盐钞、茶引成柜进入，上益喜，谓近侍曰："此太师送到朕添支也。"由是内庭赐予，不用金钱，虽累巨万，皆不费力。[1]

蔡京执政期间主要的财政改革方案，有榷茶之法、钞引盐制、币制

---

1 〔宋〕黎靖德编：《朱子语类·本朝四》，中华书局，1986 年，第 3127 页。

改革、漕运法和方田法等方面。简单梳理介绍如下：

榷茶之法，我们前文介绍过，它的本质就是官府对茶这种大众消费品实施专卖和特许经营制度，从中赚取一道"垄断费"。北宋建国之初，从建隆三年（962）开始对江南从蕲春北销的茶叶实施榷茶："以监察御史刘湛为膳部郎中。湛奉诏榷茶于蕲春，岁入增倍。"[1] 当时还不是特许经营，而是官府垄断经营，也就是茶农直接把茶折算成赋税交给官府，官府来进行售卖。如有茶商想贩茶，他要到京师去花重金购买茶引，才能到茶园收茶，实际上扮演了官茶分销商的角色。嘉祐四年（1059）以后，北宋政府放开了对茶商的垄断，实行通商法。

崇宁元年（1102）蔡京主政，废除了实行四十年的通商法，恢复了官府垄断的禁榷制，到崇宁四年（1105）又改为茶引法，到政和二年（1112）进一步完善，基本模式是政府并不强制收购茶农的茶，而是改为给茶商发茶引，商人贩茶要先向政府买引，再向茶农买茶，所买卖茶叶要在官府合同场过秤登记，与茶引严格匹配。然后商人要到官府指定的贩茶地再行售卖，卖完后还要把茶引缴回。从这个模式来看，这是一套非常完整、严密的特许经营制度，而且政府还提供了相当多的公共服务，有一种让商人"花钱买优良经商环境"的意思在里面。[2]

钞引盐制，即盐钞法或盐引法。盐引跟茶引一样，是官府售发给商人贩盐的许可凭证。由于中原对西北地区输出铜铁钱的运输成本太高，当地钱价甚贵，影响政府在西北区域的军事存在，所以北宋政府在庆历八年（1048）"令商人就边郡入钱四贯八百售一钞，至解池请盐二百斤，

1　〔宋〕李焘：《续资治通鉴长编·太祖》，中华书局，1995年，第61页。

2　参见黄纯艳：《论北宋蔡京经济改革》，《上海师范大学学报（社科版）》2002年9月第31卷第5期。

任其私卖，得钱以实塞下，省数十郡般运之劳"[1]，也就是政府在西北开售盐引，吸引商人前往购买，增加西北边疆的货币供给。由于西北货币的缺乏，当地商人在购买盐引之后，有拿盐引当货币交易购买其他货物的，所以又叫"盐钞"。

北宋的盐钞一般针对两种产盐地发行，一种是陆盐，最大产盐地是关羽老家解县附近的盐池，也就是前文所引的"解池"。[2]还有一种是海盐，经营模式是政府官运官卖，从海边产盐区运盐到各州军卖发。蔡京执政时，解池被大水冲毁，他的改革方案主要是针对海盐，也是让商人先向政府购买盐引，再到产盐处贩运，并到官办的场所称重囊封，检查合同票据，再到指定地点贩卖。整个流程跟茶法是类似的。[3]

币制改革，就是对铸钱金属含量及其兑换标准的改革。这里需要了解的背景是，宋代混用铜钱、铁钱和纸币，它们之间既相互排斥，又互为补充，十分紊乱。北宋政府的币制改革，用意不在于稳定币制，而在于为筹措军费敛财。这就是为什么蔡京选择陕西路为币制改革的试点，其实就是因为那里的经济与国防军需紧密捆绑在一起。

崇宁元年蔡京掌权后，在陕西路铸当五钱，一年后又铸造当十钱。在此之前，陕西路流行的铜币是小平钱和折二钱，可以简单理解为一块钱和两块钱。当五钱和当十钱的意思是"当五块钱用"和"当十块钱用"，但又不是真的五块和十块。因为如果真的是当十钱，那一千文就该有四十五斤重。但是蔡京铸造的当十钱每一千文只有十四斤七两重，金属含量比例远不足 1：10，只有 1：3。这其实是用降低硬币含金量的

1　〔宋〕沈括著，胡道静校证：《梦溪笔谈校证》，上海古籍出版社，1987 年，第430—431 页。

2　盐引制度也可能是关公成为中国民间商人崇拜对象的来源之一。

3　参见黄纯艳：《论北宋蔡京经济改革》。

方式掠夺民间财富，用于政府军需。这固然能解一时之急，但由此造成的后患，是硬币出现大规模贬值，民间不得不私铸硬币用于交易流通，反过来加剧了货币体系紊乱的局面。[1]

漕运改革，主要是改革东南钱粮向京师运输的方式。改革之前，漕运主要是转运，东南钱粮到达真、扬、楚、泗的七个仓，再由这七个仓搬运上京。漕运的前半段靠商人转运，政府发放盐引作为补贴，后半段则是政府官运。蔡京把转运法改成直达法，虽然由官府一体办理，但是增加了行政成本，实际上是一种倒退。[2]

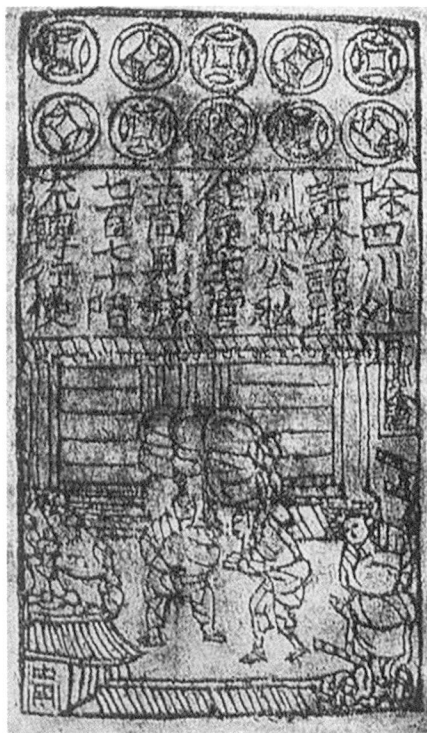

宋代发行的交子，实际上是政府征收财富的工具

方田法，就是从王安石的方田均税法直接变来的，也是对土地数据进行重新财会统计，把土地分为十等，合理化税赋。因为实行起来太难，触动的利益太多，蔡京的这个改革跟王安石一样，也是几起几伏。崇宁五年（1106）罢，大观二年（1108）复，大观四年（1110）罢，不

1　参见陈博威、齐德舜:《蔡京货币改革与陕西路金融体系的崩溃》,《昆明学院学报》2023 年第 1 期。

2　参见黄纯艳:《论北宋蔡京经济改革》。

久又复，宣和二年（1120）最终废罢。[1]

综上所述，从财政国家化的角度来看，蔡京五项事关财税的主要改革措施中，漕运改革属于倒退，方田法属于领地国家的税制改革，币制改革、茶榷和盐引则属于金融和间接税改革方向。其中币制改革主要是为了方便暴力机器敛财，茶榷和盐引则是有进步意义的。但是，为了提升改革的推行效率，蔡京在实施茶榷盐引的同时还推行了比较赏罚法，用现在时髦的话说就是给官员们制定了 KPI 考核标准，谁从茶盐课利中赚取的利润多以及打击私盐茶贩的政绩卓著，谁就能得到提拔，反之则要贬黜。这就逼得官吏们"务增课额，抑勒科配"[2]，也就是把贩卖茶盐这种本应由市场自发行为来运行的活动，变成了强制摊派。大观四年侍御史毛注批评说：

> 提举盐事司苛责郡县，以卖盐多寡为官吏殿最，一有循职养民不忍侵克，则指为沮法，必重奏劾谴黜，州县孰不望风畏威，竞为刻虐？由是东南诸州每县三等以上户，俱以物产高下，勒认盐数之多寡。上户岁限有至千缗，第三等末户不下三五十贯，籍为定数，使依数贩易，以足岁额；稍或愆期，鞭挞随之。一县岁额有三五万缗，今用为常额，实为害之大者。[3]

蔡京的财税改革使北宋朝廷的用度充足，也支撑了宣和年间的对辽战争。当时，完颜阿骨打在东北崛起，屡败辽军。蔡京和童贯认为辽国灭亡在即，宜联金伐辽，意图收复燕云十六州之地。宣和二年，宋金商

1　参见黄纯艳：《论北宋蔡京经济改革》。

2　〔清〕徐松辑：《宋会要辑稿·食货·茶法杂录》，食货三十之三十六。

3　〔元〕脱脱等：《宋史·食货志下四》，第 4446 页。

定各自进军攻辽，金军夺取辽上京临潢府（今内蒙古自治区赤峰市巴林左旗林东镇南）与中京大定府（今内蒙古自治区赤峰市宁城县天义镇大明乡），宋军攻取辽西京大同府（今山西省大同市）和南京析津府（今北京）。宋答应灭辽后，将原来于澶渊之盟输给辽的岁币转输给金，金则答应将燕云十六州还给宋。这个布局从地缘政治的角度讲其实是合理的，而且算是抓住了时机。但无奈的是，宋军能力不足，攻辽完全失败，西京和南京被金军攻占。嗣后双方就燕云十六州的归属反复拉锯，金军虽然归还了燕云七州，却窥探到宋军实力，最终决定南下伐宋，酿成靖康之变，造成北宋的灭亡。蔡京和童贯也因此被刻在历史的耻辱柱上。

金人南下俘虏徽钦二帝并皇族百余人，只有徽宗第九子赵构幸免。赵构在南京应天府（今河南省商丘市）称帝，随后南逃至扬州，甚至一度漂泊海上，直到绍兴八年（1138）才在临安定都。南宋建国于如此兵马倥偬、风雨飘摇之际，当然要竭尽一切能动用的军事资源自保，政府自然不能不对百姓进行大肆搜刮，以充军费，正所谓"疮痍未苏，官吏不务安集而更加刻剥，兵将所过纵暴而唯事诛求"[1]。反映在财政体系上，就是南宋政府建基之初，在税赋节支方面，几乎穷尽了一切可能。在粮食征集方面，有和籴、均籴、借籴、营田、屯田等政策；在军需物资方面，有和买、榷马等政策；在征调人力资源方面，恢复了徭役制，甚至搞了抓壮丁；在课征现钱方面，有茶盐酒榷、经制钱、总制钱（都是军方加收的杂税）、月桩钱（按月加征的税钱）、版账钱（缺资料不可考）、发行纸币、折帛钱（抵交丝绢的钱）、上供钱银、官告（吏部私下卖官的钱）、度牒师号（针对出家人收的认证费）、户帖（土地税）、

---

1 〔宋〕李心传：《建炎以来系年要录》卷四十一，中华书局，1988 年，第 759 页。

免役钱（抵徭役的钱）、身丁钱（人头税）、市舶司、鬻官田、民间捐纳、没收民产等。其中，蔡京留下的茶盐官榷占到了南宋中央财政收入的一半，足以见得皇帝为什么喜欢这位大奸臣了。[1]

如此凌乱的财政体系，直到秦桧主政签订绍兴和议之后，才得以初步稳定下来，秦桧的执政也大致框定了南宋偏安政权的财政性格。这里需要说明的是，尽管近千年来，秦桧作为"史上第一奸臣"的形象已经深入人心，但从纯粹的政治权术分析来看，赵构之选择议和，起用秦桧，诛杀岳飞，都是有合理性的。因为所有暴力集团的第一要务都是汲取资源维系自身存在，而不是耗尽资源去取得复仇战争的胜利。而且，汲取资源从事进攻性战争，势必导致军方的坐大。在当时南宋政权不稳的情况下，很容易演化成为五代十国的军阀混战局面。赵构本人称帝后三年，就爆发了苗刘之变。苗傅、刘正彦打着"清君侧"的名号胁迫赵构禅让给自己三岁的孩子，对这位皇帝造成的心理阴影可想而知。而且当时除了苗傅、刘正彦之外，像刘锜、杨沂中这些节度使，张俊这样的地方实力派，已经坐大。以彼时的情形，赵构其实不知道将来自己会不会成为汉献帝或者唐昭宗，连身家性命都会遭到威胁。因此他一旦巩固权力，就迫不及待与金国议和，从根本上避免因为长期战争而导致军阀政治的出现。秦桧只是恰好符合他在议和大方向上的需求而已。古往今来多少人为岳飞的冤狱感叹，却就是不敢指出皇帝冤杀忠臣的本质是他的屁股始终坐在自己利益最大化的一边，而不是民族利益最大化的一边。

言归正传，自赵构称帝至绍兴和议，南宋朝廷任相者，计有李纲、黄潜善、汪伯彦、杜充、吕颐浩、朱胜非、范宗尹、赵鼎、张浚与秦桧，

1　参见杨宇勋:《南宋绍兴和议前的财政政策》,《史耘》第3、4期。

共十人。其中任期最长的便是秦桧，有十八年七个月之多。排第二位的是赵鼎，却只任职了三年四个月。可见秦桧之前南宋相位如走马灯一般，始终不能确定，其中一大关键，就是各位宰相的财政措施不能稳定。

其中，李纲是主战派，与赵构理念不合，只任职三个月就离去了。黄潜善、汪伯彦的办法是把各种临时性的杂税固定为正式税收，例如经制钱、权添酒钱、量添卖糟钱、人户典卖田宅增添牙税钱（土地契税及契约文书公证费）、官员等请俸头子钱（官员薪资所得税）、楼店务增添三分房钱（国有地租金）等。吕颐浩的办法是起用蔡京、王黼的旧部下，继续加征经制钱，重视茶盐酒榷，扩大科敛（强制性的摊派征收）。朱胜非的办法是加征折绢钱。范宗尹的办法则是变卖官职和官田。赵鼎没有财政方面的才干，主要是继承吕颐浩的重税政策。张浚主要关注以川茶买战马等具体措施。纵观秦桧以前的诸位宰相，他们的基本思路主要是传承蔡京的办法，以茶盐酒榷为主要财政收入，同时加征各种名目繁多的间接税。可见，财政国家的思路仍在延续。

从李纲到秦桧拜相的十余年间，赵构走马观花换了十位宰相，直到秦桧才形成了一套相对稳定的相权体系。其中的首要原因，是秦桧为赵构的议和提供了一个看上去体面的方向：南北分治。

建炎四年（1130）十月，秦桧提出了"如欲天下无事，南自南，北自北"[1]。这表面上看是个南北对等的分治方案，实际上北可以随时威胁南，南却无实力威胁北，所以是个降尊投降的和平方案。但是赵构本人早已被金军吓破了胆，而且以保卫皇位为第一要务的帝王术也要求他首先做到与金国议和，否则他的政权就可能亡于为从事军备而必须施行的横征暴敛以及受益于聚敛军费的各路军侯。于是在听到秦桧的方案后，

---

1 〔元〕脱脱等：《宋史·秦桧传》，第 13749 页。

赵构便马上起用他做礼部尚书。

　　与其他高级官僚不同，秦桧的财政技术、能力并不强于之前的宰相，较蔡京更是远远不如。他的得势，在于他能够站在赵构的立场上来看问题，把财政问题与赵构对外议和、对内集权的需求联系在一起。换句话说，就是他比其他官僚更有"大局观"。

　　秦桧本人是江宁人，与朝中的江南士人关系友好。南宋初年，军费耗资甚靡，主要赋税都加在江南人的头上。赵构自己也说："今财用止出东南数十州，不免痛加节省，若更广用，竭民膏血，何以继之？"[1]因此江南士人多有主张休养生息论者。这种主张为赵构所利用，变成议和的合法性基础。比如绍兴七年（1137）六月时，他便赌咒发誓，许诺说一旦不打仗，他一定免除许多赋税，减轻江南百姓的负担：

> 　　朕以兵戈未息，不免时取于民，如月桩之类，欲罢未可。一旦得遂休兵，凡取于民者当悉除之。……朕嗣位以来，思与之休息，又以边事未靖，军费之资取办于诸路者尚多，斯民之灾如此。倘他日兵寝，朕当蠲罢，虽租赋之常，亦除一二年。朕之此心，天地鬼神实照临之。[2]

　　绍兴八年（1138）十一月，赵鼎罢相后，张戒等人继续反对议和，赵构又说："休兵之后，一切从节省，虽常赋亦蠲减，以宽百姓。"[3]几天后，他又说："十余年间，兵民不得休息，早夜念之。"[4]可见每当有大臣反

1　〔宋〕李心传：《建炎以来系年要录》卷四十四，第797—798页。

2　同上，卷一百十一，第1807页。

3　同上，卷一百二十三，第1983页。

4　同上，第1991页。

对议和，他便拿出"免税"来抵挡，暗示其中有一种政治交易。

当时朝中有一些江南官僚，例如李光、莫将、刘一止、沈该等人，因为赵构的这种许诺和秦桧的拉拢，便也同意了议和方案。但是等到绍兴和议成功以后，金人不再对南宋政权构成威胁，赵构便背誓食言，不肯减税。绍兴十一年（1141）八月，他说："省刑罚，薄税敛，王道之本。国步方艰，未能弭去，斯民税敛，无术可以薄之，朕心实不足。"[1] 绍兴十二年（1142）六月，有官员请求减免盐引负担，他又说："今国用仰给煮海者，十之八九，其可损以与人？"[2]

赵构一方面不打算履行诺言减轻税赋，另一方面又在和议以后收回兵权，重建中央集权。这也是秦桧为相时施政的核心。绍兴和议之前，因为对金作战，张俊、韩世忠、刘光世和岳飞四大镇的兵力由建炎元年（1127）的五千多人增至绍兴五年（1135）的十八万人，在全国总兵力中的占比由5%增加到90%左右。[3] 军方如此势大，当然令赵构感到如芒在背，坐立难安。张俊后来归附秦桧，岳飞被杀，韩世忠、刘光世都被解除兵权。兵权解除后，原先由将领经营的公使、激赏、回易等库多被朝廷收回，户部财政规模大幅扩张。可见赵构—秦桧体系的实质，是一方面借军事准备把扩大加征的临时性间接税固定下来，另一方面借议和把这些扩张后的财政资源由导入军方改为导入官僚体系。百姓和军方受损，得益的则是皇室与愿意迎合皇帝的高级官僚集团。赵构毫不掩饰地把这套办法总结为"以天下财赋养天下士大夫"[4]。

1　〔宋〕李心传：《建炎以来系年要录》卷一百四十一，第 2270 页。

2　同上，卷一百四十五，第 2333 页。

3　参见杨宇勋：《南宋绍兴和议前的财政政策》。

4　〔宋〕李心传：《建炎以来系年要录》卷一百四十七，第 2371 页。以上关于南宋宰相与财政体系的梳理，主要参考了杨宇勋文的研究成果。

以上，我们梳理了两宋朝廷从王安石到秦桧这一系列宰相的财政思路，大致可以总结出两宋财政国家体系化的基本脉络。这段历史的演化，大致可以分为以下三个阶段：

第一个阶段是王安石时代。这是荆公本人作为有理想也有实干经验的大政治家，对北宋以来面临的总体性危机试图给出一揽子解决方案的时代。作为对时代危机的回应，王安石从财政到用兵到人才，给出了方方面面的回应。但是因为方案过大、牵扯的部分过多而终告失败。

第二个阶段是司马光之后，章惇—蔡京主政的时代。这其实是王安石新法在遭到全面反对后，又得以恢复的时代。章惇和蔡京的特点是不再追求王安石式的全面解决方案，而是择取其中能够快速生效，又容易施行的一两个侧面加以推行。反映在财政体系上，最主要的成果就是以募役取代了徭役，也就是让民众能够以金钱赎买秦制下必须承担的义务以及茶盐官榷代表的间接税改革。这两项其实是联系在一起的，因为没有对秦制下画地为牢的老百姓的解放，就没有商业社会的繁荣，间接税也就不可能成为国家岁入的主流。这期间对政府财政收入贡献最大的，其实是大奸臣蔡京。虽然他的确在诸多改革中谋取了大量私利，但仅茶盐榷一项，就解决了政府一半的财政收入。

第三个阶段则是秦桧时代。这是南宋初年动乱结束后初步稳定的时代，其特点是秦桧配合赵构，一方面借临时性的军事举措来扩大间接税的加征范围，另一方面则借议和来收回重要将帅的军权，巩固中央集权。这与西欧财政国家导向专制国家的逻辑非常相近。

但是，我们比较东西方的财政国家化路线，会发现截然不同的地方。在西欧，尤其是在英格兰等国家，国王因为从事战争的需要，必须扩增间接税。这相应提高了商人的负担，而商人则通过议会、请愿和宪章等方式，向国王争来了政治性权利，比如前文述及宪章城市以及《大宪章》中关于伦敦金融城的条款。这为通向宪政主义铺好了道路。然而两宋的财政国家化改革，仅停留在政府加征诸多间接税以及为茶盐交易做了一些简单的公共服务的层面，并没有出现如同西欧那样借由交税购买权利的官民互动。因此，虽然两宋在财政收入的结构性数据上体现出财政国家化的特征，但并没有完成这个权责匹配的最关键转化。这个财政国家化，只是走了一半的财政国家化，是瘸腿的财政国家化。

阿拉伯商人与两宋的商贸与财政

不过，即便是瘸腿的财政国家，两宋时代取得的财政进步在古代中国历史上也是首屈一指，令其他王朝望尘莫及的。

宋代是中国历史上唯一财政收入来源主要依赖于非农业部门税收的时代。其他朝代，田赋都是国家主要的财政收入来源。例如明初国家岁入在 3000 万—4000 余万石之间浮动，明嘉靖十年（1531）估计约 2200余万石，清乾隆三十一年（1766）则在 1800 万—2400 万石之间。11 世纪宋代两税实物收入在 1200 万—1500 万石，再加上税钱和匹帛收入，也不过 1900 万石。这当然是因为两宋控制的地域远较明清为小，但是两税实物收入在宋代财政结构中的比重，却从至道三年（997）的 67%下降到熙宁十年（1077）的 32%，13 世纪后期更下降到 15%—20% 之间。反过来说，就是王安石变法后，间接税收入已占到国家财政收入的接近 70%，到南宋时更达到 80%—85%。此外，宋代传世文献中留下了熙宁十年全国 2060 处商税税务、税场和相应税额的记录。而明清两代税务机构急剧收缩，只有宋朝的一个零头。比如万历十三年（1585），全国各地负责征收商税的税课司、局共有 125 处，只有熙宁年间的 6%。一直到晚清，帝国的税务机构数量才追上北宋的规模。[1]

如果以间接税占国家财政收入的比重数字衡量，宋代则是全世界第一个以非农业部门税收为主要来源的古代帝国，其进步程度似乎尚领先欧洲数百年。例如，英国都铎王朝（1485—1603 年）的间接税收入占税赋总收入的 1/3—1/2，尼德兰在 1650—1790 年间间接税也只占国家财政总收入的 40%。[2]

从前文的梳理中，我们可以知道，两宋财政国家的基本演进路径，是政府不断增加对商业间接税的收取剥削，而且很少有愿意吐出来还给老百姓的时候。既然政府对商人垄断盘剥的制度改善程度不大，那为什么两宋的商贸经济依然蒸蒸日上，活力四射？

我以为，其中的关窍并不在于宋朝做对了什么，而是在于它运气好，赶上了什么。

8 世纪以后，阿拉伯帝国倭马亚王朝被阿巴斯王朝推翻。在阿巴斯王朝治下，阿拉伯帝国进入鼎盛时代。创立伊斯兰教的穆罕默德本身是商人出身，受此影响，阿拉伯文化在商业和经济领域取得了长足的进展。反映在思想上，生活在 8 世纪的阿布·优素福创作了《伊斯兰税收法典》（*Kitāb al-Kharāj*），讨论了异教徒税、商业税、哈里发的征税权与金融政策等问题，后来成为拉希德哈里发的政策指南。生活在 9 世纪的穆罕默德·阿尔塞班尼创作了《如何赚取你想要的收入》（*Al Iktisab fi al Rizq al Mustatab*），是一部实用商业著作。11 世纪的萨拉赫西创作了《论货币交换、借款和高利贷》（*Kitab al-Mabsut*），讨论了借贷、税

1　参见刘光临、关棨匀：《唐宋变革与宋代财政国家》。

2　同上。

收、土地权和天课等问题。反映在实践上，9—14 世纪期间，穆斯林发展出许多涉及生产、投资、金融、经济发展、税收、财产权等实用技术工具，包括 Hawala（一种基于私人信任关系的国际汇款系统）、waqf（伊斯兰式的公益信托系统）、mufawada（早期合伙企业）、Mudaraba（有限合伙企业）、al-māl（资本）等概念。在阿拉伯帝国鼎盛时代，阿拉伯商人们从事长途国际贸易，发放符合教法的信贷，使用支票和本票，讨论汇率、复式记账法和商业诉讼，甚至组织公司国家。我们后来看到欧洲文艺复兴之前的大量商业实践，实际上是向阿拉伯世界学习而来的。[1]

唐代开始，就有很多阿拉伯人来到中国。唐朝灭亡以后，西北丝绸之路断绝，阿拉伯商人从南亚—东南亚一线继续前往中国。太平兴国二年（977）、太平兴国四年（979）、雍熙元年（984），都有阿拉伯商人以使节的名义向北宋进贡，贡品包括花锦、越诺、拣香、白龙脑、白沙糖、蔷薇水、琉璃器等。淳化四年（993），名为蒲希密的船主上表敬献象牙五十株、乳香一千八百斤、宾铁七百斤、红丝吉贝一段、五色杂花蕃锦四段、白越诺二段、都爹一琉璃瓶、无名异一块、蔷薇水百瓶。至道元年（995），他的儿子蒲押陁黎来到广州与父亲团聚，又敬献白龙脑一百两，腽肭脐五十对，龙盐一银合，眼药二十小琉璃瓶，白沙糖三琉璃瓮，千年枣、舶上五味子各六琉璃瓶，舶上褊桃一琉璃瓶，蔷薇水二十琉璃瓶，乳香山子一坐，蕃锦二段，驼毛褥面三段，白越诺三段，还觐见了宋太宗。[2] 可见，当时已有累世为商的阿拉伯经贸世家在广州定居，并以此为基地大规模开展中国业务。

1　Jairus Banaji, *Islam, the Mediterranean and the Rise of Capitalism*, *Historical Materialism* 15（2007）.

2　〔元〕脱脱等:《宋史·大食传》，第 14119 页。

这期间，有两位阿拉伯商人在中国史册上留下了明确的姓名与活动记录，可以作为我们管窥当时阿拉伯商人在宋代广泛活动的一个窗口。普通人要在历史上留名，其实极为困难。我们前面讲到的粟特人虞弘，十三岁就做了外交官，如此杰出的人才，都在史册上寂寂无闻，更不用说其他人。可以想象，一个外国人在古代中国的史册上要留下姓名，更是难如登天。这两位阿拉伯商人有什么独到之处，能在中国史籍中留名呢？那是因为，两宋政府对他们的需求程度，已经到了必须用高官厚禄来招揽他们的地步。他们的地位和重要性，由此可见一斑。

我们要介绍的第一位商人叫作辛押陀罗。辛押陀罗这个名字，可能是 Shaykh 'Abdullah（谢赫·阿卜杜拉）的音译。"谢赫"是长老的意思，所以辛押陀罗应该就是"阿卜杜拉长老"，他本人也许同时是伊斯兰教的领袖。辛押陀罗第一次出现在史册上，是他于宋神宗熙宁五年（1072）四月五日进贡，敬献了真珠、通犀、龙脑、乳香、珊瑚笔格、琉璃水精器、龙涎香、蔷薇水、五味子、千年枣、猛火油、白鹦鹉、越诺布、花蕊布、兜罗绵毯、锦襈、蕃花簟等物品。[1] 史料记载他来自勿巡国，即苏哈尔港，波斯语称为 Mezoen，今属阿曼。

辛押陀罗这次进贡，不是单纯的送礼，而是要北宋政府授他"统察番长司公事"，就是作为广州府蕃长来统领当地阿拉伯人，也就是要做广州阿拉伯社区的领袖。作为回报，他愿意出钱协助广州补修城池。在他进贡后两个月，即同年六月二十一日，北宋政府答应了他的请求，但是应该是出于政治考量，拒绝了他出钱修城的建议。

"蕃长"一词，最初指的是从海路到达中国的外国商人首领。《唐国史补》卷下有记载：

---

1 〔清〕徐松辑：《宋会要辑稿·历代朝贡》，蕃夷七之三十二。

南海舶，外国船也。每岁至安南、广州、师子国舶最大，梯而上下数丈，皆积宝货。至则本道奏报，郡邑为之喧阗。有蕃长为主领，市舶使籍其名物，纳舶脚，禁珍异，蕃商有以欺诈入牢狱者。[1]

后来，这个职位得到唐朝政府的认可，正式成为中国政府授权穆斯林领袖履行其宗教职能和行政职能的官职。这一点，阿拉伯人所作的《中国印度见闻录》可以辅证：

商人苏莱曼（Solaiman）提到，在商人云集之地广州，中国官长委任一个穆斯林，授权他解决这个地区各穆斯林之间的纠纷；这是照中国君主的特殊旨意办的。每逢节日，总是他带领全体穆斯林作祷告，宣讲教义，并为穆斯林的苏丹祈祷。此人行使职权，做出的一切判决，并未引起伊拉克商人的任何异议。因为他的判决是合乎正义的，是合乎尊严无上的真主的经典的，是符合伊斯兰法度的。[2]

所以，蕃长是中国政府设置的"汉置蕃官"，管理穆斯林社区的公共事务，同时兼有"招商引资"之责。像我们前面介绍过的蒲押陀黎，他就是得到广州蕃长的书信，听说"皇帝圣德，布宽大之泽，诏下广南，宠绥蕃商，阜通远物"[3]，才来到大宋的。可见蕃长确实有招商引贡的职能。这个职位，跟我们之前介绍的"萨保"是类似的，一者是针对

1　〔唐〕李肇：《唐国史补》，《津逮秘书》，上海博古斋影印，1922 年，第 22 页。

2　穆根来等译：《中国印度见闻录》，中华书局，1983 年，第 7 页。

3　〔元〕脱脱等：《宋史·大食传》，第 14119 页。

西北来的粟特人，一者是针对东南来的阿拉伯人，两种官职都得到中国政府的正式认可，也作为两个外国人社区的领袖存在。这正是古代社会多元文化共存的一种范例。

辛押陀罗得授广州蕃长之后，做的一大政绩，便是修置蕃学。所谓蕃学，指的是用外文教授儒家经典或佛经等中国文化常识的学校，助外国人融入当地社会。广州蕃学的创始人有两个，一是辛押陀罗，一是刘富。刘富出身南海县乡贡进士，早年曾出使真腊，管押当地贡物上京，回家乡做了主簿以后，关心在华外国人教育，捐了一片田产。辛押陀罗也捐了一片田产，又由刘富出面向当地政府请求一百五十万钱的补助，修建了官学。[1]到大观二年（1108），广州蕃学已经走上正轨。

也许是因为辛押陀罗有功于教化，宋廷后来专门授他做了将军。起草他任命书的，正是闻名天下的大学士苏东坡。这封任命书全文如下：

> 勅具官辛押陀罗。天日之光，下被草木，虽在幽远，靡不照临。以尔尝诣阙庭，躬陈珍币，开导种落，岁致梯航。愿自比于内臣，得均被于霈泽，祗服新宠，益思尽忠。可。[2]

许多年后，辛押陀罗过世，其遗产继承问题，又跟苏轼的弟弟苏辙发生了联系。按照唐代习惯法，如果海外商人去世，官府就会整理登记他的财产。如果三个月内他的妻子儿女没有告官，财产就直接没入国库了。[3]《癸辛杂识》里还记录了一个具体案例：泉州有个穆斯林商人叫佛

1　事见杨宝霖所辑程鉅《学田记》，载《元大德南海志残本（附辑佚）》，广东人民出版社，1991年，第164—166页。

2　〔宋〕苏轼：《辛押陀罗归德将军》，《苏轼文集》，中华书局，1986年，第1110页。

3　〔宋〕欧阳修、宋祁：《新唐书·孔戣传》，第5009页。

莲,富可敌国,有八十艘商船。但他去世之后,女儿年纪小,又没有儿子,直接被当作绝户,家产充公。[1] 所以,当时做长途贸易的商人殊为不易,很可能劳碌一生,到头来一场空,为官府做了嫁衣裳。

辛押陀罗也遇到这种情况。他过世后,财产有数百万缗。官府动了心思,要没收他的家产,当时苏辙在户部做侍郎,恰巧办理此案。可能是辛押陀罗与苏家有交情的缘故,他为之据理力争,稍为保护。具体细节如下:

广州当时有商人向户部报告,辛押陀罗回到蕃国,为其国主诛杀。他只有一个养子,原先是他的童奴,现在主持他的家务。现在他的养子在京师还派遣了两个人,各有数千缗家产,这在法律上是绝户(所以他们属于非法侵占了财产),特此告官。户部郎官对苏辙说,辛押陀罗家有这么多钱,"不可失也"。苏辙于是把商人叫来询问:辛押陀罗死在母国,有正式报告吗?没有,只是传闻。辛押陀罗养子的生父母养父母有在的吗?没有。法律规定报告绝户,是在本州县,你来户部打报告干什么呢?户部对管理财赋负有一切责任。苏辙最后总结说,我刚才问你的三个问题,你都违法。你要是不服,去找御史台、尚书省告状吧。又把辛押陀罗养子派遣的两个人过来警告了一番,又对郎官说,这个人告官的主张都是违法的,在州县肯定过不去。他跑到户部来告状,就是要用户部的权威来压地方官。这件事才算了结。[2]

可见,辛押陀罗死后,可能有商人想要打击他的继承人,于是要求官府按照"绝户"来罚没他的家产。如果不是苏辙为其辩护,辛押陀罗一辈子的努力也许就此付诸东流。由这一细节亦可看出当时商战之残

1 〔宋〕周密:《癸辛杂识》,中华书局,1988年,第193页。

2 〔宋〕苏辙:《龙川略志·辨人告户绝事》,中华书局,1982年,第28—29页。

酷、手段之下作以及与政权的纠缠关系之复杂。[1]

另外一位知名商人叫作蒲寿庚。蒲寿庚中的"蒲"可能来自阿拉伯语中的"Abu"，是某某人之子的意思。至于"寿庚"究竟是什么名字的音译，就实在不可考了。他的父亲蒲开宗从广州迁到泉州，定居泉州后诸港附近的法石乡云麓村，从事大宗香料为主的海外贸易，曾得到朝廷赐予的"承节郎"头衔。可见这也是个商贾世家。蒲开宗去世后，蒲寿庚继承父业，中兴家道，走向鼎盛。淳祐十年（1250），蒲寿庚做了泉州市舶提举司的负责人。

市舶司是古代中国设立的海上对外贸易管理机构，类似于今天的海关。市舶司的职责包括给外国船舶发放入港许可证，给本国船舶发放出洋许可证，进行出入口货物验视、收税、收购外来品和海上监防等任务。蒲寿庚提举泉州市舶司，其实等于管理了泉州海关。当时泉州是世界上最大的港口之一。伊斯兰著名旅行家伊本·白图泰曾称，刺桐城（即泉州城）"是一座巨大城市，此地织造的锦缎和绸缎也以刺桐命名。该城的港口是世界大港之一，甚至是最大的港口。我看到港内停有大艚克约百艘，小船多得无数。这个港口是一个伸入陆地的巨大港湾，以至与大江会合"[2]。由于宋室南迁，管理皇族宗室的南外宗正司迁至泉州。皇族的巨额消费能力与购物特权令泉州吸引大批商人，市场迅速膨胀。蒲寿庚担任这个职位，相当于今天有一名外国人担任上海海关负责人，其重要性可想而知。

南宋咸淳十年（1274），蒲寿庚因为率领船队多次击败海盗，获得南宋政府的嘉奖，受封福建广东招抚使。这跟辛押陀罗的那个将军不

1　参见蔡鸿生：《宋代广州蕃长辛押陁罗事迹》，《澳门理工学报》2011 年第 4 期。

2　〔摩洛哥〕伊本·白图泰：《伊本·白图泰游记》，马金鹏译，宁夏人民出版社，2000 年，第 545 页。

同，辛押陀罗生平事迹中没有什么从事军事的记载，那个将军很可能是政府嘉奖的一个虚职。但是蒲寿庚这个招抚使是实职。南宋政府开出的价码如此高昂，一方面是蒲寿庚本身极为重要，另一方面是南宋政府在军事上已危在旦夕。事实上，蒲寿庚上任两年后，元军就攻入临安，俘虏了五岁的宋恭帝，南宋就此灭亡。

蒲寿庚降元之后，元人委以重任，赐予他可以指挥一千名士兵的金符，并令其担任福建、广东的市舶官职，总管对南洋的商贸事务。至元十五年（1278）八月，忽必烈派遣蒲寿庚下南洋，劝谕各国商人，仍来中国沿海经营贸易。这一半是经济事务，一半也是外交事务。比起元代朝廷，南宋官员对海外诸国的了解更深，邦交也更和睦。南宋灭亡之际，陈宜中、沈敬之等南宋官员都曾前往占城等南洋国家求援，还有许多宋朝人避难海外。所以，忽必烈派遣蒲寿庚出使南洋，还有着宣布自己继承中国正统，要南洋诸国在外交上予以承认的意思。在阿拉伯商人人际网络的帮助下，蒲寿庚顺利地完成了任务。占城与马八儿（即印度的朱罗王朝）先来通商，其余南海诸国受此鼓励，相继风从。泉州很快开始复兴。至元十六年（1279），忽必烈决意远征日本，敕令江南四省制造战船六百艘，其中泉州造船二百艘。至元十八年（1281），蒲寿庚进谏忽必烈，称"今成者五十，民实艰苦"[1]，忽必烈于是下诏停止造船。蒲寿庚后来做到行省左丞，其职级大概相当于今天的正省级。

我们详细介绍这两位阿拉伯商人的事迹，是为了营造一种亲切的、有代入感的历史体验，意识到他们与我们一样是具体的人，有具体的生活，他们的人生轨迹是怎样的，社交环境和处境又是怎样的。在此基础上，我们才能把两宋阿拉伯商人建构为一个整体，来考察他们对于两宋

---

1 〔明〕宋濂等：《元史·世祖本纪》，中华书局，1976年，第230页。

商贸活动和财政体系的重要性。

两宋政府出于财政需要，对商人大加盘剥，同时又刻意压制商人地位，但是阿拉伯商人是不在此受限之列的。比如，著名抗金将领岳飞有个孙子叫岳珂，曾经跟随父亲岳霖前往广州居住。他记录说，广州城内有很多蕃商，其中以蒲姓最为富豪。他说蒲姓本来是占城（东南亚占族在越南建立的古国）贵族的后裔，后来迁居到中国，担任管理中国与当地的贸易事务之职。其实是占城的阿拉伯商人很多，而非阿拉伯商人源于占城。这些蒲姓人来到广州后不久，就建立起高大华丽的宅邸，极尽奢侈之能事。岳珂还记载了他们的一系列伊斯兰风俗，比如"尚清净""虽设殿堂祈福礼拜，然不设偶像""其应用之文字颇奇异"等。[1]

中国古代划分士农工商四个等级，商人的地位是最低下的。历代王朝都严格规定，商人不能穿绫罗绸缎，不能盖深宅大院，宋朝也不例外。但因为是外商，中国官吏对此"皆抱谦逊态度，而置之不问矣"[2]。这说明，南宋政府其实赐予了阿拉伯商人某种特权地位。而这种特权地位，正是与他们对南宋财政的莫大贡献有关。

宋代最初指定广州、明州（今宁波）和杭州三处为对外通商港口，三处都有大量阿拉伯商人云集，为宋朝皇帝带来了巨额收入。据记载，当时仅广州一个港口的收入额就占到北宋关税全部收入的90%。而且，除了收取关税之外，宋代政府对外贸一直采取资本垄断政策，也就是官方向阿拉伯商人买下货物后，再以专卖形式售予民间，以获得高额利差。北宋中央政府仅从专卖中获取的收入，就能占到每年财政总收入的5%。[3]

---

1 〔日〕桑原隲藏:《唐宋元时代中西通商史》，冯攸译述，河南人民出版社，2018年，第111页。

2 同上。

3 张笑宇:《商贸与文明：现代世界的诞生》，广西师范大学出版社，2021年，第四章。

既然中央政府能够从贸易垄断中得到如此之大的利益，那么，朝廷自然而然要给予外邦商人优渥的"超国民待遇"。为了招揽海外商人来华贸易，两宋政府至少采取了如下几种措施：

一是主动"招商引资"，用外交礼遇和赏赐宝物的办法，吸引"蕃商"来华贸易。据《粤海关志》的记载，宋太宗雍熙四年（987），皇帝派遣内侍八人，携带敕书金帛，分四批前往南洋诸藩国，采购香料、犀角、珍珠和龙涎香等珍稀商品。这里所谓的"采购"，其实是赏赐。当时的宋室需要用这种超级礼遇吸引商人来华，足见朝廷有多么需要外贸收入。

二是授予蕃商官职。北宋政府有明文规定，凡来华从事外贸，令朝廷抽税分成达五万贯或十万贯以上的，可以赏赐提举市舶这类实职身份，类似地方商务局副局长或海关办事处处长，在当时是绝对有利可图的肥缺。

三是官方举办招待活动。北宋惯例，每年十月，通商口岸的地方官员举办大型酒会，犒赏慰问各位来华外商，连他们的船员也允许列席。

四是变相授予"治外法权"。阿拉伯人以《古兰经》为至高经典，一切法律制度都要从经文中衍生出来，整个社会实施伊斯兰教法，这当然与中国的法律有很大不同。而为了让在华外商生活便宜，从唐代开始，中国政府确立的基本原则就是，若在中国土地上发生的纠纷双方均为阿拉伯人，则听其习俗，按照伊斯兰律法加以处置。而如果发生纠纷的一方为阿拉伯人，另一方为中国人，在案情不大的前提下，亦按照伊斯兰律法加以处置。这一原则基本为宋代继承下来，尽管遭受到许多主张"夷夏大防"学者的诘难，却没有过太大变更。

五是允许阿拉伯商人社区自治。在这方面，北宋政府对待阿拉伯商人的态度与唐王朝对待粟特商人聚落的态度基本相同。当时阿拉伯商聚居的社区叫"蕃坊",交由蕃长管理。蕃坊内部出现问题,北宋政府就找蕃长来责问解决,基本不过问具体的内部事务细节。[1]

政府之所以愿意授予这种特权,直接动机就是获取经济利益,而且,这种经济利益对普通人的盘剥是最少的。宋人许月卿编有《百官箴》,其中就说"炳炳祖训,舶利最博,庶宽民力,免于椎剥"[2]。当时市舶司的收入可以有"岁二百万,所谓息钱,尽归户版,经费有裕"[3]。如果按照南宋绍兴年间的财政收入计算,二百万贯大概可以占到总财政收入的5%左右,无怪乎有"东南之利,舶商居其一"[4]的说法。

也许有朋友认为,5%的财政收入比重并不为高。对比起来,蔡京时代茶盐榷收入占到财政收入一半,岂不是更重要?但是仔细想一想,茶盐榷收入的基础是数以亿计需要吃茶吃盐的消费者,及成百上千万服务于他们的分销商,规模庞大。而市舶司的收入则是由数量极少的阿拉伯商人带来的。数量越大,越难组织;数量越少,越能团结。因此阿拉伯商人反倒成为被政府关注的"关键少数"。尽管财政贡献只有5%,但是个体价值实在太高,不得不引起重视。

进一步说,古代中国的习惯法中,商人地位低贱,因此国家开征商业税,极易造成繁重的盘剥,到头来反而打压税基。但是阿拉伯商人来到中国,中国政府一般按照伊斯兰习惯法对待他们,不予歧视,甚至还对他们的营商活动给予鼓励。这其实是在罗网密织的"秦制国家"中开了一个自由的口子。倘若有中国商人成为他们的合作伙伴,相伴远行海

1　张笑宇:《商贸与文明·现代世界的诞生》,第四章。

2　〔宋〕许月卿:《百官箴·提举市舶箴》,《景印文渊阁四库全书》第602册,台湾商务印书馆,1986年,第702页。

3　同上。

4　〔元〕脱脱等:《宋史·食货志下八》,第4560页。

外，这些商人其实也就可以挣脱桎梏，赚取高额利润，就像前文中提到的刘富一样。这些商人从事的出口外贸活动，又可以鼓励社会其他产业的发展，从而引领整个社会的繁荣。例如，宋代瓷器取代丝绸成为中国主要出口商品，景德镇、永和和定州的陶瓷产业因此发达起来。景德镇有窑炉300多座，技工12000余人。再如，因为海洋贸易的发达，造船业需要大量的铆钉和铁制组件，冶铁业也极大繁荣。苏轼在徐州做官时，就曾组织当地人探煤建矿，从事冶铁。他当时上书请求朝廷解除利国监铁器北销之禁，说利国已有"三十六冶，冶各百余人"[1]。这只是一个县的规模，可见当时冶铁业的盛况。

以上这些想说明的是，阿拉伯商人集团从事的外贸行当，虽然占宋代财政收入的绝对比例不高，但其海上贸易起到的刺激经济、繁荣产业之效用，其实更为重要。宋代政府所颁布的各项收取间接税的举措，其施政水平不见得比唐、明高明多少，但收效奇佳，从数字上看财政国家化的程度空前绝后，恐怕就与阿拉伯商人这个因素有莫大的关系。正所谓"开放"才是"改革"的源泉，其道理正在于此。

当然，这一历史进程也有许多遗憾之处。宋代政府给予阿拉伯商人的特权，其实与欧洲国家给予当时外域商人的许多特权是类似的。例如英格兰王国就长期给予汉萨商人许多特权。后来欧洲国家将这些特权转授予本国商人，并以议会立法的形式予以确认，正是宪政主义得以成型的基础。遗憾的是，两宋政府对商人的这些优待，基本只触及阿拉伯蕃商，而很少惠及本土商人。"瘸腿"的财政国家化虽然在聚敛财富上取得了巨大的成绩，却终未能向政治现代化和国家构建更加迈进一步。这正是古代中国的悲哀，也反过来更令我们意识到外国人在中国历史上的影响。

---

1 〔宋〕苏轼:《徐州上皇帝书》,《苏轼文集》, 第 759 页。

结语：不理解商业活力的官僚

蒲寿庚获封福建广东招抚使后，元军攻破临安。文天祥、陆秀夫、张世杰等宋室遗臣拥立宋恭帝七岁的哥哥做皇帝，是为端宗，改元景炎，退走福建，来到蒲寿庚的地盘。

当时，小景炎皇帝的船开到泉州，蒲寿庚还是非常恭敬地前来迎驾，为皇帝准备住处，但被张世杰拒绝。据说当时有人劝张世杰拉拢蒲寿庚，因为以蒲寿庚的号召力，一旦拉拢成功，则"凡海舶不令自随"[1]。张世杰否决了这项提议，把蒲寿庚赶了回去。他后来为了筹措军力，抗衡蒙古，下令强征民船，蒲寿庚所属船舶也在其列。蒲寿庚勃然大怒，决定降元。

当时蒲寿庚拥有四百余艘船只，是一支庞大的海上力量。而蒙古骑兵虽然无敌于天下，却不擅海战。专研此段历史的日本京都派学者桑原隲藏认为，蒲寿庚的降元，对宋元之际的局势有着极为关键的影响：

> 蒲寿庚弃宋降元之事，影响于宋元运命之消长，至为重大。盖蒙古军之陆上战斗力，当时虽有天下无敌之概。然其海上活动，殆全无能力可言。若仅此而观，或尚有不敌宋军之处。（考证：……故当时南人，若能不反戈降元，为蒙古军之前驱，则元之平定江南，恐非易事也。）而今管理海上通商，精通海事智识，且能自由调遣多数海舶之蒲寿庚竟降附于元，且助元以征伐东南。此就元朝方面言之，可谓获得莫大利益。然就宋朝方面言之，则实受无上之打击矣。[2]

---

1 〔元〕脱脱等：《宋史·益王本纪》，第 942 页。

2 〔日〕桑原隲藏：《唐宋元时代中西通商史》，第 154 页。

也许张世杰认为每个人跟他一样都是宋室忠臣，但他没有想过，蒲寿庚没有必要站在宋朝皇室的角度上思考问题。作为一个被宋朝抢了商船的阿拉伯商人，蒲寿庚唯一合理的立场是站在他自己利益的角度上思考问题。毫无疑问，张世杰是名垂青史的忠臣，但是，仅仅依靠忠诚，并不能拯救他热爱的大宋。

在中国古代，人民总是能够爆发出令人惊叹咋舌的创造力与生命力，但是统治阶层的官僚们常常与民众意见相左。官商不合，是财政国家化进程中不可避免的冲突点之一，究其原因，或可归结为二者对所谓"世界"的认知不同，因而开放程度、风险意识也不同。

第八章

没有地理大发现就没有张居正的一条鞭法改革？

　　站在暴力机器角度上蒙古帝国是辉煌的，站在中原人民的角度上那段历史却是血泪；站在征服者角度上是辉煌的，站在被征服者角度上却是血泪。蒙古帝国当然是征服者，其所发动的征服战争，给包括中原文明在内的诸多社会带来了沉重的灾难。比如，依据志费尼的记载，蒙古军队征服花刺子模后，把超过十万的工匠艺人分开，把孩童和妇孺掳为奴婢，把余下的人分给军队，让每名士兵屠杀二十四人，将他们屠戮殆尽。[1] 元代袁桷的《史母程氏传》则记录了蒙古兵攻破四川的惨状："蜀民就死，率五十人为一聚，以刀悉刺之，乃积其尸，至暮，疑不死，复刺之。祀孙尸积于下，暮刺者偶不及，尸血淋漓，入祀孙口，夜半始苏，匍匐入林薄，匿他所。后出蜀为枢密使。尝祖视人，未尝不泣下。贺靖权成都，录城中骸骨一百四十万，城外者不计。"[2] 虽然这些记录并非一手资料，后来的史学家多有怀疑，但蒙古的征服战争给被征服民族

1　〔伊朗〕志费尼:《世界征服者史》,何高济译,内蒙古人民出版社,1980 年,第 147 页。

2　吴曾祺编:《旧小说·戊集》, 商务印书馆, 1924 年, 第 11 页。

258

带来的灾难之深重，是没有人怀疑的。

　　不过，我在这里想要讨论的，还不是这些具体的征战、屠杀与奴役带来的痛苦与破坏。我想指出的是，蒙古征服对古代中国社会演化路径造成了几乎是半永久的伤害，而衡量这一伤害最基本的指标，其实是对中国社会所积累财富的掠夺。我想用一个基本指标来衡量其掠夺的性质与程度：古代中国社会积累的贵金属货币的水平。

蒙古征服与"穷困的中国"

　　我们前文在讨论财政国家时其实也讲过这个道理：货币是衡量一个国家、社会信用水平的重要符号。我们常说一个人的身家值多少钱，与其说是他实际持有多少纸币，不如说是他在社会获得的认可程度，使得人们愿意把多少钱放在他手中并分有回报。这个关系通过金融机构的"授信"概念体现得淋漓尽致。但是，不要忘记，在缺乏"主权信用货币"的时代，人们衡量信用水平的直观工具就是贵金属。

　　很不幸，中国这片土地，自古以来并不是一个贵金属富足的地区。例如，比较 11—15 世纪欧洲和中国的银产量，我们会发现，中国白银年产量多的时候也只有欧洲的二分之一，少的时候更是只有六分之一。[1]

1　比较白银产量比黄金产量更有意义。这是因为，白银的产量相比黄金要大得多，相比铜币则更容易鉴别。鉴别金属货币最根本的方式就是检验货币中的金属含量。铜币若不熔铸，则很难确定其中加入了多少低廉的金属，但白银可以通过比重、软硬、色泽甚至气味鉴别。中世纪有经验的商人仅靠手感就能鉴别白银的成色。因此，除部分黄金富产区外，白银是古代社会更为通行的信用货币。14 世纪中期欧洲平均年产白银约 50 吨，而同期中国白银年产量只有欧洲的一半。到 16 世纪，由于新矿的开发和技术的改进，欧洲白银年产量达到 90 吨，而中国的年产量下降到十几吨。

这其实是造成中国古代商贸经济水平上限较低的一个重要原因。

比如，有人曾称过十八枚面值相同的 11 世纪中国铜币的重量，最轻的 2.70 克，最重的 4.08 克。[1] 这样的货币当然是没有信用的，这样的地方当然也就很难有发达的商贸经济。中国古代的商品生产是很发达的，但商贸经济的质量不高，很大程度上并不是古代中国人不努力，而是受限于这个客观因素。

那么，古人有什么办法来解决这些困难呢？一种解决办法是由国家出面降低铸造货币的成本，然而这本身经常被当时政权的短期主义破坏。例如，东汉末年经济崩溃的标志之一，就是董卓把东汉光武帝以来铸造的五铢钱熔掉换成小钱，原先含铜五铢的钱现在只剩三铢或两铢，这还怎么推行下去？如果作为最高暴力机器的国家一意孤行，各路世家、富豪、地主和普通百姓就只有加入小的暴力集团予以抵制，这就形成了军阀，具体表现如十八路诸侯讨董卓。

另一种解决办法是发展代币系统。比如，我们前文提到过，隋唐以降，人们就曾把丝绸等纺织品当作重要的补充货币。丝绸的特点是价值高、重量轻、易于分割，因此广受中外商人欢迎，流通于自长安到中亚的商路，这也是这条道路得名"丝绸之路"的根本原因。再例如，到了宋朝，官方认可的主要流通货币是铜币，部分地区也使用铁币。宋朝商贸非常发达，政府主动参与商业贸易，以维系财政供给。[2] 虽然还会有政府发行纸币掠夺民间财富的问题，但整体说来，宋朝的货币问题解决得相对较好。这也是我们前文提到的，中国社会在宋代进入与西欧类似

1　〔德〕马克斯·韦伯：《儒教与道教》，第 48 页。

2　不少持"唐宋变革论"的学者，如日人宫崎市定等认为，宋代中国已经迈入了更接近于现代财政体系的国家，或称"财政国家"。参见刘光临、关㮾匀：《唐宋变革与宋代财政国家》。

的财政国家发展路径的一大表现。当然，这里需要指出的是，铜币、铁币等代币只能在一定程度上弥补贵金属的缺陷，不能完全或者大部分替代贵金属货币发挥信用锚或储备金的作用。

不幸的是，在如此先天不足的情况下，经几代政权如履薄冰地积蓄起来的财富和在此基础上长大成熟的社会运作系统，却因为蒙古帝国的入侵而遭到严重的中断和破坏。据学者估计，自唐至南宋前后约 700 年，累计白银产量和流通量大约共有 15000 吨。而大元兀鲁思建立后，因掠夺、征收税赋等，自中国外流中亚、中东和欧洲的白银可能达到了 7500—11000 吨。[1] 这等于说，唐宋元三代中国老百姓积累的财富全都被带出了中国。

蒙古帝国掠夺白银的方式至少有三种，一是发行纸币。元朝发行纸币，实际上是一种利用代币系统控制贵金属流动、掠夺财富的手段。当时外国商人前往元朝，会被要求将手中的金银强制换成"宝钞"，等离开元朝时再兑换成金银。[2] 政府发行这种宝钞，既无准备金制度，又无对币值的控制机制，有元一代，宝钞价值持续跌落，通货膨胀情形严重，除了满足政府搜刮贵金属的需求之外，正面意义很少。二是财税的分配。蒙古帝国征服者打下来的区域，"合伙人"都有其分。因此元朝政府控制的许多地区性岁入，其受益人很可能是其他蒙古帝国的某个贵族。例如，伊利汗国的合赞汗觐见元成宗铁穆耳时，铁穆耳就重新确认

1　参见张翼、蒋晓宇：《1550—1830 年中国白银流入及其影响》，中国人民银行工作论文，2020 年 12 月。

2　伊本·白图泰详细描述过这个流程："穆斯林商人来到中国任何城市，可自愿地寄宿在定居的某一穆斯林商人家里或旅馆里。如愿意寄宿在商人家里，那商人先统计一下他的财物，代为保管，对来客的生活花费妥为安排。来客走时，商人如数送还其财物，如有遗失，由商人赔偿。如愿意住旅馆，将财物交店主保管，旅店代客人购买所需货物，以后算账。"（〔摩洛哥〕伊本·白图泰：《伊本·白图泰游记》，第 544 页）

了其祖旭烈兀汗所应享有的彰德路五户丝赋税之权，并赏赐给他。三是通过直接商贸往来与欧洲进行物资交流。当时受益于蒙古帝国治下的和平，东西方贸易往来兴盛。据《马可波罗行纪》所载，伊利汗国都城"帖必力思之人，实以工商为业。缘其制作种种金丝织物，方法各别，价高而奇丽也。此城位置适宜，印度、报达、毛夕里、格儿墨昔儿及其他不少地方之商货，皆辐辏于此。拉丁商人数人，尤其是热那亚商人，亦至其城购货，并经营他种商业"。当时热那亚商人为蒙古贵族采购各地奇珍异品，亦导致大量被征服地的贵金属流出。[1]

这种直接的、庞大的贵金属货币外流，当然会对一个社会的治理产生直接的后果。如果以水与船打比方，社会财富是水，治理制度和运营机制就是船。小水塘只能撑起独木舟，优质深水港才能容下万吨巨轮。从微观角度来讲，任何治理制度和运营机制都需要由优秀的人才来操作。一片荒漠上若只有几近干涸的水源和狭小的绿洲，农民果腹都十分困难，自然不可能有多余的社会财富来产生社会分工，培养诸如律师、公务员、研究人文或自然基础学科的学者、掌握复杂技艺的工程师或职业外交家等人才，那么也就没有人来运行这些复杂但是可以服务于更高级产业的社会机构，例如大学、文官政府、法庭、律师事务所、会计事务所、港务局、海关、股票交易所、灯塔或领事馆等等。这其实是非常简单的道理。

以这个道理套在宋元变革身上，那便是，宋代发达的商贸经济水平能够支撑起我们前文介绍过的种种财政国家管理制度，元朝结束统治后，继之的大明王朝却必须在一片荒芜的土地上重建最基础的管理制度。

南宋与明初的社会财富水平，可由财政收入的数字作一最直观

---

1 参见黄志刚主编：《丝绸之路货币研究》，新疆人民出版社，2011 年，第 131 页。

对比。南宋财政收入的巅峰期是乾道年间（1165—1173年），岁入达4800万两白银，而明初正统年间（1436—1449年），中央政府以货币计算的岁入只有240万两白银。[1] 即便加上各种实物收入，所得可能也不过千万两。财政收入滑落之大，令人触目惊心。

社会财富水平如此之低，任何统治者都只有一个选择：重建最简单、最粗暴的政治管理制度，以此来履行政权最基本的任务——垄断暴力、提供安全。这种最简单、最粗暴的政治管理制度，也在我们前文中反复介绍过，那便是以"编户齐民"为基本特点的秦制。因为这套机制的重建者是洪武皇帝，所以在明史研究中又有个专门术语，叫作"洪武体制"。梁方仲曾经用两个概念来解释这套体制，一个叫"画地为牢的封建秩序"，一个叫"赋中有役，役中有赋"的财政体制。

"画地为牢"指的是明代用户籍把人的职业和居住地完全捆绑起来，不允许自由选择。明政府强制把民众分为军户（弓兵、校尉、力士）、匠户、民户（马户、陵户、茶户、柴户、阴阳户、医户）、灶户等，不允许随便转换职业和匠籍，同时要世代承袭。为了限制民众脱离户籍与匠籍，明朝还发明了路引制度，百姓只要走出出生地百里之外，就得持有官府开具的路引，否则等同于逃犯。"赋中有役，役中有赋"指的是明代老百姓既要缴纳税赋，又要服劳役。前者是给政府交米、麦、绢、布等实物财富，后者则是向政府提供免费劳动力。[2] 生活在"洪武体制"里的平民，基本等同于生活在一座巨大的监牢中，从生到死出行不超过百里，世世代代职业都被限定，还要受里甲的压迫奴役，其地位几近于

1　刘光临、刘红铃：《嘉靖朝抗倭战争和一条鞭法的展开》，《明清论丛》（第十二辑），故宫出版社，2012年。

2　参见刘志伟、陈春声：《梁方仲先生的中国社会经济史研究》，《中山大学学报（社会科学版）》2008年第6期。

中世纪的农奴。

从财政国家的角度来看，"秦制"或"洪武体制"本质上都是一种信任度极低的社会运作系统。古典暴力帝国对民众的压迫太深，剥夺太重，民众对政府的信任度极低，甚至不愿交税换取公共服务，而政府则只能进一步通过"编户制"把民众变成某种意义上的"国有农奴"，以解决动员能力不足的问题，组织军队，维护安全，打败敌人。

这种低信任系统的优点是，它可以在财政能力严重不足的情况下，依靠对人身的极端控制，提供基本的军事动员能力，稳定社会秩序或战胜强大的对手。这一点已为历史雄辩地证明了。南宋以4800万两的岁入水平，不能抵御蒙古的入侵。明初政府却可以200多万两的岁入水平，将蒙古铁骑逼回草原。可见"秦制"在打造战争机器方面确实有巨大的优势。

但是，它的缺点是如此高压、严苛的系统极大地限制了人力、资本和思想的自由流动，钳制了原本可能蓬勃发展的经济活力。民众只能从事最基础的农耕产业，而由农业生产形式催生的生育机制所带来的马尔萨斯陷阱，又令整个底层陷入普遍追求暴力手段的严酷博弈中。这样的社会会在普遍贫穷、暴力和掠夺中反复沉沦。

比如，拿明代来说，朱元璋设想的"画地为牢"式秩序之下，实际上有大量底层暴力存在。尽管由于高密度的监督和控制，这些暴力集团的实力离挑战统治者的根基还差得远。但是，它们已经以宗族械斗、地方叛乱和邪教传播等方式在帝国的基层留下了许多记录。

明代最有名的宗族械斗发生在义乌，这里的乡间械斗激烈到戚继光都知道了。明代嘉靖年间，义乌两个县之间因为采矿引发了冲突。冲突前后达数次并波及近万人，其中最大的一次达到六千人。戚继光知道这件事后，写了一篇《练义乌兵议》上书胡宗宪，认为招募义乌人当兵可以显著改善军队战斗力。[1]

六千人的乡间械斗是什么概念呢？英法百年战争比这次械斗要早一百年左右，而百年战争早期的帕提战役总参与人数大概就是六千五百人。换句话说，和平时期的宗族械斗水平，其参加的人数竟可与一场中世纪战争相匹敌。而且这种暴力水平在古代中国民间并不罕见。如清中叶前后，南方地区的福建、广东、广西、江西、安徽、浙江等省，普遍发生过大规模的乡族械斗。咸丰年间，厦门、同安、龙溪一代的乡族武装与小刀会结盟，酿成大案。当时承办此案的官员感慨道："百余里间，大小数十百乡，民心无不变动……若仅恃一二公亲，岂能尽安反侧？若极我兵威，又岂能将此数十百乡，尽诛其人而赭其地？"[2]

低信任程度下民间普遍存在的暴力现象，自然会逼迫生活在其中的个体从生育策略上扩充家族男丁，保证自己的暴力能力。中国农村以生男为荣，背后的一大重要原因就是：男丁多才能不受欺负，这种传统观念到今天也没有断绝，实在是因为有生存策略方面的长期经验。

为维持暴力能力而被迫多生，但土地又未必能养活这样多的人口，这就迫使底层社会以原始、残酷的手段控制人口，也就是杀婴。

自先秦到明清，中国古代文献中有大量关于"杀婴"的记载。例如，宋朝苏轼称"岳鄂间田野小人，例只养二男一女，过此辄杀之，尤讳养女"[3]；"黄州小民，贫者生子多不举，初生便于水盆中浸杀之"[4]。朱熹之父朱松任政和县尉时，曾作《戒杀子文》，里面说当地风俗"多

1　戚继光《练义乌兵议》："闻义乌露金穴括徒，递陈兵于疆邑，人奋荆棘御之，暴骨盈野，其气敌忾，其习慓而自轻，其俗力本无他，宜可鼓舞。及今简练训习，即一旅可当三军，何患无兵？"（〔明〕戚祚国：《戚少保年谱耆编》，中华书局，2003 年，第 30 页）

2　引自郑振满：《清代闽南乡族械斗的演变》，《中国社会经济史研究》1998 年第 1 期。

3　〔宋〕苏轼：《与朱鄂州论不举子书》，《苏轼文集》，第 1416 页。

4　〔宋〕苏轼：《黄鄂之风》，《苏轼文集》，第 2316 页。

止育两子，过是不问男女，生辄投水盆中杀之”[1]。明朝万历《续修严州府志》说当地风俗："有溺女之俗，往往诘告，有玷醇风。"[2]清顺治十六年（1659），左都御史魏裔介上折称："福建、江南、江西等处，甚多溺女之风，忍心灭伦，莫此为甚，请敕严行察禁，以广好生。"[3]雍正六年（1728）云南总督朱纲在奏折中说："复据云、衡、永、宝、辰、郴、靖等处附近苗瑶之区较之长、岳、常各府属溺女更甚。"[4]甚至有文人汪士铎推广溺女之法，认为"治民须欲民富，而欲民富，当首行溺女之赏"[5]。这个系统会一直在"追求暴力以自保——增加生育——以杀婴的方式控制生育"中不断循环，除非有外力能打破这个循环。

幸运的是，明代中期以后，中国社会的确出现了一种能够打破这一循环和沉沦的外来因素。正是这种外来因素的刺激，明代出现了历史教科书上一个常见的概念——"资本主义萌芽"。这个外来因素，就是人类历史上大名鼎鼎的"地理大发现"。

白银流入与一条鞭法

很多人忽略了一点：地理大发现除了发现美洲以外，其实也对东亚

1　〔宋〕朱松：《戒杀子文》，《全宋文》第 188 册，上海辞书出版社、安徽教育出版社，2006 年，第 326 页。

2　《〔万历〕续修严州府志》，《日本藏中国罕见地方志丛刊》，书目文献出版社，1991 年，第 55—56 页。

3　《世祖实录》，《清实录》第 3 册，中华书局，1985 年，第 967 页。

4　《朱批谕旨·朱批朱纲奏折》，清乾隆三年（1738）内府活字本，第五十七叶。

5　邓之诚辑录：《汪悔翁（士铎）乙丙日记》，《近代中国史料丛刊》第十三辑，（台北）文海出版社，1967 年，第 90 页。

历史产生了深远的影响。16世纪以来，西班牙人、葡萄牙人和荷兰人先后来到南亚和东亚，深度参与了东印度洋和西太平洋的海洋贸易。在这个过程中，日本和美洲银矿的开采完全改变了世界的白银供给结构。它对中国的直接影响，就是充分满足了中国商品经济对白银的巨量需求。[1]

根据估算，从嘉靖二十九年（1550）到顺治元年（1644），大约就是明代最后的一百年，中国约有90%的白银是从海外进口的。这个数字相当于全世界白银产量的25%—50%。[2]

无论用什么标准去看待，它都是一个非常巨大的数字，以至于当时的商人和航海家送给中国一个"白银地窖"的称号。或者正如有些历史学家说的，中国像是个"白银吸尘器"[3]。换句话说，中国成了全球白银循环的终点，白银来到这里之后，就再也走不了了。

为什么中国能成为全球白银循环的终点？根本原因在于中国拥有强大的生产能力，尤其是能够生产欧洲人欣赏的那些商品，比如丝绸、瓷器和香料。历史学家K. N.乔杜里指出，1500—1750年间，中国拥有亚

1　日本和美洲其实都是中国白银的重要供给方。日本输入中国的路径比较简单，基本就是东海贸易。根据不同学者的估计，从嘉靖年间到明朝灭亡，近百年的时间里，日本对中国输入的白银约有六千万两至两亿两不等。取较为保守且公允的八千万两（约3000吨）计算，略弱于一百年内日本白银产量的一半。美洲白银输入中国的路径则比较复杂，当时西班牙的船只可以直接从南美洲横渡太平洋到马尼拉，再由马尼拉进入中国，这就是著名的"大帆船"贸易；还有一条路线，就是美洲白银先运回伊比利亚半岛母国，再通过欧洲与东亚的传统贸易路线前往中国。学者们对前一条路线白银输入量的估计在两千万两至两亿两之间，公允估计的中间值大约是六千万两（2200吨左右）；后一条路线的估计值大约为五千万两（1860吨左右）以下。但不管怎么说，以上数字都远远大于明代最后一百年的白银自有产量（约一千万两，合370吨左右）。以上均参见张翼、蒋晓宇前引文。

2　参见〔德〕贡德·弗兰克：《白银资本：重视经济全球化中的东方》，刘北成译，四川人民出版社，2017年，第149—150页。

3　来自于经济史学家V.W.戈迪尼奥的说法。

洲最先进和最复杂的经济形态，中国之所以能够吸收如此大量的白银，主要是因为在生产成本上具有相对优势。[1]而一旦经济活动开始活跃，"画地为牢"的编户制就会暴露出巨大的劣势：极大地限制民众的人身自由，阻碍商品经济的发展。军户体制面对这种社会现实的冲击，其命运只能是瓦解，"洪武体制"也就随之被颠覆掉了。

以白银流入为标识的社会经济底层发生如此巨大的变化，其后果当然也会反映在上层制度设计与政策实施中。这个制度转向在明代政治史中也非常有名，它就是以张居正的一条鞭法为代表的税制改革。

什么是一条鞭法？其实这个制度本身并不新鲜，在中国历史上反复出现过。从先秦时代开始，统治阶层就以徭役这种制度来驱使百姓贡献免费劳动力。徭役指的是强制的义务劳动，在和平时期包括修建城防、转运物资、协防治安、为宫室皇族提供义务劳动等等，在战争时期就是服兵役。

徭役制度诞生的年代对应的是奴隶制盛行的年代，东西方概莫能外，这也可以理解。但是随着技术的进步和社会财富的积累，这套制度给民间生产带来了很多破坏。代入古代百姓想一想，如果一年中有两三个月不能从事本职工作，而是要给政府义务劳动，耽误赚钱不说，关键是这份苦实在吃不得。所以，历朝历代也都有变通办法，简单概括就是"赎买"。我通过种种名目，出钱来抵义务劳动，政府拿了我的钱，转雇其他没钱但愿意出力气的人来抵掉。

相比用编户的手段把民众变成"画地为牢"的"国家农奴"，用钱来抵消繁重的义务劳动，也可以说是经济繁荣造成的"正增长秩序"为社会带来的进步。因此，许多朝代都在制度上予以认可，搞赋役合一。

---

[1] K.N.Chaudhuri, *The Trading World of Asia and the English East India Company, 1660–1760*, Cambridge University Press, 1978, pp.204–205&p.456.

我前面讲过，明朝初年面临的是七百年来的财富积累被输送出去三分之一到二分之一的局面，货币高度短缺。明太祖朱元璋为了维系对蒙古的战争动员能力，建立了相当严酷的"洪武体制"。这套体制在朝代初期是管用的。一方面，战乱年代，民众生活极其凄苦。"洪武体制"尽管严苛，但和平总比动荡要好得多；另一方面，朱元璋、朱棣两代皇帝都是难得的帅才，是击败了蒙古铁骑的优秀军事领袖。他们杀伐征战的个人超凡魅力可以对被编户的底层民众形成震慑。

然而社会稳定后，经济活动开始活跃，"画地为牢"的编户制极大限制了民众的人身自由，自然就会出现脱离军籍的状况。而一旦出现这一局面，"洪武体制"的战时动员效果就会大打折扣。从洪武帝到嘉靖朝，差不多过了一百五十年，这套体系已经积重难返。嘉靖朝北方有鞑靼，南方有倭寇，中央财政捉襟见肘。负责军国实务的地方官僚们，不得不把中国历史上反复实施过的妥协办法，也就是赎买徭役的制度又重新找出来，也就是一条鞭法。

很多人以为张居正是一条鞭法的首创者，其实并不是这样。这个办法是嘉靖年间在抗倭一线作战的实践中慢慢总结出来的。像一开始处理倭事的张经、后来的浙直总督胡宗宪，都发现了这个办法的可行性：浙江、福建沿海民间因为从事海上走私，各家积蓄的白银不少。这些人本来就旨在挣钱，不愿意当兵，如果要强征他们，他们说不定就地加入倭寇，所以不如"化非法为合法"：你出十二两银子，免了兵役，我另找人当兵。此举一施，两难自解。当然，这也不是张经和胡宗宪他们多么天赋异禀，而是他们又一次采用了这个国度历史上曾被人反复发现、证明有效的实践操作办法而已。

但是我们也不能否认张居正个人的功绩。因为作为有明一代最优秀的政治家之一，他从实践中无师自通地领悟了"正增长秩序"，同时提供了改造财政体系的这套系统改革方案。

嘉靖四十五年十二月（1567年1月），嘉靖帝驾崩。首辅徐阶召张居正一同撰写《嘉靖遗诏》，劝裕王上位，改元隆庆，张居正真正跻身帝国最高决策层。他上任后对财政体系的改革，其实始于"开关"。

有明一代的开关，实际上是两个方向的开放：向北对蒙古陆路贸易的开放和向南对海洋贸易的开放。张居正亲身促成了前者，入内阁期间经历了后者。

大明对蒙古的开关实际上缘于一个偶然事件。蒙古俺答汗看上了受鄂尔多斯部落礼聘的三娘子，作为补偿，他把自己孙子把汉那吉的妻子嫁到鄂尔多斯部落。把汉那吉感觉受到侮辱，于隆庆四年（1570）一怒之下投奔了明朝。张居正得知此事，立刻派人将把汉那吉控制起来，并以此人为饵与俺答汗和谈，实现了明与蒙古之间的长期和平。这为大明解除了西北边境面临的持续压力。

而大明对东南沿海的开关，则缘于"海禁"政策的无法维系。我们都知道，明初朱元璋因对海盗深恶痛绝而下达"片板不许入海"的禁令。但随着日本银矿的开采和东洋贸易的繁荣，海洋贸易蕴藏的巨大利益反而吸引许多沿海民众以身犯险。这就等于说，良民因"海禁"变成了海盗。就拿明代有名的倭患来说，最早的倭寇确实是日本武士，可后来真正称霸一方的，如宋素卿、汪直，乃至后来的郑芝龙等人，他们多数倒是中国人，只不过常常在日本设有据点而已。到嘉靖年间，来自日本的"真倭"在室町幕府和戚继光的打击下基本被消灭了，而来自中国的"假倭"在事实上成了主流。

在这种情形下，一些务实的地方官员和沿海世家大族开始上书朝廷，请求废止"海禁"。道理很简单，在白银流入的大环境下，从事贸易的利润百倍千倍于捕鱼捞虾，"海禁"政策挡住了沿海百姓的生路，他们当然会视你为仇雠。

嘉靖皇帝在位期间，刚愎自用，刻薄寡恩，始终没有废除"海禁"。隆庆帝即位后，广开视听，察纳雅言，故而正式废止"海禁"政策，于福建漳州月港开放海禁，准许与东洋及西洋的贸易，是为"隆庆开关"。时在内阁的张居正也是制定政策的参与者之一。

隆庆开关虽然名义上只允许在漳州一地贸易，但它的风向标意义是重大的。这代表大明王朝不再把海外贸易视为完全非法的举措，而是可以承认它的存在。其实当时除了漳州之外，还有一片地域名义上虽未开关，事实上却可以无阻碍地自由贸易，这片地区就是澳门。

嘉靖三十二年（1553）之后，葡萄牙人向国库缴纳一定数额的租金，以获取自治权，但被明朝海道独吞，澳门就这样莫名其妙成了葡萄牙人的自治领。[1]此地一年两次举办高级交易会，吸引了大批海商参与，也成为明代重要的对外贸易窗口。

漳州月港的开关和葡萄牙人入驻澳门，为白银加速流入明朝提供了便利的窗口。而白银越加速流入，越是会加速"洪武体制"的瓦解。"洪武体制"的瓦解，对解放民众负担来说，其实是一件好事。而到了万历年间，由于皇帝年幼，张居正独揽了大明帝国的最高权力。他决定利用自己的位置，做一些最简单的实事。

首先是全国范围内推行一条鞭法。嘉靖年间，一条鞭法已经在浙江广泛实施了。那时候张居正还在翰林院，没有什么权力。当然，他本人肯定是很熟悉一条鞭法优点的。因为胡宗宪平倭期间，有位属下叫作谭纶，还有位部将叫作戚继光，这两个人都近距离实操过用一条鞭法筹备军费，后来也都成了张居正的好朋友。所以，张居正对他们的经验不可

1　徐萨斯:《历史上的澳门》，澳门基金会，2000年，第25页。

能不重视。

当然，身在高位，他要做的不仅仅是把一条鞭法推行下去，而是要以它为基础，打造一套合理的系统。我们前面反复讲过，一条鞭法的实质是一种妥协。王朝建立之初的僵化体制无法维系，因此必须承认民众"赎买"徭役义务的办法是合理的，这样才能完成社会动员。

但这本质上还是一种不合法的行为。虽然究其本质原因，是"洪武体制"有问题在先，但若官府仅仅是做出妥协，甚至在官方文件中将此作为权宜之计予以认可，都还是不够的。因为国家的根本政策，不能不体现公平正义。

赤贫的"洪武体制"下，所有人都被画地为牢圈禁起来，所有人都似暴力机器的农奴，这也是一种平等。但随着白银的流入，一部分人先富起来，在"妥协"的过程中，他们用借名、代持、收买、伪造等种种手段，把自己的徭役责任转嫁到了穷人头上，这自然会造成巨大的不公平。

嘉靖朝一些地方官员在主持实务的过程中，已经认识到了这种弊病。例如，广东巡抚戴璟在承认"民壮及均平银两计田算银"的基础上，还要求"各县人民并不许置买香山等县田土寄庄"，目的是"以抑势豪兼并之势，以杜奸顽惯赖之害，以阻里排影射之风"。[1] 简单说，就是官府不允许逃避徭役的富者成为一方豪强，不允许这种社会不公长期存在。

既要修正妥协带来的不公，又不能回到普遍赤贫的"洪武体制"，这样的系统该如何设计呢？它的最底层逻辑是什么呢？张居正找到的答案，是数据。"社会不公"并不是一个空泛的道德概念，它一定会表现

---

1 〔明〕邓迁修，黄佐纂：《（嘉靖）香山县志》，《日本藏中国罕见地方志丛刊》，书目文献出版社，1991年，第311—312页。

为实质物质财富上触目惊心的差异。一小撮人田连阡陌，多数人却无立锥之地甚至要卖妻鬻子，这怎么都是说不过去的。

搞辩经没有意义，直接公布财产数据才有说服力。万历八年（1580），张居正以首辅之尊，向全国推行《清丈条例》，下令在全国丈量土地。他引用了"苟利社稷，死生以之"来形容此举的艰难和他准备破釜沉舟的勇气。

的确，古往今来，多少利益的争夺、权力的博弈、阴谋的施展，其实总逃不过一个底层逻辑：数据。如果你有真实且清晰的数据，哪个环节谁动了手脚，就一目了然了。而如果你没有这个数据，那么无论如何树立道德的大旗，归根结底还是解决不了硕鼠上下其手的问题。

在一切均以强制和暴力为出发点的"洪武体制"下，所有施政效果在本质上都是不能数据化的。——官府能靠里甲制度强迫一个人服劳役，但官府无法监督这个人在劳作时消耗了自己体力的 5% 还是 10%。官府可以要求一个人工作八小时，但不能确保他这八小时没有浑水摸鱼。

这就是暴力体制相对于货币经济体制最大的弱点：只要货币这个信用媒介的基础是牢靠的，那就一定可以把所有效果数据化。每个人应该缴纳多少赋税，每个官员是否尽心尽责地把它们收上来，一切都无法抵赖。

浪漫一点说，张居正改革的意义正在于此。他知道"洪武体制"事实上已经无法维系，采取"赎买"是财政改革的唯一出路。但关键问题在于，不能让改革成为造就新的不公正的借口，而要实现这一点的硬逻辑，就是数据。

令我们敬佩的是，他真的做成了——当然，仅限于他那个年代的政治环境和技术条件，但这足以名垂千古。已经有很多历史学家从不同的角度反复论述过张居正改革的成就和伟大之处，我就不需要再画蛇添足了，只列举如下几个事实：

张居正身后，万历一朝遭遇著名的"三大征"，即万历二十年（1592）蒙古降将哱拜叛乱导致的"宁夏之役"、万历二十年至二十六年（1592—1598）日本太阁丰臣秀吉入侵朝鲜导致的"朝鲜之役"和万历二十四年至二十八年（1596—1600）杨应龙叛乱引发的"播州之役"。历史学家公认，万历皇帝虽久不上朝，导致行政机构运行紊乱，却依然能够指挥有度，先后赢得三场战争的胜利，其基础正是张居正厉行改革后为大明国库留下的财富。

明亡之后，清兵入关而代之。嗣后雍正皇帝推行摊丁入亩，用的还是万历八年张居正推行清丈法收集到的数据。换句话说，这套数据的可靠性得到了清朝的承认，正所谓"一时之功，百世之利"。

"脱钩"与帝国的衰落

张居正能够进行一条鞭法改革，乃至于大明王朝后期所谓"资本主义萌芽"的出现，其实都跟两件事有关：第一，大航海时代的展开，明朝社会加入世界贸易大循环；第二，得益于廉价劳动力而形成的制造业中心吸引了大量白银流入中国。但是，全球化让世界变得如连通器一般：一处水位高则处处水位高，一处水位低则处处水位低。因为全球化繁荣而获得的收益，也会因为全球化的退潮而失去。

16世纪后期到17世纪，有几个处在全球化关键环节上的帝国都出现了各种政治危机。例如，在全球白银循环中扮演关键角色的是西班牙人，但西班牙哈布斯堡王朝自16世纪下半叶起，开始卷入各种地缘政治冲突。比如，原属哈布斯堡王朝的荷兰地区因为信奉新教，与虔诚的天主教徒西班牙皇帝腓力二世发生冲突。当地起义不绝，导致腓力二世的军费激增。从 1571 年到 1580 年，尽管王室收入因为西属美洲的铸币税增长了一倍（以西班牙货币单位计，五年财政收入从 390 万杜卡特增加到 800 万杜卡特），但由于战争花钱太多，国王还是不得不于 1575 年宣布破产。[1]

荷兰信奉新教，西班牙信奉天主教，宗教战争本来就是一场敌方不死不休的矛盾。要命的是，荷兰人"海上马车夫"这个称号不是白叫的。在那个年代，这批船上人在航海家、商人、海军和海盗之间是可以自由切换身份的，所以"海上马车夫"也有獠牙。自西班牙与荷兰开战以来，荷兰人就利用航海优势对西班牙的航路进行了封锁。其中对东亚白银贸易影响最大的是对两个港口的封锁：一个是果阿，一个是马六甲。这两个港口恰好一个通往印度，一个通往中国，都是当时劳动力最廉价、产品最丰富的地方，因而也是白银最大的流向地。

尽管这些战场远离欧洲和亚洲的文明中心，是毫无疑问的边缘地带，但是可不要小瞧这些航路贸易的重要性。当时东西洋之间贸易利润十分丰厚，到了一艘船的货物足可以用"富可敌国"来形容的程度。例如，1603 年，荷兰船长雅各布·范·黑姆斯克尔克虏获了一艘葡萄牙货船卡特琳娜号，其商品价值 220 万荷兰盾，相当于当时英格兰一年的财政收入。[2]

1628 年，荷兰船长皮特·海因虏获了四艘西班牙大帆船，货物价值达到了惊人的 1150 万荷兰盾，五倍于卡特琳娜号的收获。此船的收

1　参见〔英〕理查德·邦尼主编：《欧洲财政国家的兴起：1200~1815 年》，第 207—208 页。

2　当时葡萄牙已被西班牙吞并。黑姆斯克尔克的堂弟即著名法学家雨果·格老秀斯，他在为此劫掠事件辩护时发明了著名的"海洋自由论"，成为后来国际法和海洋法的重要理论来源。

入为荷兰军队提供了八个月的军费，让他们赢得了一场重要战争。海因归国之后，被荷兰人视为民族英雄。这些案例说明的是，西班牙帝国因宗教原因在欧洲掀起的战争，却在他们事先未曾预料的地方，也就是南亚和东南亚，打击了贸易线路，因而也就打击了政府的财政收入。

印度洋和西南太平洋不是唯一起火的地方，第二重打击来自日本幕府。17世纪，葡萄牙和西班牙在东亚的存在感其实很强，他们带来的白银和武器，引起了许多地方政权的兴趣，日本各地的大名也不例外。然而，当时日本主政的德川幕府对此感到十分紧张，害怕大名通过海外贸易积累巨量的财富和兵力，挑战幕府霸权。因此，从17世纪开始，日本幕府开始以传教为由，限制西班牙人和葡萄牙人与日本展开贸易，此即著名的"锁国政策"。"锁国政策"在一定程度上也限制了当时整个东亚的白银贸易。[1]

而对于大明王朝来说，还存在着第三重打击，也就是经济规律本身的涨消。我们前面介绍过，东亚白银贸易的根本动因是中国的白银短缺。日本和美洲的白银开采当然缓解了这个问题，但是日本和欧洲商人历经千辛万苦来到这里不是做善事的，而是为了赚钱。在中国最缺乏白银的时代，最赚钱的生意还不是直接拿白银换瓷器和丝绸，而是直接拿白银换黄金。相对于白银在元代的大量流失，中国保留的黄金相对多一些，这就形成了一个套利空间：商人们把海外的白银运进中国，换成黄金，再到别的地方卖出去。

比如，隆庆二年（1568），中国的金银兑换比是1：6，西班牙的金银兑换比则超过1：12。也就是说，如果有办法从西班牙带白银到中国，换成黄金带回去，利润就能达到100%。但是，随着套利生意规模

1　William Atwell, *International Bullion Flows and the Chinese Economy Circa 1530–1650*, *Past and Present* 95 (1982), pp. 68–90.

的扩大，大量白银涌入中国，高银价是不可能一直持续的。到天启七年（1627）以后，中国的金银兑换比已经涨到 1∶10 到 1∶13，而西班牙的比例则在 1∶13 到 1∶15 之间。[1] 套利空间缩小，白银流入中国的势头就衰减了。

在地缘政治和经济规律的双重打击下，东亚白银贸易的规模在 17 世纪上半叶开始大规模下跌。17 世纪 20 年代，运往马尼拉的白银从 23 吨下降到 18 吨，到 17 世纪 40 年代则下降到 10 吨左右。[2]

以上因素，使得大明王朝在张居正时代享受到的全球化红利不复存在了。大明王朝晚期，其金银兑换比上涨到了与西班牙接近的地步，这个数字不代表白银短缺得到了满足。因为白银循环的过程就像婚礼上的香槟塔一样，水必须先灌满上层的杯子，才会流向下层。

当外贸水流充足的时候，最先从外贸中挣到银子的一批人就是海盗与外贸商，其次是与他们打交道的国内商人，然后是受益于白银输入的政府机关，最后才是被减轻了束缚的老百姓。然而，当外贸的流水被从源头上关闭了，最先遭遇货币短缺的，反而是老百姓。崇祯十一年（1638），一千枚（一贯）铜钱能兑换 0.9 两银子，到清顺治三年（1646）就只能兑换 0.17 两了。

老百姓一银难求，然而一条鞭法的规定又是交税必须交白银。当年利民便民的措施，莫名其妙地给民众挖了坑。世间已无张居正。这一次没有位高者理顺治理过程中的细节，也没有百年一遇的改革家来给大明王朝续命了。

明末思想家顾炎武记录了官府强征白银导致民众家破人亡的惨状。

1　William Atwell, *International Bullion Flows and the Chinese Economy Circa 1530–1650*, pp. 68–90.

2　参见〔英〕理查德·邦尼主编：《欧洲财政国家的兴起：1200~1815 年》，第 243 页。

他说，自古以来，即使像禹汤这样的盛世，也难避免老百姓在饥荒年份卖妻鬻儿。然而，像我大明这样丰收年份老百姓也被迫卖掉妻子孩子的，则真是唐宋以来所未曾有的。

顾炎武说自己走过关中岐下这些地方，年岁是好的，粮食是丰收的，然而官府来征粮的时候，卖老婆孩子的村民竟然形成了集市一样的规模，"谓之人市"。原因是什么呢？——"有谷而无银！"银子短缺的原因又是什么呢？——外贸的商船不来了！[1]

张居正厉行改革的举措，遇上了白银循环的终结，竟然造成了这样的局面，这恐怕是他万万没想到的。当然，更令人始料未及的是，竟然有人认为，隆庆开关造成的大量白银内流，是大明最后亡国的原因之一。且不说市场经济的大潮到底能不能挡住，如果不开关大明会是什么下场，难道"洪武体制"本身就是正义的吗？难道大明把老百姓当农奴一样画地为牢，让他们世世代代为军为匠为民为灶就是正义的，就不会灭亡吗？正所谓宁在一思进，莫在一思停。古往今来，没有哪个国家不经受外界环境的变化和突发的挑战。如果不反思一个政权为什么只能保守"祖宗之法"，做不到应变有方、进退有据，反倒怪外贸的输入，那可真是舍本逐末、缘木求鱼了。

接下来的故事众所周知。崇祯元年（1628），高迎祥反；三年

---

1 顾炎武《钱粮论上》有载："夫凶年而卖其妻子者，禹、汤之世所不能无也；丰年而卖其妻子者，唐、宋之季所未尝有也。往在山东，见登、莱并海之人多言谷贱，处山僻不得银以输官。今来关中，自鄠以西至于岐下，则岁甚登，谷甚多，而民且相率卖其妻子。至征粮之日，则村民毕出，谓之人市。问其长吏，则曰，一县之鬻于军营而请印者，岁近千人，其逃亡或自尽者，又不知凡几也。何以故？则有谷而无银也。所获非所输也，所求非所出也。夫银非从天降也，壮人则既停矣，海舶则既撤矣，中国之银在民间者日消日耗，而况山僻之邦，商贾之所绝迹，虽尽鞭挞之力以求之，亦安所得哉！"（〔清〕顾炎武：《顾亭林诗文集》，中华书局，1983 年，第 17 页）

（1630），张献忠反；四年（1631），李自成反。八年（1635），高迎祥、张献忠、罗汝才、老回回、过天星、九条龙等十三家首领会于荥阳，同年高迎祥攻破明中都凤阳。十四年（1641）张献忠破襄阳，杀襄王。十七年（1644），张献忠破重庆、成都，李自成破北京，崇祯皇帝朱由检自尽于景山。

辉煌灿烂的大明，号称全球"白银地窖"的大明，结局竟是如此惨淡。当然，白银循环连接的另外一个主角，西班牙哈布斯堡王朝也没有好到哪里去。

白银循环的衰落造成的直接后果是收入下降。在16世纪的最后五年里，西班牙王室平均年收入2640万杜卡特，但是到1620年，腓力二世的儿子腓力三世在位的最后一年，王室年收入竟然萎缩到40万杜卡特，而当时与荷兰的战争仍在持续，每年要花费400万左右杜卡特。腓力四世即位后，王室在1625年宣布破产，两年后再度宣布破产。到这时，很多银行家已经完全不想把钱借给日不落帝国的国王了。

财政破产的直接结果就是司机因为没油，已经开不动车了。不仅荷兰这台车出了问题，加泰罗尼亚和葡萄牙这两台后花园里的车也熄火了。17世纪40年代，以上两个地区先后发生叛乱，而为了扑灭家门口的灾难，国王不得不在1648年跟荷兰等其他交战国签订和约，八十年战争结束。战后，荷兰获得独立，瑞典获得大量赔偿金，法国获得大片领土，只有哈布斯堡王朝满盘皆输，从兴盛走向衰落。

从17世纪全球化退潮的角度看，白银循环的衰落竟使东西方两大帝国同时崩溃，而这两大帝国的精英对此又全无认知。无怪乎有句话说，人类一思考，上帝就发笑。如果视野天生受到局限，不能跳出一国一社会之外，真正站在太空高度俯瞰地球，那么即便是再聪慧的头脑、再高级的政治家，所思所想也不过是南辕北辙，不可能真正直面一个社会存在的问题，并解决问题。

那场"脱钩"，所有人都是无意为之，所有人都是无心受过。

结语：看不见的因果

大明王朝自加入全球化开始，就突破了原先"洪武体制"的束缚，取得了不小的成就。它是 16 世纪全球贸易的生产中心、全球白银资本的流入地，但这一切成就的背后隐藏着一个致命的缺点：大明精英并不知道自己的成功来自何方。

这在古代社会其实是常态。各个古代文明的精英，视野都被局限于自己所处的一方小天地中；中国人迷醉于四书五经，希腊人迷醉于柏拉图、亚里士多德，其实并无本质区别。因此，其对于古代帝国的成败原因经常是全然不知的。张居正不知道自己的改革有赖于美洲探索，腓力二世也不知道自己的国库稳定有赖于东亚政治局势的稳定，自然之理，四海皆同。

既然不知道自己的成功源自何处，那么自然也就不会知道自己的失败源自何处。我不知道是不是有很多西班牙学者对帝国的崩溃扼腕长叹，但是我知道，确实有很多中国文人对大明的崩溃感到惋惜。然而这些文人的传统框架能够帮他们真正认识到问题所在吗？他们理解的儒家之道、忠君爱国、修身齐家，能够找到解决问题的真正钥匙吗？

答案是不能。

大明王朝虽然是全球制造业的中心，也是白银的流入地，但是大明朝的这个全球制造中心，恰恰是劳动力极端廉价的市场竞争结果。然而我们不要忘了，任何人承受剥削的程度都是有底线的。当你无底线地压榨其劳力换取白银时，他是会造反的。而如果你看不到自己的成就是建立在如此脆弱的前提之上，还硬是要通过征收白银来强化帝国解决问题的制度，那么起义爆发、政权崩溃和倒退回低信任社会，可能就在一瞬间。

反过来，哈布斯堡王朝尽管是新航路的开辟者，然而帝国在地缘政治上的负担太重，皇帝同样看不到自己的强盛是建立在如此脆弱的前提之上，帝国的失败和解体，其实也就在一瞬间。

因此，许多表面上的指标——GDP、经济总量、产值——未必能够真正指示一个社会到底是真的强大还是外强中干。一个社会从脆弱迈向坚强的真正标志，不应该是这些表面的数字，而应该是另外一个关键问题：现代的诞生。

当然，这并非本书深入探讨的主题。不过，这还依然是本书反复强调过的主题。如果阅读中国历史的人缺乏世界视野，那么，他们连历史上的中国自己为何成功、为何失败都难以真正理解。

因果不明，何以以史为鉴？

第九章

海外华人也曾"走向共和"?

一百多年前,清朝政治腐败,民生凋敝,列强虎视眈眈,有识之士莫不痛心疾首,奔走呼号。山河沦丧之下,不免有许多人心灰意冷,以为中国的疲弱乃是由于中华文明是一种劣等文明。面对这种意见,梁启超站出来大声疾呼,写了许多别开生面的著作。有人说日本有勇武且高贵的武士道精神,他便写了一部《中国之武士道》。有人说西方有大航海家亨利·哈德逊、哥伦布、达·伽马等,他便写一篇《祖国大航海家郑和传》。他的这类作品中,有一篇后来激发了很多人的兴趣,这就是《中国殖民八大伟人传》。这是一篇很短的文章,任公先生在开篇就说,一个民族所崇拜的人物决定了民族的精神。中华民族过往时代崇拜的人物有许多"奄奄齷齪",压抑了"畸行雄略",他有资格把中国历史上八个也曾殖民外国的伟人挖掘出来,供人们纪念崇拜,增长志气,培育在征服与政治能力上都有所得的人才。当然,梁启超因其生活的年代受政治现实主义和强权崇拜的影响,把"殖民"当作一个褒义词。以今日的历史观,这些"殖民"伟人可以理解为"出海"伟人。

这"出海"的八大伟人，多数都是明清六百年下南洋后，在南洋发家致富乃至建立政权的华人。其中有一位叫作罗大，大约是因为缺乏材料，梁启超对其记载不详，只有寥寥数语：

> 昆甸国王罗大。王，广东嘉应人也。昆甸亦在婆罗洲。乾嘉间，王与土蛮战，破之，王焉。事迹无考。[1]

在当时，梁启超名气很大，因此文章一发表，立刻引起很多人的兴趣。其中就有一位在印度尼西亚坤甸侨居多年的广东蕉岭学者林凤超，他写了一本《坤甸历史》指正说，这位罗大在坤甸可是个赫赫有名的人物。他真名叫作罗芳伯，是今广东梅州石扇镇人，他哥哥叫罗兰柏，因此罗芳伯在婆罗洲（今印度尼西亚加里曼丹岛）坤甸建立的这个政权，叫作兰芳公司。罗芳伯是由创始团队公举为"大唐总长"的，并且建元为兰芳元年。林凤超更特别评论说：

> 书公举者，以示有共和性质也。书建元者，以示脱离满清政府也。华侨革命史，已肇端于芳伯。
>
> 各国据有属地条件，一曰先占，二曰有约。婆罗洲为芳伯先占，又无中国割让条约，是为中华民国之领土，为华民应享之权利，可无疑义。惜当时满清不明交涉之道，又无订立保护条约，以致大好江山，竟沦入他人之手，是可慨矣。今民国成立，又不据先占条约例，严重交涉，以收复之。是犹弃地也，其如南洋孔

1　梁启超：《中国殖民八大伟人传》，《饮冰室合集·饮冰室专集之八》第 6 册，中华书局，1989 年，第 3 页。

道，海军无驻足之地何！[1]

林凤超这本书写成后，未能引起各界重视，湮没在故纸堆中。直到 1936 年，梅州八贤之一、客家学者罗香林任广东中山图书馆馆长后，从馆藏书籍里发现了林凤超的这本书，惊叹于罗芳伯在西婆罗洲所建的大总制，实为共和国政体，罗芳伯本人则是客家人。罗香林认为，如此富有开拓精神和先进思想的客家人，实在应该以专著纪念，于是他写成《西婆罗洲罗芳伯等所建共和国考》一书，认为兰芳共和国实际是华人所建的首个海外共和国，其成立行政和司法机构，制定法典，元首与公务官员任免均由投票决定，在世界诸国堪称第一。罗芳伯与兰芳共和国的声名才为外界所知。印尼第四任总统瓦希德甚至认为，对炎黄子孙来说，"以历史贡献而论，罗芳伯不亚于华盛顿。罗芳伯堪称与华盛顿并列的世界伟人之一"[2]。

罗芳伯真的在乾隆年间就建立了华人世界首个实施普选的共和国了吗？

罗芳伯与兰芳公司

有关罗芳伯的史料，见诸中文记载者，从清末至民国一共只有十一篇，分别是 1785 年前后罗芳伯同乡远亲郑如壎的《芳翁懿行像赞》，1820 年谢清高所著《海录》，1898 年温仲和领衔编纂的《嘉应州志》

1　林凤超：《坤甸历史》，李欣祥《消逝的海外华邦：西婆罗洲华人政权的兴亡》附录，北京大学出版社，2022 年，第 257 页。

2　张永和：《炎黄文化与海外客家名人》，福建炎黄纵横网，2010 年 4 月 21 日。

中所载的《罗芳伯传》，梁启超的《中国殖民八大伟人传》，1853年担任兰芳公司先生（秘书）的叶祥云提交给荷兰东印度公司的《兰芳公司历代年册》，民国初年林凤超撰写的《坤甸历史》，1920年余澜馨撰写的《罗芳伯传》，1928年李长傅《南洋华侨史》中的《罗芳伯之事业》，1930年温雄飞《南洋华侨通史》中的《罗芳伯传》，1937年梅县人肖肇川所著《罗芳伯传略》，1940年梅县修志局局长谢贞盘为梅北中学罗芳伯纪念堂所撰的《西婆罗洲大唐总长罗公芳伯纪念碑记》。

不过，这些文献几乎都是依据传闻写成，哪怕是与罗芳伯同时代的郑如墉也从未见过罗芳伯本人。因此，关于罗芳伯如何建立兰芳公司的可信一手资料实在是凤毛麟角。[1]

据李欣祥的还原，罗芳伯来自广东嘉应州石扇堡大岭约（今石扇镇西南村），曾经考取功名不中，漂洋过海到南洋谋求发展。1772年他三十五岁时，来到西婆罗洲的三发（也有说是南吧哇），居住在打唠鹿，并很快组织了一个以"兰芳"为名的秘密会党。1774年，兰芳会与打唠鹿天地会爆发大战，以兰芳会的大败告终。据说他在此期间还结识了坤甸苏丹，并且受邀帮助坤甸苏丹平息了达雅人[2]的叛乱。[3]

罗芳伯抵达西婆罗洲的头几年，恰逢三发河金矿开发得如火如荼。出于对经济利益的争夺，西婆罗洲逐渐形成了十几个由原籍潮州、揭阳等地的福佬人和客家人组成的帮派。罗芳伯所率领的兰芳公司就是其中一支以嘉应客家人为主导的帮派。据说他们聚集了一百零八名兄弟，就

1　参见李欣祥：《消逝的海外华邦：西婆罗洲华人政权的兴亡》，第27—35页。

2　婆罗洲的原住民。

3　温雄飞《南洋华侨通史·罗芳伯传》中说："越年土人谋叛，苏丹筹备军实，遣芳伯征之。芳伯乃用明修栈道、暗度陈仓之计，果大捷，土人死伤甚众。苏丹得报大喜，乃置酒作乐为芳伯寿。席间举觞掀髯而言曰：'君有大勋劳于我族，愿约为兄弟，世世子孙，毋相忘也。'芳伯唯之。"（《民国丛书·第三编》第22册，上海书店，1991年，第243页）

是兰芳公司成立时的骨干。

1777 年，罗芳伯看准时机，率麾下兄弟连夜奔袭坤甸以北百余里东万律的一处金湖，迫使矿主张阿才就范。"罗太哥即招安抚慰，视同兄弟，即据其金湖之屋，筑栅修垣，徐图左右。"[1] 这一事件基本上就是一件黑道帮派吞并地盘的行为，却被隆重地记录于目前讲述兰芳公司最可靠的史料《兰芳公司历代年册》中。正如《蒙古秘史》要记录铁木真被俘为奴一样，此事对罗芳伯及兰芳公司的崛起，从吞并其他势力、壮大自身的角度看来可能特别重要。此事之后，罗芳伯很快就在东万律创立了兰芳公司总厅。

罗芳伯占据东万律后，下一步吞并的方向便是茅恩的老埔头与新埔头。老埔头以潮阳、揭阳、海丰、陆丰人士居多，尊黄桂伯为首，号称"总太哥"。新埔头以嘉应人居多，尊江戊伯为首，号称"功爷"。罗芳伯以老乡的便利，说动了江戊伯加入己方，里应外合，降服了黄桂伯的老埔头，把茅恩收入彀中，并占据了坤日、龙冈、沙拉蛮等地。

此后，罗芳伯又与明黄刘乾相发生冲突。刘乾相的地盘距离兰芳公司总厅不过数百步，罗芳伯"忿恨至极，与诸兄弟约，誓灭此而朝食。于是亲抱桴鼓，奋力争先，诸兄弟无不以一当十，呼声动天，一朝而破刘乾相六个大寨"。这是兰芳公司"数年来第一血战"。[2]

平定东万律后，罗芳伯又试图挺进打唠鹿，但是认为作战没有胜算，遂作罢。之后他与沙坝达的马来人邦居兰使打发生冲突。使打是马来万那王的儿子，扼住沙坝达后，影响兰芳公司于坤甸的交通和经济活动。罗芳伯遂命张阿才为前锋，自己增援，攻陷沙坝达港，将华人社区

---

1 《兰芳公司历代年册》，见〔荷〕高延《婆罗洲华人公司制度》，袁冰凌译，"中央"研究院近代史研究所，1996 年，第 10 页。

2 《兰芳公司历代年册》，第 10—11 页。

的边界向东扩展百里有余。万那王和使打逃往新港。罗芳伯则继续向新港进攻。1793年，双方展开大战，历经一年战事后，万那王和使打请坤甸苏丹出面调停，双方以三叭为界，用大竹桩写字插地为记。1856年荷兰人去时，竹桩插孔尚在。[1]

1794年新港战事平息后，兰芳公司扩张至鼎盛时期，领土面积达到1.5万平方公里。公司除了经营矿山以外，也承担社会管理的职能。大约数万华人在九个社区里安居乐业，与辖区内十多万达雅人和平共处、互相通婚、守望相助。有些达雅人也参与兰芳的军事行动。和平时代到来后，兰芳公司基本实行民主选举制度，罗芳伯是由当地华人推举产生的第一任首领，对内称"大哥"或"太哥"，对外公文称"大总制"，民众有权选举或罢免领导人。如果领导人失职或去世，民众有权选举新领导人来取代他。这其实是一种社区自治行为。[2]

平定新港后仅一年，罗芳伯就去世了，终年五十八岁。临终前他留下遗命：兰芳公司太哥应由嘉应人担任，本厅副头人应由大埔人担任。可见兰芳公司的领袖确由选举公推产生，但也不是完全自由提名的民主制度，而是有乡里限制的有限选举制度，这当然是与兰芳公司的嘉应客家属性有关。可见"世界诸国第一"实在是夸大其词，不过在当时华人社区中，这种选举制度已经可以称得上是先进了。

罗芳伯临终前，推举江戊伯为第二任大总制。江戊伯原为新埔头华人的领袖（功爷），后来被收归罗芳伯麾下，传说他使一柄四十公斤的钢刀，能"双手举作旋风舞"[3]。这记载当然是不可信的，因为这种重量的兵器是无法实用的，但想来他应是武力勇壮的领袖式人物。江戊伯

1　李欣祥：《消逝的海外华邦：西婆罗洲华人政权的兴亡》，第49—50页。

2　同上，第37—38页。

3　余澜馨：《罗芳伯传》，李欣祥《消逝的海外华邦》附录，第267页。

自 1795 年上任，1800 年回中国唐山省亲，将兰芳公司管理事务交由阙四伯打理。阙四伯是嘉应丙村堡人，也是罗芳伯时期的兄弟。但在江戊伯回国期间，兰芳公司与达雅人发生冲突，阙四伯战败。江戊伯及时返回，平定了叛乱。江戊伯于 1813 年去世，前后执政十五年。

江戊伯去世次年，民众推举宋插伯担任大总制。宋插伯是嘉应上半图堡白渡人，也是罗芳伯时期的兄弟。他继任两年后，荷兰海军来到坤甸与三发，占据海口航道，阻止英国海军染指西婆罗洲。1819 年开始，荷军在坤甸河口修建堡垒，将坤甸苏丹作为傀儡，不断扩大其殖民统治。同年，荷属东印度公司特使纳胡易斯来到东万律，受到宋插伯接见。据说，荷兰人想迫使兰芳公司投降，宋插伯坚决不肯就范，双方随后发生了武装冲突。兰芳公司民兵用土制炸弹（装满火药的椰子壳）袭击荷兰军营，荷军则以大炮还击，兰芳公司在军事上处于劣势。

军事作战的劣势，自然引发了政治道路的分化。李欣祥认为，彼时兰芳公司高层出现了路线分化，宋插伯属于主战派，而主和派则围绕在刘台二身边。1821 年，刘台二与荷兰方面支持的坤甸苏丹交好，接受了"德猛公"[1]的封号，又按照荷兰习惯，将"兰芳公司"改称"兰芳公馆"，将公馆头人称为"甲必丹"（荷兰语 kapitein，英语 captain）。1822 年，刘台二与荷兰军队开始接触；1823 年，宋插伯去世，刘台二被选为大总制，他与荷兰人初步签订了互不侵犯条约。据称刘台二抵达荷方宫殿时，因为赤脚，见到铺着红毯的豪华宫殿，紧张得不敢抬脚。刘台二对荷兰人的友好政策引发了兰芳公司内部一些人的不满，据称刘台二本人还因此被华人抓起来关了一段时间。[2]但是在他执政期间，兰芳公司整体上接受了荷兰政府的管理，双方和平共处。

---

1 Demang，意为首领、头领，亦作"天猛公"。

2 参见李欣祥：《消逝的海外华邦：西婆罗洲华人政权的兴亡》，第 52—58 页。

刘台二共执政十四年，于 1837 年去世，临终前推荐嘉应武秀才谢桂芳接任他的职务，但是谢桂芳未能赢得选举，民众推选古六伯担任领袖。当时领袖已经按荷兰习惯，改称"甲太"（马来语 kapitein toewa，即"老甲必丹"。福佬人误以为"toewa"是大"toa"，于是就称呼老甲必丹为甲大，又称甲太）。古六伯上任后，万那达雅人再度造反，将古六伯打得大败而归。1843 年，民众选举谢桂芳继任甲太，但谢桂芳任职八个月后，就因年老多病身亡。1844 年，叶腾辉当选甲太，但他多在自家店中料理生意，很少到总厅办公，以致公司政务废弛，各地副厅房舍荒芜。1846 年民众改选刘鼎（刘乾兴）为甲太，他率众与万那达雅人再度开战，结果又遭大败。荷兰东印度公司追究刘鼎的责任，免去他万那甲必丹的职位。这段时期是兰芳公司的衰落期。

1849 年，荷兰人任命民众推举的刘阿生为兰芳公司甲太。刘阿生上任后积极修缮公司的馆舍与厅堂，面目为之一新。1850—1854 年，荷兰殖民者向西婆罗洲各个华人公司发起攻击，称为"公司战争"。四年后，除了保持中立的兰芳公司以外，其他公司均为荷兰军队剿灭。荷兰人对刘阿生的态度很满意，兰芳公司的寿命因此得以延长三十年，直至刘阿生于 1884 年病逝后才被荷兰人消灭。

刘阿生于 1812 年出生于嘉应州，大约在 1846 年三十四岁时来到坤甸，最初在刘鼎店中做工，为人精明能干，崛起很快。1849 年接任甲太后，他策划开发万那的文兰新矿（钻石矿），使公司财政取得好转。"公司战争"爆发后，他因为保持中立态度，多为人批评，尤其是在荷兰军队攻击打唠鹿的大港公司时，他拦截大港逃难群众，缴其枪械，擒获逃难群众的首领并献给荷兰人，此举被人斥为"汉奸行为"。林凤超就说他"同是华侨，则宜守望相助，即不相助，亦不可同类相残。今刘生不知中计，反借此邀功，斯诚华侨罪人也"[1]。

不过，1975 年荷兰莱顿大学汉学家许理和教授在汉学院图书馆发现一封举报信，是 1886 年来自大港公司的一人向荷兰殖民政府举报刘阿生反荷的内容，罪名有五：一是 1853 年荷属东印度公司对打唠鹿进行经济封锁、围剿大港公司时，刘阿生暗中与大港公司串联，供给一切粮食器用；二是 1884 年荷军攻破打唠鹿后，大港公司一批人逃至东万律，在刘阿生资助下打游击，夜袭殖民政府所在地；三是东印度公司占领拉蜡后，刘阿生派出手下到拉蜡进行破坏，放火烧毁店铺、货物和钱粮，逼拉蜡人前往东万律谋生；四是 1855 年刘阿生策划以"义兴兰芳"之名，串通沙捞越三点公司，在丹员（地名）结寨反荷，被荷兰人抓获后，参与人廖二龙仍为刘阿生藏匿；五是 1856 年刘阿生与刘聪联合起兵攻打芦末，想趁势进攻打唠鹿，因刘聪死亡而罢兵。如果以上举报属实，那么刘阿生恐怕就并不是简单地向荷兰人屈膝投降的汉奸，而是在荷兰人与各个公司之间游走，一方面希望利用荷兰人打击大港公司等竞争对手，攫取更多人民在东万律定居，另一方面也援助当地华人组织，暗中抗击荷兰人的灰色人士。[2]

刘阿生的种种行动，让人想起北美休伦人部落的酋长康迪阿容克（Kondiaronk）。当时休伦部落正在与易洛魁部落发生冲突，康迪阿容克展开外交攻势，说服法国人认为易洛魁人与英军结盟，有损法国利益，从而与法军结盟击败了易洛魁人。这些历史说明我们头脑中关于"殖民者征服土著"的刻板印象过于简单，有时当地不同土著部落间的冲突仇恨甚至胜过与外族的冲突仇恨，而土著部落也会审时度势在各个势力中游走。只不过与康迪阿容克不同，刘阿生缺少一个强有力的外援，他虽

1　林凤超：《坤甸历史》，第 262 页。

2　参见李欣祥：《消逝的海外华邦：西婆罗洲华人政权的兴亡》，第 125—128 页。

然诡计百出地与荷兰人斡旋良久，保存了兰芳公司的实力，但是这终究只能救得了一时，救不了一世。

1884年9月，刘阿生病故。10月3日，东印度公司以护送其灵柩为名，派兵直接进驻兰芳公司厅堂，旋即宣布接管兰芳公司政务。士兵们占据并驻进总厅，搬开罗芳伯的神位，拆掉总厅门前的旗帜。华人对此十分愤怒，发动暴动，夺回兰芳公司总厅，史称"东万律事件"。暴动后，荷军从爪哇调来一个加强师，镇压了兰芳公司的华人与达雅人军队。此后的小规模战斗持续了两年，自此之后，兰芳公司正式灭亡。以上，就是罗芳伯及其建立的兰芳公司事迹的大致始末。

是公司还是共和国

以上我们大概介绍了兰芳公司的始末。现在，我们来对有关兰芳公司的几个重要问题进行探讨。

首先，兰芳公司究竟是不是共和国呢？要想回答这个问题，必须先澄清"公司"这个术语。18—19世纪南洋华人使用的"公司"一词，并不是现代汉语中的"公司"。这里的"公司"是指闽南、潮汕和客家地区的民间组织。这个词很可能源自"公祠"，或是客家话中的"公尝"，也就是宗族管理自身公共财产的自治社团。出生于梅县的李欣祥介绍了客家地区这类组织的基本情况：

据笔者自小在家乡梅县成长的背景和撰写《罗芳伯及东万律兰芳政权研究》时在粤东各地的调查，早在明清甚至更早的宋元时期，程乡县［清雍正十一年（1733）改称嘉应州，今梅州］和邻近客家地区就有了管理宗族资产的民间组织——"公尝"。它的名称通常冠以祖宗的名字，例如笔者家族的开基祖讳志富，则称为"志富公尝"。其成员是由这位祖宗传下的全体子孙；它的议事厅也是祭祀祖宗的场所，称为"公祠"，客家话口语称为"厅下"（tanghah）。厅下的正面设有神龛，供奉开基祖考妣的神位，岁时须依礼祭祀。厅正中设有条桌和座椅，为族中大事的会议场所；它的资产一般是这位祖宗的遗产或由子孙筹钱购置的田产，被称为"蒸尝"，口语也称作"公尝田""公尝山"或"公尝铺"，此外还有祠堂的祭祀器具和宗族祭祀基金、储备粮仓等。它的管理者是由裔孙推举的"理事"，也称族长，一般都由成员中的长辈或德高望重者担任，理事年老不能胜任时通常由裔孙推选新理事接替。理事的职责主要是管理公尝财产（收租、储粜仓谷等），组织每年春秋祭墓和除夕祠堂祭祖等宗族活动，他手下有一名或几名助手负责具体事务。有些较大的村社"公尝"甚至开办族塾或学校，培养子弟读书做官。有的组织拳馆、武馆，太平时期习武强身健体，乱世则购买武器训练民壮（旧时被征募服役的壮丁），遇到与邻村发生利益纠纷或遭遇外敌侵入时，便动员民壮进行群殴或武装自卫。遇到本姓群众有偷盗、通奸、侵占等案件时，族长可以召集父老在祠堂里办案，对犯错者处以刑罚。据笔者调查，嘉应州邻近的福建厦门、漳州、龙岩和粤东的潮州、揭阳等福佬人居住地区，揭西、紫金和惠阳地区也普遍存在这种"公尝"组织。看来高延[1]在实地调查后撰文所指的村社自治管理制度，就是指这种宗族管理组织。

---

1 荷兰汉学家，兰芳公司最早的系统研究者，著有《婆罗洲华人公司制度》（*Het Kongsiwezen van Borneo*）一书。

据笔者在印尼雅加达、万隆、泗水和马来西亚吉隆坡、槟城、马六甲等地的调查，18世纪初或更早时期由福建、粤东地区移居南洋谋生的华人，在海外异邦之地经营多年，渐渐以原籍地域或同姓者聚集结社，这个社团的名字就是"公司"，在英属殖民地的英文语境里被写作"kongsi"，而不是"company"。这些公司一般都以成员捐款或摊派、经营产业等形式筹集资金，甚至有些公司创立钱庄、汇兑庄（银行），吸收成员资金（有付利息），用于兴建活动场所、祠堂、寺庙、义山（墓园）、武馆、学校等福利设施。有些公司还设置耆绅长老，调解成员纠纷，甚至拥有部分司法功能（以鞭刑、杖刑、拘禁、劳役等手段惩戒盗窃、通奸、诈骗、斗殴和背叛等过错）。[1]

从李欣祥的介绍中，我们可以看得很清楚：第一，闽南、粤东和粤北的客家地区均有此种基于宗族的社团自治组织，组织本身名为"公尝"，这其实源于宋代兴起的"祭田"，就是宗族为了支撑家族祭祀的物质需要而置办的田地，也称为公业、祀业、尝、祖尝、祖公田、祖公烝、大公田或公山。除以上地区外，我国台湾地区也有类似的称呼。第二，管理"公尝"的议事厅称为"公祠"，很可能就是南洋华人"公司"一词的来源。第三，这种"公司"的性质其实是依托宗族的乡社自治组织，只不过到了南洋之后，基于宗族的关系有所减弱，依托公共规则而进行自治的社团性质有所加强，承担武力协防公共职能的程度大大扩展，因而与中国本土常见的宗族社团有所区别而已。

其实，香港流行文化中早就有对这类社团组织的展示与表达。李小

1　李欣祥：《消逝的海外华邦：西婆罗洲华人政权的兴亡》，第139—140页。

龙 1971 年拍摄的《唐山大兄》，片名中所谓"唐山"，就是南洋华人对中国本土的称呼。李小龙饰演的主角郑潮安从唐山来到泰国，进入冰块工厂工作，为了捍卫工人的罢工抗议权与老板沙密的打手对抗，被工人们尊称"唐山大兄"，就是"从中国来的大哥"的意思。兰芳公司领袖起初使用的"大哥"或"太哥"[1]一词，与此同义。20 世纪六七十年代华人到泰国工厂谋生，与当年华人从广东渡海到南洋，披荆斩棘，筚路蓝缕，处境是有相似之处的。为了对抗当地权贵、土豪或其他族裔的不公压迫，华人以有武力和组织能力的"大哥"为领袖，自发围绕在他身边，形成有自治能力的社团，其实是很自然的事情。

当时南洋华人的聚居区有大批这类公司，像邻近东万律的打唠鹿地区，与罗芳伯同时期有七大公司，最强的是大港，其次有三条沟、新屋、坑尾、十五分、十六分、满和。除此之外还有和顺总厅、九分头、新八分、老八分、新十四分、老十四分等公司。其中大港公司到被荷兰人消灭时，前后存在了至少也有七八十年，比兰芳公司并不逊色多少。除了这些公司之外，还有公司组成的联盟。比如在 1808 年由大港公司主导，七大公司结成正式同盟，名为"和顺公司"，划分利益，共同进退，颇有欧洲中古"汉萨同盟"的味道。

兰芳公司创立之初的事迹，似乎跟所谓的香港社团没有太大区别。其实那些"社团"文化也正与这种公司组织同源。20 世纪 90 年代后期活跃的香港社团，如 14K、新义安、和安乐、和胜和等，其实都是过去三合会的不同堂口，而香港三合会组织则基本被认定为南方三合会的分支和附属。关于三合会的资料多称其源自反清复明组织天地会，自乾隆年间福建漳州林爽文起事后，为清政府明令查禁，为躲避追捕而产生诸

1　客家话"大"与"太"同音。

多别称，如"洪门""添弟会""三合会"等。[1]这种秘密帮会的组织形态、会内规矩和选举大哥的习俗，其实就是一个更侧重隐秘性和暴力性的公司。

既然帮会或公司总有率众打地盘的需要，"大哥"一职自当有能者居之，所以必须采取民主选举制度。我们也不必把这种社团自治的民主想象成有着完整合法选举流程的现代国家的对应物。杜琪峰先生拍过一个叫作《黑社会》的系列电影，很好地反映了这种选举文化。

《黑社会》的剧情是香港最大的传统帮会"和联胜"要举行两年一届的话事人选举，帮中的"阿乐"与"大D"想要竞选话事人。大D采取贿选的方式势在必得，阿乐则得到了老话事人邓伯的支持。整个话事人产生的过程名义上是选举，实际上则被已经退休的几个大佬把持，而最终的拍板权又实际掌握在拥有崇高威望的邓伯手中。虽然片中说黑社会实行选举制度比香港特首的选举还早，但从头到尾，这场选举都没有任何公平性可言，反倒是充斥着权威、收买、背叛与暴力冲突。我当然不是说南洋华人诸公司的选举一定如电影中展现的那样不堪，但华人社会实施民主自有其文明本色，各位对这一点也不必怀有什么浪漫想象。

当然，兰芳公司相比于中国本土的客家自治社团"公尝"来说，还是有更为发达和复杂之处的。这主要体现在它的财务结构上，兰芳公司（包括当时许多同时存在的华人公司在内）的主要收入分为两大版块。

那么，这样的公司组织究竟是否够资格被称为"国家"或者"共和国"呢？这里要先作说明的是，把兰芳公司称为"共和国"，并非华人学者为了拔高兰芳公司的地位而提出的观点。实际上，19世纪荷兰人接触到华人公司之后，就已经使用"repubiiek"（荷兰语"共和国"）来

1　参见叶勇胜：《香港三合会：来历、堂口与掌故》，（香港）艺苑出版社，2011年，第34页。

称呼它们了，还称它们是"华人的自由国度"。19 世纪到 20 世纪的欧洲学者也基本上使用与"republic"等同的词语来称呼这些华人公司。因此，西方学者才是"公司共和国说"的首倡者。

我们考究西方语言中"republic"（共和国）这一术语的概念，那必然会回溯到西塞罗的名著《国家篇》中著名的段落"res publica res populi"（共和国是人民的财产）：

> 共和国是人民的财产，但是人民并不是任何以某种形式聚集到一起的一群人，相反，他们是因为对公正和追求共同善的伙伴情谊而达成共识的一大群人的联合体。[1]

所以，在最基础的意义上，"共和国"只是一群有共识、有公正秩序、有共同价值认同的人组成的联合政治体而已。

西塞罗在《国家篇》中进一步套用亚里士多德的理论框架，把共和国解释为一种采取了混合政体的国家。这套理论说的是，基本的政体有三种：最高权力归属一个人，或者最高权力归属少数人，或者最高权力归属多数人，它们的名字分别是君主政体、贵族政体和民主政体。

君主政体的优点是上限高，因为它权力集中，如果君主足够优秀，这种政体就可以建立伟大的功业，缺点则是下限低，一旦摊上一个糟糕的君主——而且这常常发生，人民的自由和权利就会遭灾；贵族政体的优点是它选贤任能，充分发挥精英的作用，缺点则是不平等；民主政体的优点是保障了自由和平等，缺点是人民往往囿于知识和见识的缺乏，容易做出急功近利的选择。

---

1 〔古罗马〕西塞罗：《国家篇》第一卷第 25 段。

除了这三种基本方式之外，还有一种政体叫混合政体，或者共和政体。它的特点是把最高权力按照职责分类，在不同领域分别把三种基本政体混合起来，例如君主负责军事，贵族负责决策，民主负责立法和表达意见。亚里士多德认为，这种共和政体是最优秀，也是最稳定的政体。而西塞罗就套用亚里士多德的理论，说罗马之所以成功，就是因为它采取了这种混合政体，也就是它配得上"共和国"这一称呼。

"共和国"一词在西方政治思想中的本来含义就是这样，但是在实践中，从古罗马到近代的绝大部分时间里，西方学者经常会用这个术语或其对译术语（如英文中的 commonwealth，此词是对拉丁术语 res publica 的直接对译，res=wealth=财物，publica=common=公共）称呼任何不采取君主制的城邦、政治体和国家。尤其是在文艺复兴以后，这个术语常用来描述各种商贸城市或自治城邦。佛罗伦萨的历史学家乔万尼·维拉尼编纂的《新编年史》（Nuova Cronica）中，还在用比较"当地化"的术语，即 libertās populi（自由人民）来描述这些政治共同体。到 15 世纪，像莱昂纳多·布鲁尼这样的作家，就习惯用古典时代的 res publica 来描述不采取君主制政体的城邦了。[1]

我们以威尼斯为例。威尼斯自 697 年到 1797 年是一个事实上有着独立主权的商业城邦或共和国。最早，它在法理上是拜占庭帝国的一个省，其总督名为威尼斯省总督（Dux Venetiarum Provinciae）；840 年，它与加洛林王朝签订协议事实独立时，自称威尼斯公国（Ducatum Venetiae）；10 世纪以后，它称为威尼斯领主国（Domino Venetiarum），总督使用 Domino 这个词，意味着他还是类比为国王。而从 17 世纪起，由于专制主义的兴起，君主国和共和国的使用更加泾渭分明。威尼斯

1　Nicolai Rubinstein, *Machiavelli and Florentine Republican Experience* in *Machiavelli and Republicanism*, Cambridge University Press, 1991.

官方名称便改成了"最宁静的威尼斯共和国"（Serenissima Repubblica di Venezia）。当时的热那亚共和国和七省共和国（也就是荷兰）也用 republic 这个术语来称呼自己。所以，我们可以说 18 世纪的荷兰人正是用对自己政体同样的术语来称呼兰芳公司的。在他们看来，很明确的，兰芳公司是一个不采取君主制的政治体。

而且，从体量而言，兰芳公司的规模与欧洲的这样一个被称为共和国的商贸城邦，相差并不远。我们前面讲过，兰芳公司鼎盛时约占地 1.5 万平方公里，拥有数万华人居民和十数万达雅人居民。作为对比，威尼斯老城区的面积约 400 平方公里，人口自 17 世纪起长期维持在 20 万人左右；热那亚老城区的面积约 240 平方公里，人口在中世纪保持在 10 万上下，直到工业革命后才有爆炸性增长。从面积和人口规模来看，兰芳公司的体量确实与欧洲的城市共和国相当，欧洲人以"共和国"来称呼兰芳公司，是符合他们直观感觉的。

因此，假如考虑西方学者对于"共和国"这一术语的原初使用方式，我认为，以"共和国"来称呼兰芳公司，并没有什么不妥。但是，我们要同时指出的是，兰芳共和国的实际治理框架，较西方共和国要简单粗糙得多。

这是一幅 14 世纪以后威尼斯的政治结构示意图。右边的总督（Doge）是行政首脑，而左边的这个庞大的倒三角，上层是议会，下层则是行政机关。总督被单列出来，是因为这个职位的权力是独一无二的，也是其他机构无法相比的，他是威尼斯的国家元首，也是一切政府机构的首脑。但是，这个职位的权力受到两个限制：一是它有明确的任期限制，二是议会可以制定法案，来具体限制总督的特定权力。左边的这个倒三角是在市民议会基础上累积起来的立法机构，包括市民议会（Arengo）、大议会（Maggior Consiglio）、一百二十人元老院（Pregadi）、

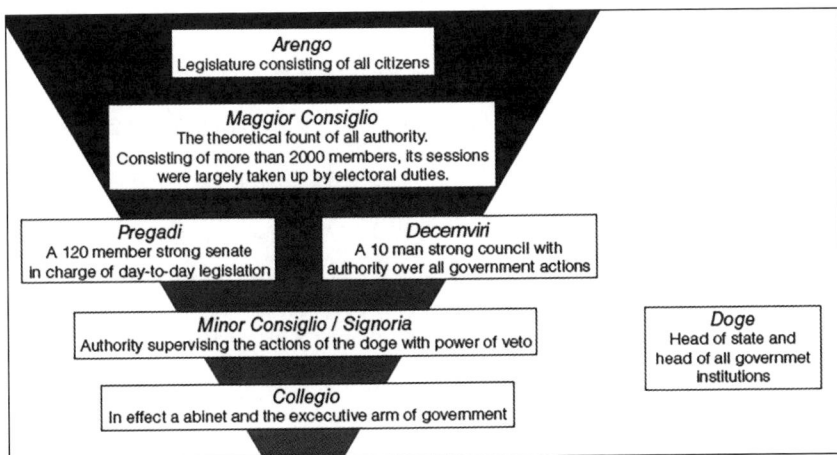

```
                    Arengo
          Legislature consisting of all citizens

                 Maggior Consiglio
          The theoretical fount of all authority.
     Consisting of more than 2000 members, its sessions
        were largely taken up by electoral duties.

        Pregadi                    Decemviri
  A 120 member strong senate    A 10 man strong council with
  in charge of day-to-day legislation  authority over all government actions

          Minor Consiglio / Signoria                    Doge
  Authority supervising the actions of the doge with power of veto    Head of state and
                                                                      head of all governmet
                                                                      institutions
               Collegio
  In effect a abinet and the executive arm of government
```

14 世纪以后威尼斯的政治结构示意图

十人委员会（Decemviri）、主权会（Signoria）等等。

　　最初的威尼斯立法机关是由四百八十个精英家族成员组成的"大议会"，这是一个由贵族控制的机构，普通人是没有资格加入的。但四百八十个家族成员组成的议会规模依然很大，为了决定重大事项不至于事事都要放到大会上去吵，威尼斯人就学习古罗马设立了"十人委员会"，这个委员会基本可以决定所有重大事件。随着城市经济的发展，新的成功商人诞生，但是旧的四百八十个精英家族未必空得出那么多新位子，所以又在已有的机构外增设了"小议会""四十人委员会"，后来又把这些合并在"主权会"里，再在外层设立很多"智者会"（Savii）来作为顾问，最后就形成了一个看起来十分复杂的立法机关。但它的本意，其实就是在尽量不发生大的革命变化的基础上，对旧制度进行微调以适应新情况，从而避免对整个结构造成剧烈的震撼。[1]

1　张笑宇：《商贸与文明：现代世界的诞生》，第 97—158 页。

相比而言，兰芳公司的政治架构十分简单。它事实上只有两层架构：中央和地方机关。兰芳公司的中央机关是东万律总厅，首领称为大哥，本厅选举一名副头人，称为二哥。总厅设财库（财务管理）、先生（文秘）、采办（采购）、军师（参谋）、先锋等职务，以上职务由大哥领导，二哥主要负责东万律的民政事务。地方机关就是兰芳公司下属的新港、仑喃、沙拉蛮、南吧哇、八阁亭、淡水港、坤甸新阜头、万诸居和万那等地，这些地方厅堂亦会选举头人大哥听从总大哥指挥，副头人（二哥）管理属地民政事务。至于副厅所辖的乡村地方，则采取村民自治的方式，以不拿报酬的"尾哥"和德高望重的长者（老大）来协助管理事务。

从具体样式来看，兰芳公司的厅堂基本是仿照中国本土的衙门摆设的。荷兰汉学家高延描述道：

> 公司总厅大门对面还摆着一张又高又大的桌子以备开庭之用。上面摆着毛笔与其他文房用具的大型仿制品，一个盛有公司图章的盒子，一个放竹签的筒子……通往大院的正门之下，可以看到两边悬挂着大竹板、皮鞭以及一些红、黑色的状似钟乳石的宽沿帽——所有这些属于中国刑吏装备的组合，正如出现在中国大街上的官僚随从的全副行头……就是大官出行时威吓百姓回避的工具。……每当专员到东万律首府，他们总是隆重地使用这些工具为他鸣锣开道。他们还模仿中国官府的做法，在厅的正门前列队持铳，当来访者进出公司总厅时，按照职衔高低鸣铳敬礼。[1]

---

1 〔荷〕高延：《婆罗洲华人公司制度》，第74—75页。

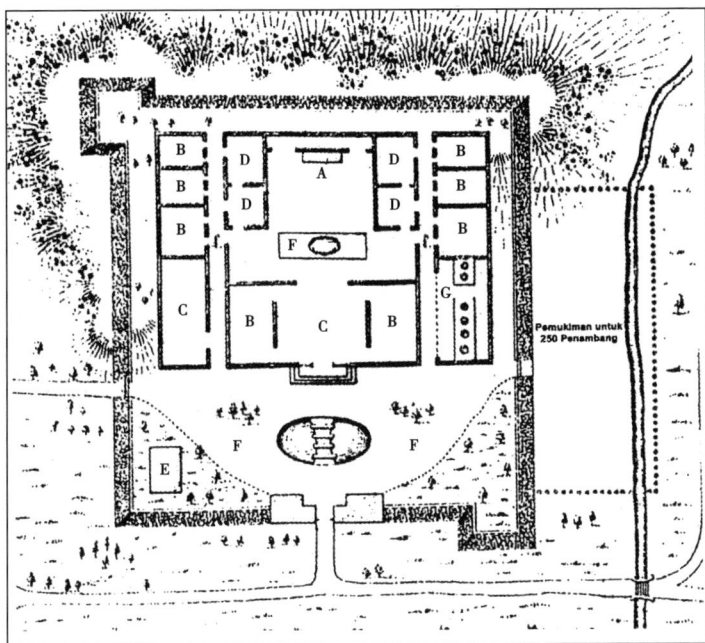

兰芳公司 1822 年的厅堂结构图（A. 神台，B. 长者居所，C. 议事大厅，D. 客房，E. 储物间，F. 带水池的天井）

除了大厅摆得像官府衙门，其余诸厅的格局则与粤东客家地区的祠堂几乎一样：上厅正面是神台，下厅是议事场所，两厅之间有天井。上厅左右正房为长者居所，下厅左右两侧厢房为后辈居所，厅房两侧还有横屋，作子孙居所、厨房、粮仓和储物间使用。大厅外则是关帝庙，是司法机关（总裁判厅）的场所。可以想象，兰芳公司当然也没有什么现代诉讼制度，而是如客家传统一样，诉讼双方要在关二爷的见证下发誓对证。

兰芳公司的这些特征，显然是其从"公尝"发展而来的缘故。当然，华人在南洋的特殊处境，决定了它承担的职责，尤其是暴力责任，显然超出了原先宗族自治社团的范畴。那么，这样的发展使它成为国家了吗？

1934年生效的《蒙得维的亚国家权利义务公约》确立了国际组织所承认之国家的四项标准，即第一，拥有常住人口；第二，拥有明确界限的领土；第三，拥有一政府；第四，拥有与其他国家建立关系的能力。以此四标准衡量兰芳公司或其他华人公司，则第一、第三和第四三点都是满足的，唯有第二点有疑问。但是在前现代国家那里，边界不明确本身就是常态。比如古代中国的统治者常常对少数民族实行羁縻政策，他们名义上从属于朝廷，长官则由当地部族首领世袭，可以自治内部事务，同时有一些基本规矩（如忠于中央、提供军人、不吞并其他羁縻单位与内地州县）不能破坏。因此，说兰芳公司在古代意义上符合一个"国家"的特征，也是没有问题的。

再从政治学理论的角度看，马克斯·韦伯的经典定义是国家即能够在一定范围内合法垄断暴力的政治组织。兰芳公司的历史基本就是"大哥"带头率众平定（打服）其他组织的历史，这当然是一个政权试图垄断暴力，并且扩大垄断区的过程。18—19世纪的西婆罗洲实际上不存在一个真正能够实现有效暴力垄断的政权，连神圣罗马帝国那样松散、控制力弱的国家也是不存在的。兰芳公司和其他华人公司实际上就是暴力的合法垄断者。

不过，从另一个角度讲，学者们一般认为国家合法垄断暴力的同时，意味着某种社会契约，即国家垄断暴力归根结底是为了提供公共物品。美国经济学家保罗·萨缪尔森认为，公共物品就是那些任何个体的消费都不会导致其他个体对其消费有所减少的商品。[1]虽然公共物品不

1　Paul A. Samuelson, *The Pure Theory of Public Expenditure*, *The Review of Economics and Statistics*, Vol.36, No.4.(Nov.,1954), pp.387–389.

一定都由国家提供，但提供公共物品的大头几乎都是国家。国家垄断暴力，征取税收，就是为了提供公共物品的。最基础的公共物品包括国防安全、内部秩序、司法机构等等，现代国家有时还提供免费公共交通、免费电视和广播、义务教育、免费医疗等更进阶的福利。

兰芳公司是否像国家那样征税并提供公共物品？一定程度上有，但不完全。首先，兰芳公司的确是收税的，征收类目有人头税、户税、入口货物税、烟酒税、赌博税和粮饷码等。其次，兰芳公司确实也提供一定的公共物品，比如基础的秩序和安全以及开设公馆、安置其他地区流入的华人、为这些华人提供救济甚至发展产业的启动资金等等。这些花费十分巨大，据估计，兰芳公司在1850—1856年间的花费达到12万荷兰盾，相当于半吨黄金，仅靠这些税收所得远远不足。实际上，兰芳公司和其他大多数华人公司的最主要收入来源是对矿产的开采。兰芳公司在东万律拥有山心金湖矿，此外还有新港银矿、万诸居银矿和万那钻石矿，这些收入是他们扩充武力、提供公共服务的主要财政来源。此外，兰芳公司和其他华人公司还铸造发行货币，这在某种程度上也是国家提供的一种公共物品。

有趣的是，虽然兰芳公司确实在一定程度上提供了类似国家的管理和服务，但他们或许并没有把自己理解为国家。这从《兰芳公司历代年册》中可以看得很清楚：

> 兰芳公司自罗太哥传位至江戊伯、阙四伯、宋插伯，俱称太哥。传至刘台二时，始有公班衙来理此州府，封甲必丹南蟒，刘台二为兰芳公司甲太大总制。于是本厅副头人、本埠副头人俱请封为甲必丹。后开万那，设公馆，举一甲必丹。而新港、仁喃、沙拉蛮、喃吧哇、八阁亭、淡水港、坤甸、新埔头等处，俱设公馆，俱举甲必

丹。惟时人子挥钱归公班衙，至于各偶饷务则归公司。[1]

这里所说的"公班衙"，需要特别解释一下，是对荷兰语"公司"（compagnie）的客家话音译，它指的当然是荷兰联合东印度公司（Vereenigde Oostindische Compagnie）。但是，汉字写作"公班衙"，似乎是官府衙门的含义。其实，当时婆罗洲华人的感觉是准确的。因为荷兰东印度公司属于特许公司，即被官方授予特权以从事特定领域业务（殖民贸易）的公司。这种公司与政府之间的关系也受到不同社会不同政治习惯的影响。例如，在西班牙和葡萄牙，王室或官方机构（如贸易署）对特许公司的控制较强，而对荷兰人来说，特许公司的自治程度不仅很高，而且国家经常把它的部分宗主权转让给公司。也就是说，这些公司确实是国家殖民行为的代理人，尽管它的运营者以商人为主，组织形态也完全是公司式的，而非官僚制的。荷兰本土是自由国家，东印度公司也似乎是一个由商人集团组成的国中之国，它们在东印度事实上保持独立地位。[2]

再引申开来，其实西方语言表示公司的词语，往往有"结社"之意。例如英语中的 corporation，在荷兰语中写作 corporatie，西班牙语写作 corporación，葡萄牙语写作 corporação，它们的语源都是来自拉丁文 corporātiō，即"结成一体"。法语中的公司写作 société，意大利语写作 società，语源与英文 society 相同，来自拉丁文 societās，意为社团、共同体、社会。这不是偶然，而是在西语文明中看来，"公司"本来就是一种自由结社团体，亦可以译成"法团"，在 16 世纪以降的自然法学

1 《兰芳公司历代年册》，第 21—22 页。

2 〔英〕E.E. 里奇主编：《剑桥欧洲经济史》第四卷，张锦冬等译，经济科学出版社，2003 年，第 221—222 页。

西婆罗洲华人公司铸造的各种货币

派中是自由人依据社会契约所形成的一种组织。[1] 如果我们把客家的"公司"看作是南方华人特色的自治社团，那么 corporation 或 société 在西欧文明中的原初含义，其实与婆罗洲华人公司在南方华人社会的原初含义是非常类似的。后来魏源等人受到客家人的影响，以"公司"对译company，其准确性是超出我们当代人想象的——它们最早都是对一种社团自治形态的称呼。这恰恰说明，这种自由人结成社团的政治经验是普遍的，是跨越东西方文化差异的。

自由结社和社会契约理论在 16 世纪以降的西欧文明中，已得到诸多学者和思想家的发扬光大。荷兰或英国商人可以理直气壮地依据这些理论自由结社，选举管理者实行自治。理论上这种自治团体的合法性并不低于政府，实践中本国政府也会尽可能地在武力和财力上支持殖民特许公司。但在中华文明这里，由于传统学术思想的长期禁锢，儒生们对发达的民间结社自治活动并没有充分认知，更没有在此基础上阐释一套革新性的政治哲学，因而也就未能为华人民间的自发探索提供扎实的理论基础和信心。其结果就是，在实践中，婆罗洲华人甫一接触武力组织度已经高度发达的东印度公司，就自惭形秽，认为对方的印象更符合自

1　Samuel von Pufendorf, *De Officio Hominis et Civis Juxta Legem Naturalem Libri Duo (On the Duty of Man and Citizen According to Natural Law)*, Translated by Frank Gardner Moore, Legal Classics Library, 1993.

己本土上高组织度的官僚机构。这实在是中华文明历史上巨大的缺憾。

言归正传，我们可以看出，兰芳公司在心态上并不认为自己能跟荷兰殖民者的公司平起平坐，而是把后者当作一种"国家机器"来对待。由是，兰芳公司的历史实际上也就被划分为两段。在刘台二之前，此地并没有国家机器进入、统治并提供公共秩序，一切社会秩序实际上由公司代表的自治社团提供。到刘台二时，荷兰殖民者进入，才有了受国家机器统治或册封的概念。国家进入之后，一方面是通过册封甲必丹的方式完成对社团的法律认可，另一方面也从合法程序上划分了税收形态，即人头税（人子挥钱）归国家机器（荷兰殖民者）所有，而兰芳公司依然可以分得其他收费项目的所得。可见，兰芳公司虽曾提供过类似国家的职能服务，但从荷兰人进入以后，他们就主动把荷兰殖民者代入了国家机器的想象，服从其统治了。

那么关于兰芳公司是否该被定性为共和国的问题，已经讨论得比较清楚了。从西方语言中对"共和国"这一术语的原初使用意义来看，兰芳公司是符合其"有政治认同、有共同利益、非君主制、民主自治"等特点的。从政治学对国家的一般理解来讲，兰芳公司也是基本符合的。但是，与 18 世纪以降同时期的欧洲城市共和国相比，兰芳公司虽在规模上近似，却在政治组织和制度建设上相去甚远。在接触到荷兰殖民者，体验到"文明冲突"之后，他们也主动将自己降格为接受整编的社团，而不把自己理解为一个真正具有主权地位的现代国家。因此我们可以公允地定义说，兰芳公司是一个处在自治社团向自治共和国转化过程中的华人政治体，具备共和国政权的某些特征，但是囿于其领袖集团的知识结构和实际经验，他们没有主动产生过"要建立自治共和国，与殖民者按国际法原则平等相处"的想法，也就是没有产生过真正的"建国想象"，没有这种政治心态上的自我提升，因而接受了被荷兰殖民者统治和收编的安排，最终被其消灭。

最后还有一个需要讨论的小问题。民国初年，在"反清共和"的大旗帜下，许多华人学者把罗芳伯和兰芳公司描绘为"反清复明"的志士和集团，认为他们是推行共和的楷模。但实际上，这种说法是不成立的。

根据荷兰人拍摄的西婆罗洲采金华人的照片，画面上的华人都保留剃头留辫的发式。这是因为西婆罗洲的华人都相信死后会被孔夫子拎着辫子拉上天堂。对比明郑政权不接受清政府推行的剃发留辫的风俗，可知西婆罗洲华人并无反清思想。此外，据罗香林提供的资料显示，原东万律罗芳伯墓的碑文为"皇清敕赠威明德创芳柏罗先生墓"。《梅州市华侨志》亦有图片，说明当年兰芳公司总厅门前旗杆夹木柱上刻有"皇清嘉庆甲□"的字样。李欣祥亲赴淡水港兰芳公馆遗址，看到其旗杆底座夹木上也刻有"清同治十年……"的字迹。[1]《兰芳公司历代年册》中也有一段，写罗芳伯的政治意图：

> 罗太哥初意，欲平定海疆，合为一属，每岁朝贡本朝，如安南、暹罗称外藩焉。奈有志未展，王业仅得偏安，虽曰人事，岂非天哉？后之嗣者，当思罗太哥身经百战，方得此东南半壁，虽作藩徼外，实有归附本朝之深心焉。[2]

这段话也说得很直白。罗芳伯的本意是想做越南、泰国那样的独立王国，对大清朝贡而已。但能力有限，一生打架打出来的地盘实在太小（仅得偏安），连各个华人公司也没有摆平，只好接受这个现状。因为清朝建立之初与明郑政权作战，嗣后又受海盗的侵扰，康熙末年开始一

1　李欣祥：《消逝的海外华邦：西婆罗洲华人政权的兴亡》，第 194 页。

2　《兰芳公司历代年册》，第 14 页。

直实施海禁政策，将海外华人视为弃民。以罗芳伯的身份，回到故国其实是有政治风险的。《历代年册》中说他想"归附本朝"，实际上是一种"杀人放火受招安"的思路——即不管之前犯了什么错，只要后来的成就足够大，都可以一笔勾销。明朝的郑芝龙、清朝的陈添保都是成功案例。罗芳伯的愿望，符合当时海外弃民的政治策略。兰芳公司末代甲必丹刘阿生也的确捐钱买到了一个二品花翎和"资政大夫"的头衔，可见一来兰芳公司并无反清的思想，二来对在故土受到官方嘉许册封也极为重视，只是"内附"理想从未实现而已。

由此也可知，兰芳公司并没有明确的反清的政治认同，也没有把自己真正视作独立国家。对比明郑政权，郑成功不肯低头降清，因此在永历帝死后选择向南洋进发，征讨马尼拉，驱赶西班牙人，确有以汉人为同胞的政治认同意识。而罗芳伯及兰芳公司诸领袖没有这样的意识，前期想内附大清，后来又接受荷兰殖民者的统治，都代表他们对自身的理解不过是自治社团或土司那样的小规模地方政权，从无共和建国之意。其选举制度，不过是客家民间社团自治手段的延伸而已。

最后，我想补充的是，兰芳公司被荷兰殖民者消灭，对任何人来说都是一场悲剧。西婆罗洲高温湿热，雨林密布，疾病肆虐，当地达雅人长期处于刀耕火种的阶段，还有古老的猎头传统（即割下敌人头颅作为战利品收藏），经济水平相当落后。华人到来后，以其勤劳勇敢的品性和心灵手巧的技术水平开矿设厂、垦拓种植，多数时间里与达雅人友好相处，也大大促进了当地的社会经济发展水平。荷兰人消灭华人公司后，华人纷纷迁徙到沙捞越、吉隆坡、巴达维亚和棉兰等地，西婆罗洲的社会和经济发展陷入长期停滞甚至衰退的状态。[1] 可见，殖民者不论

1　李欣祥：《消逝的海外华邦：西婆罗洲华人政权的兴亡》，第114页。

308

以何种理由破坏当地自治社团，最终的结局都是双输。

南洋华人的政治进化史

宋室南渡以来，尤其是蒙古征服南宋以来，南方华人迫于地缘政治形势的演变，自然而然选择南海周边的东南亚地区（南洋）作为迁徙方向，这种大迁徙在中国历史上被表述为"下南洋"。由此打开的地理与政治空间，造就了与北方华人完全不同的政治视野与问题意识。我个人认为，他们这些经验本来是中华文明十分宝贵的精神财富与思想资源，可惜由于传统儒家知识分子过分关注帝王将相、才子佳人，对南方华人航海、经商、结社、自治的经验认识不足，发掘不力，导致中华文明的这个面相长期以来都被忽略了。

在我看来，南方华人的政治意识是从明末开始觉醒的，是因为晚明遭遇的内外巨大政治危机而产生的。如果要书写四百年来南方华人的政治进步史，那么我一定会把这个时代作为起点。

明代后期，帝国先后面临在朝鲜遏制日本扩张、在西南应对土司独立、在西北与蒙古发生冲突等地缘政治压力，又有全球白银循环枯竭和小冰期时代灾难增多的背景因素，政权统治发生严重危机，有识之士设法运用各种思想资源，从政治哲学的角度探讨帝国的未来出路。典型的思想家代表有顾炎武、黄宗羲和王夫之等人，他们一方面注重经世致用之学[1]，另一方面也提出新的政治哲学，例如顾炎武"寓封建之意于郡县

---

[1] 如顾炎武著《天下郡国利病书》，实际上与日本战国时代武士游历修行，考察各地地形、城防和人口物产类似，有较强的军事和政治实务用途。黄宗羲重视天文历算，曾校勘《水经注》，也是服务于帝国统治的实学。

之中"（《郡县论一》），黄宗羲"（人君）以天下之利尽归于己，以天下之害尽归于人"（《明夷待访录·原君》），王夫之"平天下者，均天下而已"（《诗广传·大雅》）等观点，各自从反对君主专制、探讨国家合理结构、实现社会平等等方面有所阐发。但是除了这些长江流域的思想大家之外，闽粤华人亦有在政治方面有重大实践探索者，恐怕为许多人所忽视。

例如，同为明末在南明朝廷任职者，以海洋国家力量对抗清兵南下的郑氏家族（郑芝龙、郑成功父子），亦在华人新政治形态的可能性方面，做过大量理论和实践方面的探讨。郑氏家族本来是雄霸南洋的海盗出身，17世纪上半叶因为替明朝廷击败荷兰东印度公司，得到官方信任，被吸纳成为钦定的海军将领。郑芝龙本人通五国语言，与南洋、日本有大量的商贸往来，同时也十分关心各种有利于实践的知识收集工作。他曾支持同宗学者郑大郁编纂《经国雄略》一书，搜集了当时中文资料中一切有利于军备、政务、外交等方面的资料。全书共分十三类、四十八卷，分为天经考三卷、畿甸考五卷、省藩考四卷、河防考四卷、海防考三卷、江防考三卷、赋徭考二卷、赋税考二卷、屯政考二卷、边塞考六卷、四夷考二卷、奇门考三卷、武备考九卷，其中武备考和边塞考卷数最多。郑芝龙称此书"搜罗今古，援证天人，与夫山川形便，安攘富强，极之帆海绝徼，靡不详载考图"。虽然以今人的眼光，书中多有五行八卦、阴阳术数等荒诞不经的内容，但在当时，的确是中文世界最包罗万象的一本"政治实践手册"。

而在实际行动上，郑氏集团也在闽南系华人公司的基础上，建立了类似于威尼斯或热那亚那样的"公司国家"。这一点，我在《商贸与文明》中曾作简单介绍。郑成功所建立之组织，与兰芳一样也以"公司"为名，其语源也来自南方华人的公祠组织。只不过他因为军事和政治的需要，将其改造得更加宏大和完善。

为表明自己效忠南明，郑成功在自己的组织之上虚设"六官"，对应中华帝国长期使用的六部制。一旦南明皇帝来到郑氏集团，这些虚设的官职就可以马上转实，成为中央帝国的一套领导班子。在虚设的户官之下，郑氏集团的首要实体是"天璇码头"。它的运作基础是华人公司，但实际职能颇似一家现代意义上以盈利为主要目的的公司。其下再设十家子公司，分为"山五商"和"海五商"。"山五商"有"金、木、水、火、土"五行，"海五商"则分为"仁、义、礼、智、信"五行。山五商负责在中国大陆采购丝绸、瓷器和其他奢侈品运往厦门，兼从事间谍工作。海五商则负责把山五商收购的货物卖往海外，其分公司遍布整个东南沿海，每行有十二艘帆船，总计六十艘，被编为东洋舰队和西洋舰队。东洋舰队航往日本、中国台湾和菲律宾，西洋舰队航往暹罗（泰国）、巴达维亚、真腊（柬埔寨）和其他东南亚港口。所得收入，直接进入裕国库——也就是天璇码头的账户。

除了这个机构之外，郑氏集团的成员还设立各种子公司，例如洪旭开设的旭元公司，郑泰负责的东立商行等。郑成功雇佣专业的代理人协助管理这些公司（名为"官商"），而郑氏亲族和将领在这些公司里都持有股份，可以获得可观的分红。这种运作方式，颇似现代的主权基金。它既标志郑成功与属下的政治联盟，也表明其中的利益合伙人关系。《鹿鼎记》小说里韦小宝的师父、天地会总舵主陈近南，在历史上则是郑成功之子郑经的军师。小说里陈近南一生清贫，但现实中的陈永华每年可以从公司分红几千两。作为对比，明代一品官每个月的俸禄大概是44两白银，一年加起来大概是500两白银。这也从侧面解释了，郑氏集团这批精英为何愿意把脑袋别在裤腰带上跟清政府对着干。

除了这些发挥经济职能的机构外，郑成功还设立了一些发挥政治功能和公共服务功能的机构，例如"查验司"。查验司本来是仿照明代政府体制中的监察御史体系设计的，但在实际操作中的地位更接近今天的审计署。即为了防止贪污腐败、侵吞公款，查验司会定期对账户本息与收支状况进行审计，一有状况，及时向郑成功汇报。

在公共服务方面，除了自己人控制的公司和商行外，郑成功还经常邀请私人商贩参与这个贸易网络。任何人只要购买以国姓爷的名义签发的许可证（牌饷），都可以在海外自由旅游或贸易。这实际上是一种营业执照制度。除此之外，这些商人还可以参投郑成功设立的社保基金"利民库"。利民库类似于一间从事民间借贷的银行，在荒年时向贫民提供粮食，在丰年时则回收欠款并收取利息。这是郑氏集团按照儒家理念和明代制度设置的社会保险机构，但其区别主要在于，它是按照商业银行的基本规范运行的。

在当时的东亚，郑氏集团的组织先进性、盈利能力和开放性可以说是首屈一指。先进性方面，郑氏集团的机构复杂度与威尼斯共和国初期的政治架构颇有类似之处，远远先进于后来以兰芳公司为代表的西婆罗洲华人公司。盈利能力方面，1650—1662 年是郑氏集团盈利的巅峰年代，根据经济学者杭行的计算，郑氏集团每年从西洋销往中国的货物大概价值白银 172.5 万两，利润约为 35.7 万两，对日本、中国台湾和马尼拉的销售量则达到 407.5 万两（利润方面的资料缺失），两项加总，总收入约为 580 万两，利润约 187 万两，而这还不是国姓爷的全部收入。作为对比，当时荷兰东印度公司的全球收入大概不到郑氏集团的四分之三，毛利则大概比郑氏集团多一成。而这是因为郑氏集团只有上述两项收入被完整记录下来，如果只算亚洲收入的话，东印度公司的收入大概不到郑成功的八成。开放性方面，郑氏集团中有效忠于父子两代的黑人

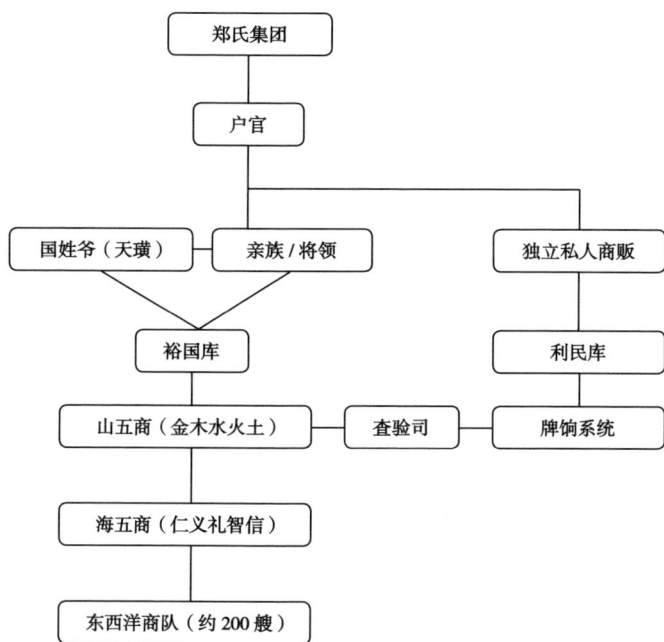

郑氏集团基本组织架构图

雇佣兵集团，也有仿照日本武士设立的铁军，就像兰芳公司中有与华人
并肩作战的达雅人一样，这正是南洋社会多元共存的特点。[1]

郑氏集团的出现，在我看来是明末南洋华人政治进化的第一个高
峰，但它是应明末的大动荡政局而生的，最终也在明清易代时消亡。郑
成功本意是在不能光复故土之后，前往南洋，建立"海外版"大明，但
是在他去世之后，其子郑经以台湾为根据地，支持三藩叛乱，结果因过
度消耗自身财力而最终失败。南洋华人探索新政治形态的第一阶段就此

1　以上参见张笑宇：《商贸与文明：现代世界的诞生》，第 252—276 页。

告终。如果从郑芝龙发迹（1625 年）开始算，到郑克塽投降清廷（1683 年）为止，前后将近六十年。如果从郑成功抗清（1646 年）开始，计算其"国家化"的时间，则不到四十年。

南方华人探索新政治形态的第二阶段，就是本章所讲述的西婆罗洲华人公司时代。这一阶段的华人公司是应南方华人下南洋时代的团结、抗争与自治需求而生的。南洋华人祖籍多在闽粤，实际上就是南方华人的延伸。政权建设的组织程度和理论高度均不及郑氏集团，但是遍地生花的公司，证明了南洋华人自治社区的蓬勃活力。其实在罗芳伯下南洋（1772 年）之前，西婆罗洲就有公司存在。到 1884 年荷兰殖民者消灭兰芳公司，这段时期至少持续了一百余年。

南方华人探索新政治形态的第三阶段，起自 19 世纪中叶的太平天国运动。太平天国运动是由于鸦片战争后，清廷的虚弱不堪昭告天下，在香港接触了西方传教士的客家人冯云山与洪秀全以本土化的基督教宣传册为思想资源，建立组织，反抗清廷。太平天国本身的组织形态并没有郑氏集团和西婆罗洲华人公司的商贸属性，而是较为纯粹的暴力集团。但冯云山与洪仁玕这类人的存在，说明当时南方华人已经凭借与西方接触较多的便利条件，有意识地引入西方资源，发起政治运动。同一时期，像容闳（广东香山人，耶鲁大学毕业）这样的南方华人留学生也在太平天国与曾国藩之间游走。他对于洋务运动的建议和幼童留学项目的实施，对清末改革变法亦有极大的推动作用。

清末半个多世纪，南方华人及南洋华人已成为推动帝国改革或革命的核心力量。广东南海人康有为年轻时游历香港，"乃始知西人治国有法度，不得以古旧之夷狄视之"[1]。广东新会人梁启超对改革及革命

1　〔清〕康有为：《我史》，《康有为全集》第五集，中国人民大学出版社，2007 年，第 63 页。

的贡献，乃至对中华民族观念形成的贡献之大，不必赘言。孙中山是广东香山人，年轻时受到洪秀全事迹的鼓舞，自称洪秀全第二。后来发起革命事业，受到广东三合会、哥老会、兴中会（此三者整合者即陈少白）、洪门（1904 年孙中山加入洪门，获授"洪棍"一职）等南方会党的莫大支持。孙中山于 1906 年在新加坡晚晴园成立同盟会新加坡分会，在南洋华人领袖林义顺、张永福（新加坡国务资政兼国家安全统筹部长张志贤的曾叔公）的支持下，至少在晚晴园策划了三场起义，即黄冈起义、镇南关起义和河口起义。孙中山发动起义所使用之革命经费，南洋华人贡献甚巨。

到"二战"时期，南洋华人身受日军战火之荼毒，与祖国大陆血脉相连，携手共抗侵略。七七事变后，南洋华人推举陈嘉庚为主席，成立马来亚新加坡华侨筹赈祖国伤兵难民委员会，后称"南洋华侨筹赈祖国难民总会"。全面抗战八年期间，海外华侨总捐款 13 亿万元（国币），1937—1949 年汇回侨汇 55 亿元，均以南洋华人捐献比重最大。1940 年国民党军政部长何应钦在国民参政会上报告说："1939 年军费为 18 亿元，同年华侨汇回祖国之款达 11 亿元，其中捐款约占 10%，而南洋华侨捐款占华侨捐款总数的 70% 多。"[1] 截至 1940 年 10 月的不完全统计，国民政府共收到捐献飞机 217 架，坦克 27 辆，救护车 1000 辆，大米10000 包以及大量药品、雨衣、胶鞋等物品，自 1937 年至 1940 年捐献的总批次达 3000 批以上，每月平均近 80 批。以上物资多数亦为南洋华侨所捐献。

这一阶段的特点是南方华人因为占"睁眼看世界"之先机，兴救亡图存之感，其中有思想、见地及行动力的佼佼者依赖南洋华人商贸

---

1 庄明理、洪丝丝：《陈嘉庚与蒋介石决裂经过》，《中华文史资料文库》第 19 卷，中国文史出版社，1996 年，第 26 页。

集团持续大力的援助，终于深刻影响了中国政治现代化的进程。辛亥革命的成功与中华民国的建立，本身就可以视作南方华人及南洋华人取得的一大胜利。

第四阶段，应从 20 世纪下半叶算起，主要代表是新加坡的建立与治理的成功。新加坡本是大英帝国在东南亚的重要战略据点，1959 年取得自治邦的地位，1963 年并入马来西亚联邦，因为李光耀反对当时马来西亚联邦政府"马来人至上"的保护政策，新加坡于 1965 年被马来西亚联邦除名，成为独立国家。经过半个世纪的发展，南洋华人比例占 75% 左右的新加坡已发展为最发达的国家之一，人均 GDP 位列世界前十名，人类发展指数位列世界第十一名，是全球重要的炼油、贸易、物流和金融中心。可见 20 世纪中国革命收获成果后，海外华人仍未停止对新政治形态和治理方式的探索，仍能建立适配华人社会的共和政体国家，并取得骄人的成绩。

通过以上梳理，我个人以为，从明郑政权到西婆罗洲公司再到今天的新加坡，这些历史上的实践都应被看作南方华人数百年来政治进化史的一部分，当然也是中华文明所取得的成就的一部分。这些事例雄辩地证明，与许多人想象的不同，华人熟悉如何拓殖、如何自治、如何参与世界贸易、如何发展适应于自身社会的民主共和形态。我们过去忽略了对这方面历史经验的收集和探讨，那是因为我们的视野长期被传统儒家士大夫的叙事所遮蔽。一旦我们从二十四史那古旧的"暴力帝国中心主义"中抽身出来，还原华人历史上丰富多彩的多元文明实践，我相信我们会对自己从何而来、向何而去有全新的见解。因为历史学能够取得进步，常常不是因为我们发现了新的史料，而是我们改变了看待历史的方法。

第十章
孙中山的老师主张建立现代财政国家

我们在上一章已经简要梳理过,自明郑政权以来,以闽潮—客家为代表的南方华人及南洋华人三四百年的政治进步史,深刻影响了中华文明的历史进程。其中,群星闪烁、光灿夺目者,当数清末民初共和革命前后以容闳、康有为、梁启超、孙中山、陈少白等为代表之一干推动中国政治改良或革命的粤籍进步人士,其中成就最大者,又公推中华民国国父孙中山先生。

孙中山本名孙文,因化名中山樵而得名孙中山。他是广东香山翠亨人士,后赴檀香山和香港学习,学习内容是医人之术,然而他更感兴趣者实为医国之术。他后来一生的革命事业,先后创建兴中会、同盟会、中华革命党、中国国民党等事迹,天下咸知,此处亦不赘述。本章所关切的角度,是他这一切革命进步事业与当时南方/南洋华人的生存状况及环境视野之间的关系。盖后者为土壤,而前者为乔木。如果没有土壤的滋润,想必乔木也很难成长为华美的参天大树。

孙中山从事革命,得益于南洋华人华侨助力甚钜,世人皆知。他的长兄孙眉在 1871 年赴檀香山做华工谋生，后来自己开垦农场，租得土地四百公顷，饲养牲畜数万头，雇佣员工一百多人，孙家家境始有好转，孙中山才能入村塾读书，又赴檀香山、香港读书。虽然孙眉起初因为孙中山皈依基督教、参与革命而撤去对他的资金支持，但后来也为孙中山说服感化，倾尽财力支持孙中山的革命事业。据统计，孙眉先后资助革命的经费约 75 万美元，折算成当代的币值，大概相当于 1725 万美元。

孙眉只是当时南洋华人襄助革命之一例。西贡（胡志明市旧称）华商李卓锋为革命捐献巨款，个人经济却变得非常困难。孙中山折抵他 10 万元的国债券，却被他付之一炬，表示绝不希图任何报酬。孙中山成立同盟会后，南洋巨富谢逸桥、谢良牧慷慨捐赠，最终倾家荡产。黄冈起义和惠州七女湖起义中，潮州侨商林受之捐款超过 2.3 万元，甚至连"夫人的私蓄也都献出"，以至于无力使众多儿女完成学业，"只得分散在南洋各地，自食其力，佣工为生"。吴世荣本是马来亚槟榔屿的殷实商家，后来为孙中山的革命事业捐出几十万的家产。福建永春县旅居马六甲的华侨郑成快捐助革命经费达五六万元。旅菲华侨林景书除停寄三年家费、收缩商业规模、独捐菲币 5 万元支援辛亥革命以外，又为革命劝募经费 50 万元。旅居马来亚槟榔屿的晋江安海华侨，曾有两三个月的时间，每人每月捐献 20% 薪金资助革命。诸如此类，不胜枚举。

不独南洋华商有此进步情怀，即令普通人等，也愿为革命慷慨解囊。孙中山曾回忆说："有许多人将他们的全部财产交给我。费城的一个洗衣工人，在一次集会后来到我住的旅馆，塞给我一个麻袋，一声没吭就走了，袋里装着他二十年的全部积蓄。"越南挑水工人关唐，挑一担水只能挣一分钱，为了表达爱国之心，竟将辛苦挣来以备养老的 3000 元钱毅然捐献出来。越南堤岸华侨黄景南以卖豆芽菜为生，经济不富裕，当他听完孙中山在华侨集会上介绍国内革命形势后，当场认捐 3000 元。有人对他平时不肯多花一文钱，如今却慷慨捐款大惑不解。他爽快地回答："没有祖国，我们华侨就永远受人欺负！" 1907 年，黄景南又将积蓄的数千元全部捐作镇南关起义的经费。对这种爱国之举，孙中山赞扬说："其出资勇而挚者，安南堤岸之黄景南也。顷其一生之积蓄数千元，尽献之军用，诚难能可贵也。"

据不完全统计，孙中山在中华民国成立前近二十年的革命生涯中，曾十二次流亡日本，四十三次往来南洋，四次到美国，至少四次到欧洲。海外华人华侨的捐款募资，对他的革命事业至关重要。如美国致公堂筹饷局成立后，到当年年底即已吸收捐款 40 余万美元。辛亥革命前后，美国华侨助饷至少在 700 万元以上。西南六次起义所耗费的 20 余万港币，有 11 万元来自南洋；黄花岗起义的 18.7 万元经费，有 10.8 万元来自南洋。来自南洋的捐助占同盟会经费的一半以上。[1]

对革命活动来说，钱的来源当然至关重要，但这方面的研究已经汗牛充栋，我亦不打算掠前人之美。这里更关注的其实是南洋华人整体氛围对孙中山乃至中国革命的另外一个层面的影响，也即是思想层面的影响。

当然，孙中山本身的成长轨迹亦可以反映出思想影响的无处不在。他年轻时经常听太平军老人讲故事，仰慕太平天国。[2] 读书时，孙中山反对传统陋习，如缠足、蓄婢和赌博等。因为身处下南洋前沿，他也有机会到檀香山和香港学习，并皈依基督教，还曾在家乡发起"捣毁偶像"的事业。[3]1890 年，孙中山上书曾出使美国、西班牙和秘鲁的钦差

1　以上参见廖萌：《浅析海外华侨对辛亥革命的经济支持》，《侨务工作研究》2011 年第 5 期。

2　张磊、张苹：《孙中山传》，人民出版社，2011 年，第 359—360 页。

3　吴相湘：《孙逸仙先生传》，（台北）远东图书公司，1982 年，第 5 页。

大臣，时任光禄寺卿的同乡郑藻如，主张效仿西方社会进行改革。[1] 他与另一位同乡，原上海机器织布局和电报局总办、《盛世危言》的作者郑观应很早就相识，或者至少非常熟悉后者的观点。孙中山 1894 年上书李鸿章时，其基础大纲就来自郑观应的作品。一言以蔽之，粤籍华人先贤其时通过经商、留学、洋务等多种活动，走在整个中国"开眼看世界"的前列。广东香山更是人才辈出，济济一堂，引领风气之先。在这样的氛围下，孙中山以先进眼光、世界格局审视本国本民族之弊病，寻索医国良方，发起革命，实在是自然之理。

本章将通过对一位更具体人士之剖析，管中窥豹地阐释当时南洋华人对国家大事之认知，以及这些认知对孙中山先生的革命活动究竟有何影响。

此人便是何启。他是香港何福堂家族的成员，香港首位华人立法局非官守议员，后来做了中华民国外交总长的伍廷芳之妻弟，何启也是香港第一位获封爵士的华人。1887—1892 年期间，孙中山在香港西医书院（今香港大学医学院前身）学习，而何启正是西医书院的创办人。孙中山就读期间的教务长是何启的校友，苏格兰名医康德黎。后来孙中山在伦敦被绑架，正是康德黎全力营救才使其脱险。从这方面说，何启与孙中山有非同寻常的缘分与师生之谊。

何启的家族与生平

何启出身"二战"前香港望族何福堂家族，这个家族本身就是南洋

1　张磊、张苹:《孙中山传》，第 362 页。

华人奋斗不息的一个缩影。

何启的父亲何福堂祖籍广东佛山南海西樵山。他是一位牧师，可能是中国继梁发（影响了洪秀全和冯云山）之后第二位被按立（教会按照程序任命教职人员的礼仪）的华人传教者。何福堂的父亲早年赴南洋谋生，在马六甲英华书院做雕版工人。何福堂于1837年左右赴马六甲，先被父亲送到印度加尔各答做帮工并学习英文，于1839年受洗皈依基督教。1840年以后，他回到马六甲，也到英华书院负责印刷工作。当时英华书院的新任校长理雅各对中华文化有极大兴趣，他一面向何福堂学习中国传统儒家典籍，如《十三经注疏》，乃至广东方言与地方文化知识，另一面又亲授何福堂关于西洋历史、几何、希腊文和希伯来文以及《圣经》福音方面的西方文化。

两人由于在东西方文化交融方面的共同旨趣而惺惺相惜，在交往过程中，何福堂的语言能力亦得到相当的提升。1841年，他协助理雅各在马六甲出版了一套中英文日常用语及俗词的词典。1843年，他又把小说《绣像正德皇游江南》翻译成英文，由理雅各作序，充分展现了何福堂的翻译才能。

1842年，清政府在鸦片战争中战败，签订了《南京条约》，割香港岛给英国。这对于帝国来说是巨大的耻辱，但对于何福堂这样精通东西方文化的双语人才来说，是莫大的契机。1843年，在伦敦传道会的许可下，理雅各将英华书院迁到香港。而彼时回到佛山完婚的何福堂也赶到香港与理雅各会合。当时的香港迅速成为政府官员、中英商人以及宗教人士的聚合之所，何福堂陪同理雅各东奔西跑，为筹建校舍及居所等事大费周章。想必也是在这一时期，他与各方面的精英打交道甚多，领悟了经商与土地投资的秘诀和窍门。[1]

彼时东西方文明刚发生大规模碰撞，双方都急需精通中英双语的人才。近代以来第一位进入中国的新教传教士马礼逊的次子马儒翰在南京谈判时受到英国政府重用，核心原因就是他精通中英双语。而何福堂这样熟悉中西方文化的人士，在当时自然是极为难得的。这方面有个例子，就是第二任港督戴维斯曾经跟随马礼逊学习中文多年，他在学习期间曾作为兼职传译员，平均年收入近 700 镑。这笔钱是什么概念呢？——一百年后，英国的平均房价也才不到 1900 英镑。因此，历史学家相信，何福堂的翻译技能很可能为他积累了后来经商的第一笔启动资金。

开埠之前，香港只不过是个小渔村，商贸并不活跃，公共设施欠缺。开埠后，英国政府必须全力修建码头、货仓、马路等基础设施，而要筹集如此之大的款项，最快捷的做法就是拍卖土地。因此，当时许多英国商人相信，香港土地财产会即刻暴涨，炒楼炒地之风立刻盛行开来。何福堂正是第一批赶上这个"风口"的人。从 1843 年到香港开始，他只用了短短三年时间，就积攒下足够的钱财，于 1846 年购下下市场（Lower Bazaar）的一块地皮，开始自己的土地投资生涯。从 1848 年开始，他还从事放贷生意，以月息 4% 向人放贷 400 元，对方以下市场的一处地皮物业作抵押。此后他经商一路顺风顺水，越做越大。1857—1871 年间，他曾买入价值 200 两白银的耕地、物业和地皮。1862 年，他以 26325 两白银的价格从伦敦传道会手中购入一块地皮。

1870 年，何福堂一手筹建的鹤山小教堂被人焚毁，从而遭到打击，一病不起，于 1871 年去世，享年五十五岁。他死后留下约计 15 万元

1　郑宏泰：《何福堂家族：走在时代浪尖的风光与跌宕》，香港中华书局，2021 年，第 27—35 页。

的资产，而当年港英政府的全年总收入是 84.4 万元。这等于说，何福堂一人的财产已超过政府年收入的六分之一。[1] 如果以今天的状况类比，2022 年香港财政收入约为 7159 亿港元，六分之一可是天文数字了。更为惊奇的是，何福堂的这些财产是他一生作为神职人员而非商人所取得的。等于说今天有人一边当大学教授，一边靠炒房挣下千亿身家。因此取得这种成就，更多是时代红利的体现。

何福堂一生共有十三个子女，有一女早夭，其他子女及姻亲中，最出色的便是长女何妙龄的夫婿伍廷芳以及第五子何启。

伍廷芳本名伍叙，祖籍广东新会，生于英属马六甲之峇都安南（在马来西亚柔佛州昔加末县巫罗加什区）。他曾在十三岁时遭绑架，靠说服绑匪逃脱，可见他后来折冲樽俎、为国争利的才华，在少年时期已有展现。十四岁以后，他前往香港圣保罗学院就读，毕业后任香港法庭的翻译，并创办了《中外新报》。1864 年，因为同在英属马六甲、同属基督教家庭，伍廷芳与知根知底的何福堂长女何妙龄结婚，生活幸福。1874 年，在何妙龄的支持下，夫妻二人自费赴英国留学，在林肯法律学院攻读法律。1876 年，伍廷芳通过大律师资格考试，是英国首位华人大律师。1878 年，他获港督轩尼诗委任，成为首名华人太平绅士。1880 年，他又成为定例局首位华人非官守议员。在港期间，伍廷芳主张反对歧视华人，并要求废除公开鞭刑和遏止贩卖女童。后来，因为与妻子何妙龄及妻舅何添一道投资生意失败，被迫辞去立法局议员一职[2]。

1882 年，伍叙接受李鸿章的邀请，以伍廷芳之名离港北上，到天津任法律顾问，成为李鸿章的幕僚。他曾参与《中法新约》《马关条约》

1　郑宏泰：《何福堂家族：走在时代浪尖的风光与跌宕》，第 40—46 页。

2　同上，第 58—66 页。

的谈判，亦担任过中国铁路公司总办，创办唐胥铁路。1896 年，他觐见光绪帝之后，获命为驻美公使，上任后不断为华人争取利益，抗议《排华法案》。1899 年，他转任驻西班牙公使，同年又返回美国。在 19世纪最后十年和 20 世纪第一个十年里，他帮助孔祥熙进入美国，结识日本前首相大隈重信、美国总统西奥多·罗斯福、发明家爱迪生等人。他还拟订了中国最早的商业法、诉讼法，提出废除凌迟等酷刑。

辛亥革命后，伍廷芳支持革命，上《忠告清监国赞成共和文》《致清庆邸书》，中华民国建立后，他担任南京临时政府司法总长。4 月袁世凯掌权后，伍廷芳离职，再次寓居上海。1916 年 6 月 6 日袁世凯死后，黎元洪继任为大总统。伍廷芳出任段祺瑞总理政府的外交总长。1917 年发生"府院之争"，伍廷芳反对加入协约国，并提出辞职；段祺瑞被黎元洪解除职务后，伍廷芳一度出任代理国务总理。后来黎元洪迫于张勋的压力，要伍廷芳签署解散国会的命令，伍拒绝并辞职。应孙中山的号召，伍廷芳南下广州，出任护法军政府的外交总长。1921 年孙中山于广州就任非常大总统，伍廷芳任外长兼财长，更曾一度任代行非常大总统。他的儿子伍朝枢也做过国民政府外交部长。

伍廷芳如此一代人杰，而其妻舅何启，也就是本章的主人公，能在香港社会与之齐名。而嗣后何启在大陆不为人知，更多是因为不像伍廷芳那样，广泛深入地参与晚清及民国政治而已。但何启本人在何福堂逝世后，中兴家族，奉献社区，广泛发表支持革命之言论，更有许多实在举措，于民族进步亦有大功，可见与伍廷芳一样，同属不凡之人杰。

何福堂去世时，何启只有十二岁。父亲之死想必对一个少年的打击甚大，但他终究化悲愤为力量，以出色的成绩完成了在皇仁书院的学业，后自费赴苏格兰留学，并于 1875 年考入当地著名的阿伯丁大学（University of Aberdeen）医学院。在拿到医学专业资格后，他又前

何启（居中华人）在保良局成立时的合影

往伍廷芳曾入学的林肯法律学院入读，转攻法律。这是因为，何启在医学院实习时，结识了一位比自己大七岁，名叫雅丽氏·华克丹（Alice Walkden）的英国女子。华克丹的父亲为英国政坛左翼的开明人士，故而能够宽容女儿与华人相恋，这在当时的舆论环境里，实在是惊世骇俗之举。

何启在林肯法律学院就读期间与雅丽氏订婚，并于1881年成亲。同年，他顺利毕业，携妻返回香港发展。然而当时的香港在英国政府的统治下，采取华洋区别对待的政策。何启夫妇高调回港，引发了观念保守的洋人的物议，以至于何启以如此优异的成绩毕业，竟未受到港英政府的垂青，事业发展遭到严重影响。1883年，雅丽氏在诞下女儿后患上伤寒，再加上对香港水土不服，结果一病不起。哪怕得到身为医生的何启的悉心照料也难以回天，于 1884 年逝世，享年只有三十二岁。在那个年月，一位白人女子为爱不远万里来到香港，最终魂断郎君身畔，今天想来，也是可歌可泣的传奇故事。

雅丽氏逝世后，何启悲痛不已，为亡妻创立了雅丽氏纪念医院（Alice Memorial Hospital），这是香港第一家由私人捐款创立的现代化西医医院。同时何启捐助成立的西医书院，也就是孙中山曾就读的学校，正是为雅丽氏纪念医院培育人才而设的，孙中山即该书院第一届毕业生。1893 年，雅丽氏医院与伦敦传道会旗下的那打素医院（Nethersole Hospital）合并，1954 年再与何妙龄捐款成立之何妙龄医院（Ho Miu Ling Hospital）合并，即今位于香港新界大埔区的雅丽氏何妙龄那打素医院（Alice Ho Miu Ling Nethersole Hospital）。

此番捐献，一方面让时人同情何启的遭遇，另一方面又让大家看到他贡献社会的胸怀，因此何启本人的事业也柳暗花明，开始了顺利发展的年代。除执医之外，他还热心于社会服务，于 1886 年出任洁净局（Sanitary Board，即后来的市政局）委员，在辩论《公共健康草案》时脱颖而出，令人刮目相看。1890 年，好评不断的何启获选进入立法局，成为议员。他担任立法局议员凡二十四年，对香港公共卫生、医疗及本地教育的发展贡献巨大。

何启身为受过严格训练的医生，加上雅丽氏逝世一事，让他非常深入地了解到香港医疗的缺失，并相信引入现代医学然后推动其普及化是解决问题的根本之道。彼时，以传统中医治病的东华医院接收了大量贫苦病人，故医院的死亡数字远高于其他西医医院，引发洋人的抨击，认为东华医院管理不善，并成为疫病不断扩散的主因，要求政府关闭该医院。何启从文化冲突的视角出发，指出华人抗拒西医是因为缺乏了解、存在误会。当时西医会对死者进行尸体解剖以求全面了解病因，而华人的传统观念是"身体发肤受之父母"，所以对此十分抵触。东华医院资源不足，已在有限条件下做到了最大贡献。解决疫病问题的根本是完善医疗体系、加大投入，并向底层民众宣传更多正确的防疫抗疫知识，减轻华人对西医的抗拒。这些施政建议都极大地改善了香港的公共卫生环境。[1]

何启在香港立法局获得西方政治体制的实际锻炼之后，也将眼光放到北方，关心清廷的政治变革。其时他的姐夫伍廷芳已经成为李鸿章的股肱之臣，在伍廷芳的推荐下，何启亦曾到李鸿章助手盛宣怀手下任顾问。不过何启长期受英国政治思想浸淫，而盛宣怀是保守忠君派，两人思想上格格不入，故何启很快称病告辞。

1911年辛亥革命广州独立之后，何启被广东军政府聘为顾问。他曾建议时任广东军政府大都督的胡汉民将财税收入存入香港汇丰银行，此举其实有利于甫一成立的中华民国财政方面的安全，但在胡汉民看来何启似别有用心，由此他在军政府的求职之路也不顺利。就在此时，港英政府也忧心何启与孙中山的联系会将大陆的政治纷争引入香港，而且当时英国的官方态度是支持袁世凯而非孙中山，故而港英政府为何启争取到赐封爵士荣衔后，又暗示他自己辞任议员，采取"明褒实贬"的政策，将他从政局中边缘化。卸任之后，由于经济上的压力，何启便把精力投注于与好友区德合力筹办的启德滨填海计划中了。该计划后因省港大罢工及海员大罢工的影响而失败，土地被政府收回，改建为著名的、号称全世界最危险的启德机场，1998年以后改建为启德发展区和启德邮轮码头。

1　郑宏泰:《何福堂家族：走在时代浪尖的风光与跌宕》，第95—108页。

1914 年，何启因心脏病突发逝世，享年 56 岁。他虽然身兼多职，一生却两袖清风，加之育有十子八女，因此在逝世之后，妻子儿女反倒传出生活不继的新闻，令人颇为感慨。[1]

《新政真诠》

何启身兼医生、律师两大职业资格，又在香港立法局担任议员多年，不仅兼通中西学问，有丰富的从政实践经验，而且精于写作和辩论。他一生所撰写的政论文章，陈白常识之简明，剖析道理之深刻，提纲挈领之法度谨然，相较于同一时代的政治思想家，如名气过于他的王韬、郑观应等人，其实水平还要高出不少。他一生政治思想的精髓集结在《新政真诠》一书中，该书包括七篇正文和《前总序》《后总序》两篇文章，而实际上是由九篇写于不同时期的文章汇编而成的。这些文章多由何启先用英文写成，再由当时香港著名报人胡礼垣译成中文并"阐发之"，因此也被视作两人的共同作品。

这九篇文章的主旨和发表顺序大致如下：

第一篇是写于 1887 年的《曾论书后》，原题为《书曾袭侯〈中国先睡后醒论〉后》，是在 1887 年 2 月香港《德臣西字报》刊登了曾国藩之子曾纪泽的文章《中国先睡后醒论》之后，何启不同意文中观点而作的一篇辩驳性的政论文。

第二篇是写于 1894 年冬的《新政论议》，其时中日甲午战争已近尾声，中国战败已定，此文讨论的是中国如何改弦更张，重新振作起来。

1　郑宏泰：《何福堂家族：走在时代浪尖的风光与跌宕》，第 114—119 页。

第三、四、五篇同写于 1898 年，针对的都是康梁领导的维新变法这一重大时事。第三篇《新政始基》，是何启、胡礼垣在香港发论支持康梁变法的理论观点总结。第四篇是《康说书后》。1898 年春，康有为等人在北京发起成立保国会，倡导"保国、保种、保教"，实际上掺杂了很多"儒家原教旨主义"和"文化民族主义"的观点。何启亦不能同意其中以经义为纲的观点，于是撰文批驳，主张重点还是在于实施民主政治，引进现代学问。第五篇题为《新政安行》，写于慈禧太后突然发动戊戌政变，屠杀维新六君子之后。当时大批参与新政或倾向变法的官员被打为"康党"遭贬斥放逐。何启身在香港，安全无虞，但仍心系国运，作此文宣称"新政者所以救中国之药也"，批判顽固派兴党禁、杀维新志士的暴行，也反对了当时主流的"中体西用"论。

第六篇《〈劝学篇〉书后》，作于 1898 年，刊于 1899 年。1898 年，张之洞出版了《劝学篇》，对维新变法运动颇有反动，强调要务本，也就是纲常名教不能变。何启撰文反驳，批判纲常的虚伪，认为挽救中国只有"兴民权"一条正途。

《〈劝学篇〉书后》刊行后，维新变法基本失败，但何启决定将此前撰写的几篇文章汇集出版，于是在 1899 年秋写成一篇《总序》，即《新政真诠》中的《前总序》。序文写好后，他与胡礼垣商定，又写了一篇文章附于书后，名为《新政变通》，特别论证了"民智"与"民权"之间的关系，批判中国古代学术对"民智"的败坏。

第九篇文章即最后刊行的《后总序》，是写于 1900 年八国联军攻陷北京之后的孟冬时节，与其他几篇文章一起于 1902 年汇集出版，也是何启一生主张变法新政理论的集大成之作。

我是政治思想史专业出身，大凡中西历史上声名显赫的思想家之著作，基本一一涉猎过。在这些群星璀璨的思想家中，何启的理论水平当然是排不上号的，但较为难得的，是他有一种许多思想家都不具备的现实感，尤其是在 20 世纪之前的中国思想家中，这是一种殊为难得的可贵品质。

其实思想家头脑之无限细究或外延的可能性，比大多数人想象的要大得多。思想史上有许多发幽阐微的高深理论，在学术上可以撰写无数的专著论文来讨论，但在政治实践中的价值往往几近于零。盖因政治是一门实学，是要将理论家的意见通过合理的机制诉于大众才能成功的事业，倘若你的理论虽然精深完美，但大多数听众都不理解，不知道你在说什么，那你成功的概率就微乎其微了。再者，理论家务求完善，常常追求八股文般的条理分明；但现实政治千头万绪、过分复杂，倘若不能抓住重点，则将空耗大量时间精力，对实践有害无益。所谓现实感，正是在有大量实践经验的基础上，能够抓住头绪、一击而中地解决问题的能力，单纯的理论家是锻炼不出这种能力的。这就是为什么孙中山的演讲虽然在体系和条理上不如思想家，但其价值远胜许多专门著作的缘故。

而何启的文章，以我的观感，大约就在王韬、郑观应等人的理论作品与孙中山的演讲之间，兼具深度与现实感，又能很直白地说明常识。就个人阅读体验而言，他与 19 世纪上半叶的埃德蒙·伯克（Edmund Burke）、小密尔（John Stuart Mill）等英语作家很是接近，都兼有文笔优美、说理清楚直白的优点。至于何启著作的理论深度不能如伯克、密尔一样有新建树，那也是因为中华帝国政治的问题意识，在启蒙时代早已被反复探讨过，因而主要力气都花在了西方理论如何"中国化"上。

现在简要介绍一下何启这九篇文章中的主要内容和观点。

第一篇《曾论书后》，实为反驳当年曾纪泽发表的政论文《中国先睡后醒论》。1887 年，被委任为驻伦敦、巴黎和圣彼得堡大使的曾国藩之子曾纪泽，以英文在海外发表文章《中国先睡后醒论》。这篇文章并无中文文稿，是曾纪泽先向秘书马继业（Halliday Macartney，与当年造访大清的英国使臣马戛尔尼同属一个家族）口述，再由二人协作写成的。文章大意是，国家经常因为战争而元气虚耗，一朝而灭，但中国的情况不同，"固非垂毙"。在他看来，中国不过"似人酣睡"，但因为道光中期以来的鸦片战争、圆明园焚毁和俄国侵吞领土等战役而清醒，能够整饬军制、坚固炮台、精利器械，实际上已经觉醒。觉醒后的中国并不会侵伐外国，生出报复之心。中国目前最应整顿者，一是善处寄居外国之华民，二是申明中国统属藩国之权力，三是与各国重修合约以彰显国体。

此文刊出之后，在海外引发较为广泛的反响。西方世界对这篇文章的反应还算友善，但常具批判性。[1] 例如，英国的阿礼国爵士（Sir Rutherford Alcock）就认为，曾纪泽过分乐观，中国在缺少政治与制度改良的情况下优先巩固海防，是高估了技术层面的力量。[2]

该文被《德臣西字报》转载后，何启旋即写成《书曾袭侯〈中国先睡后醒论〉后》，也发表在《德臣西字报》上，论点大致如下：

中国之睡不是态度问题，而是"理之必然"，是"付诸高卧，由斯道而不改"造成的。现仅凭态度上的清醒，就能说中国醒了吗？恐怕不然。曾纪泽的文章只是表明了"中国要觉醒"的态度，但是"要觉醒"

1　部分研究曾纪泽"睡狮已醒论"的人士称，俄国外交部长亚历山大·古契科夫（Alexander Guchkov）因震撼于曾纪泽的言论，将许多领土归还中国，但这其实是受了日本方面 1905 年一篇文章「清国外交の活歴史」的误导。此处"归还领土"一事系指 1881 年中俄《圣彼得堡条约》中条款而言，时间上早于曾纪泽的文章。而亚历山大·古契科夫活跃于俄国政坛的时间是 1905 年以后。

2　〔德〕鲁道夫·瓦格纳：《中国的"睡"与"醒"：不对等的概念化与应付手段之研究（二）》，钟欣志译，《东亚观念史集刊》第二期，2012 年 6 月，第 3—54 页。

不代表"已经觉醒",要卫固海疆、创设机局、开掘矿窑、建置铁路，但"要"不代表已经成功地实现了这些，"非徒曰愿之即可得之也"。[1]

"夫以中国土地之大，人民之众，利赖之广，滋息之繁，固可以恢廓规模，齐欧西而超漠北"，然而"建国与建屋同，材料虽多，物力虽备，必先有哲匠为之经营，工师为之规画，使基址永固，然后大厦可成"。[2] 那么，国家的"基址"是什么呢？——两个字：公平。公者无私，平者无偏；公则明，君王以庶民之心为心，则君民无二心；平则顺，君王以庶民之事为事，则君民无二事。"今者中国政则有私而无公也，令则有偏而无平也，庶民如子，而君上薄之不啻如奴贱也；官吏如虎，而君上纵之不啻如鹰犬也。"[3] 国家必须先做到对内公平，然后才可以谈绝外侮，这也是《大学》所谓"物有本末，事有终始，知所先后，则近道矣"的道理。

中国不能达致公平，核心在于选官。中国是君主之国，"君人者不能总揽万几，躬亲庶事，势不得不委之官吏"[4]，但官吏恃主上之命，役使小民、胜服强暴，能为利，亦能为害。大清选官之道不外乎三种：科甲（科举考取功名为官）、捐纳（花钱买官）、军功。买官最有害于国家社稷，科甲不足以造就人才，军功已经舞弊败坏，都不能为当今之中国选拔真正的清官良吏。那么怎样才能实现真正的公平、选拔真正的官吏人才呢？答案是诉诸人民，让人民来监督，让人民来评判。"夫一政一令，在立之者无不自以为公，自以为平，而公否平否，当以民之信否质之，乃得其至公至平。……民以为公平者，我则行之。民以为不公平

---

1 〔清〕何启、〔清〕胡礼垣：《新政真诠》，辽宁人民出版社，1994年，第71—72页。

2 同上，第73页。

3 同上。

4 同上，第75页。

者，我则除之而已。"[1] "国有公平，然后得民信；先得民信，然后得民心；先得民心，然后得民力；先得民力，然后可以养民和；可以养民和，然后可以平外患。"[2]

有了公平的选官制度，国家就可以选出真正能做出实际事业的人才，而这就要"高薪养能"。因为现代海军，"炮舰之值，所费不资，置运之难，工程旷日"[3]，如果不交给真正的人才，这些重金装备一旦被敌国虏获，反而是以我国的财帑"补贴"了敌国的军队。国家也不是不明白这个道理，但是扪心自问，国家开办水师学堂，"果曾因其学而重其人乎？昔日之所以期诸生者，果能守其约而践其言乎？诸生薪水，果能从厚给发乎？经手诸人，果无扣折情弊乎？诸生之考选成材者，果能得其奖赏乎？诸生之溺苦于学者，果能不失所望乎？"[4] 革新之时，国家需要人才成为未来的股肱之臣、封疆大吏，然而如果作为基础的公平都没有实现，受过高等教育训练的人才都不能施展抱负，那还何来"觉醒"一说？

至于中国修改与其他国家的条约，也应从"公平"的基础做起。外国人在中国受中国君主管辖吗？犯事者在中国衙门审判吗？有罪者经中国官员惩罚吗？罪名是以中国刑法审判吗？大家都没听说过这种事情，这当然是外国不尊重中国主权的体现。而背后的原因是什么呢？按曾纪泽的观点，大概是"在中国无威猛军兵，无坚刚铁舰也"[5]。但在何启看来，那是因为中国没有司法公平。"今者中国之律例，其有平乎？无也。

1　〔清〕何启、〔清〕胡礼垣：《新政真诠》，第97页。

2　同上，第100页。

3　同上，第80页。

4　同上。

5　同上，第86页。

罪案未定，遽有刑威，何平之有？供证无罪，辄罹笞杖，何平之有？毙于杖下，意气杀人，何平之有？庾死狱中，有告无诉，何平之有？陵迟枭首，死外行凶，何平之有？……缙绅名帖，可逮无辜，何公之有？苞苴载道，上下皆同，何公之有？情面枉法，贫者无辞，何公之有？吏胥勒索，富室倾家，何公之有？监牢刻酷，不得为人，何公之有？"[1]这样的司法制度，中国人都要躲避三分，难道外国人肯明知故犯、自投罗网吗？"吾料欧洲诸国，其朝廷苟非丧心病狂，盲聋否塞，必不忍以其商民赤子付诸威福任意之华官"[2]，因为当时的中国没有公平。这也正是各种不平等条约起源的根本。如果中国不能公平地对待自己的子民，就不要指望别国能够公平地对待中国。对待藩属国及万国公法的方式，也是同一道理。

以上就是《书曾袭侯〈中国先睡后醒论〉后》的大致内容。

第二篇《新政论议》，发表于1894年，是因甲午战争中国战败而作的议论。甲午战败，曾纪泽乐观的"中国已醒论"梦碎，何启因势发论，进一步提出具体的改革方略，其要义如下：

"中国疆宇为天下之至中，风气为天下之至正，山岳为天下之至秀，江海为天下之至通，壤衍为天下之至腴，物产为天下之至富。……民生其间者，其心则最灵而最明，天人相与之旨无不可通也；其性则最和而最平，万物一体之理无不可达也；其气则最大而最刚，天地充塞之盛无不可为也；其质则最纯而最良，劳苦耐烦之事无不可当也。"[3]总而言之，中国的地理方位是最好的，人民是最好的，却落到今天的地步，为什么

1　〔清〕何启、〔清〕胡礼垣：《新政真诠》，第86页。

2　同上，第86—87页。

3　同上，第103页。

呢？是因为"公道绝则实事废，国体弱则外侮生"[1]。如今是"兹当玉弩惊张之会，金瓯荡动之辰"，即遭到了巨大的战败，但这也是"奋然改革，政令从新"的好时机。[2]其实这场改革应该"复古帝王执中精一之心传"[3]，推行七法，"一曰择百揆以协同寅，二曰厚官禄以清贿赂，三曰废捐纳以重名器，四曰宏学校以育真才，五曰昌文学以救多士，六曰行选举以同好恶，七曰开议院以布公平"[4]。

这些办法是什么意思？它们背后的道理又是什么呢？所谓"工欲善其事，必先利其器"，改革措施千万条，第一条是由懂行的人去推动改革。"昔英国思兴邦之略，首在通商，而政令所颁，恐不便于商务，于是下令凡欲选举为议政局员者，必其人曾以贸迁之事，三次环游地球，乃得分此一席。于是在朝之士俱由商部而来，而商务遂为天下甲"[5]，也就是专业的人做专业的事。当政务疲敝、满朝文武颟顸不知实学之时，改革派官员就应从有实践经验的有为人士中拔擢，而且对这批人才要用高薪厚禄来激励。

要想拔擢专业人才，就需实行专业教育与培训。何启提出的具体改革措施是："国中各府州县俱立学校，每省发一大臣，为学政以总其成，每年成材者登诸册簿，以记其才学、人数。"[6]学科方面，中国文字是基础科，要学以下内容，必先学国文。除国文科外，还要设外国文字、万国公法、中外律例、中外医道、地图数学、步天测海、格物化学、机器工务、建造工务、轮船建法、轮船驾驶、铁路建法、铁路办理、电线传

---

1 〔清〕何启、〔清〕胡礼垣：《新政真诠》，第104页。

2 同上。

3 伪《尚书·大禹谟》："人心惟危，道心惟微，惟精惟一，允执厥中。"

4 〔清〕何启、〔清〕胡礼垣：《新政真诠》，第104页。

5 同上，第106页。

6 同上，第110页。

335

法、电器制用、开矿理法、农务树畜、陆军练法、水师练法，"凡愿学者得二十五人之数，则为之设一师"[1]，并允许兼修多科。

既有专科教育，还需有政治实践之锻炼。而实践政治技艺最好的途径，就是做议员、议公事。何启认为，做议员必须以"文学秀才"为基础。他主张废科甲（科举），但是不能废文学（这里的"文学"是以文学入门的国学通识教育），而且如果目的不在于选官，而在于教育，那么科举也不可废。原因在于，中国的"道学"和"文学"是合二为一的，"故欲明道学须知文学"[2]。而且中国先贤阐发的道理，其实与西方先贤也是相通的："孔子不言天道，而两《论》所载，无非性理之自然；孟子不言民权，而七篇之词，无非自由之实际。孔孟距今二千四百年，而置其道于今日公理公法中，仍属坚致精莹，其光莫掩。"[3]

这些先贤阐发的道理都是好的，只是我们的科举制度用得不好。县试千中选十，省试万中选百，能中不能中，都是主考官的个人评判，换个考官也许成绩完全不同。这就会造成"人才之困"。改革的办法，其实是仿照外国的"执照"（即文凭）制，通过后即颁发执照，示其有"从业资格"。通过考试取得执照的人自然可以另谋生路，但他们若要选举议员的话，就要标注姓名，等待"公举"。所谓公举，就是"平民主之"，也就是民选。能读书明理者可参选县议员，秀才可参选府议员，举人可参选省议员，进士可参选国家议员，民众可联名推选，取票多者当选。

何启认为，中国官制还有一个严重的问题，就是"易地而治"。因为"凡人之性情，作客者不能如乡居梓里之真挚"[4]，也就是说不是本乡

1　〔清〕何启、〔清〕胡礼垣：《新政真诠》，第111页。

2　同上，第112页。

3　同上。

4　同上，第114页。

人，我天然地会觉得他"其心必异"，更别说语言不通了，说话都不投机。但官手中有权，民手中无权，以易地官吏治民，造成的结果就是"官见民而生憎，民见官而生畏，名为民之父母，实则民之寇仇"[1]，不能安百姓，反而危百姓。当然我们都知道，站在帝国的角度讲，易地为官有利于弱民驭民，但正如何启一直主张的那样：你若是真能通过公平正义实现上下一心，又为什么要弱民驭民呢？你如果在做制度设计的时候就把地方官怀疑成中央政权的敌人，但同时你又不得不去依赖他们行政，那这不是自相矛盾吗？

总之，何启认为地方自治有一定的优势，因为"民之疾苦，惟民知之为最真，事之顺逆，惟民知之为最切。譬如为远隔千里之人而决其家事，倘不得其人之亲切指陈，未有能洞中机宜者也。又如为素不相识之人而治其病源，倘非向其人而望闻问切，未有能洞明症结者也"[2]。其实日常政治生活中，有大量事宜，比如修铁路、开学校、建医院等公共设施的开办，是发生在地方公务层面的。没有以"公举"为基础的地方自治，人才便不能得到锻炼，君民便不能相合，因此何启总结说，以上"复古改革"的七大措施，以选官始，以开设议院终，其理一以贯之。

除以上复古七法外，何启还列举了九条"因时之事"，也就是针对时政弊事的九条紧急改革举措："一曰开铁路以振百为，二曰广轮舶以兴商务，三曰作庶务以阜民财，四曰册户口以严捕逮，五曰分职守以厘庶绩，六曰作陆兵以保疆土，七曰复水师以护商民，八曰理国课以裕度支，九曰宏日报以广言路。"[3] 其中对陆海军建设，尤其是财政体制改革的讨论非常具体专业，后文将有更细致的讨论，此处不再赘引。

1　〔清〕何启、〔清〕胡礼垣：《新政真诠》，第 114 页。

2　同上，第 116 页。

3　同上，第 129 页。

第三篇《新政始基》作于 1898 年，是针对康梁变法的一系列政论文的开始。本篇讨论的是财政改革问题。甲午战败以后，大清帝国需要向日本支付巨额赔款，财政成为决策层必须讨论的国是核心问题，何启也认为这是讨论新政的"始基"。文章大致内容如下：

甲午战争的效果是"一战而人皆醒矣，一战而人皆明矣，一战而人皆通矣，一战而人皆悟矣"[1]。既然战败，人人皆知需要改革，改革需要重用贤才，重用贤才需要给他高薪厚禄。但是目前国家的财政状况，"至于厚之以禄，窃恐国家虽欲为之，亦有所不能也"[2]。为什么呢？"夫论天下古今得失兴衰之故者，惟理与数，而吾以为言理者不若言数"[3]，也就是说讨论兴亡的原因，讲道理不如讲数字。

从数字上讲，中国古代历来没有借过洋款，中国政府借洋款来补充财政，是从 1878 年开始的[4]，当年向德国借款 250 万元，周息 5 厘半；1879 年，向汇丰银行借款 1615 万元，周息 7 厘；1892 年，向汇丰银行借款 3000 万元，周息 6 厘；1893 年，向渣打银行借款 1000 万元，周息 6 厘；1894 年，向德国银行借款 1000 万元，周息 6 厘；1895 年，向俄法借款 1.582 亿元，周息 4 厘；1896 年，向英德借款 1.6 亿元，周息 5 厘；1898 年需筹借 1 亿两白银以赔偿日本，则当时中国共欠洋款 5.2 亿余元，并且每年应偿还利息 3000 万元。甲午战争之前，中国每年本息

1　〔清〕何启、〔清〕胡礼垣：《新政真诠》，第 183 页。

2　同上，第 189 页。

3　同上，第 190 页。

4　何启此处所说有误。清政府向洋人借款举债应始于 1853 年，当时苏松太道吴健彰借外债 12 万两白银，随后两广总督黄宗汉又借外债 32 万两白银。从 1853 年到 1865 年，清政府共借外债 1878620 两白银。（参见徐义生编《中国近代外债史统计资料（1853—1927）》，中华书局，1962 年）后来左宗棠收复新疆和筹备对日作战，清朝中央和地方政府都曾向洋人借款。

合计只能还 300 万元，3000 万元的额度其实已经远远超出清政府财政所能承担的能力。1887 年写作《书曾袭侯〈中国先睡后醒论〉后》时，何启就曾提醒曾纪泽不可借洋款，如今一语成谶！[1]

当下从财政角度出发，即便是为了筹款还债，也应该发展实业。然而政府发展实业、建置铁路的思路是"官督商办"，这从根本上讲就是错误的。铁路本身是商业事务，由官府来督办，"是民之事而主之以官也，是于不宜合谋者而使之合谋也"，即便在官民相得、绝无疑忌的国家，也"戛戛乎其难"，何况中国这样"官民不得"的国家！[2] 从商业实践来看，民众希望在官督商办之外，还要"准入洋股"，因为中国官员只敢刻剥华商，不敢刻剥洋商，所以中国民间商人都希望依附于洋商股份之下。有反对者说这是"外国侵权"，其实"外国侵权"的根本原因是本国"自削其权"。[3] 如果真想实施新政、发展实业，根本方案是君上与庶人共享利益，"首愿商民合资创建，广招股份，用集大成，盖既知铁路之利实为国内人民之利，亦知君上之财无以拨为建筑铁路之财"[4]，而不是官督商办，与民争利。

再看财政与军费的关系，当时英国陆海军每年军费约 4 亿元，法国约 3.54 亿元，德国约 3.15 亿元，俄国约 3.12 亿元，并且在不断增加军费。日本的面积与人口均不及中国的十分之一，但甲午战前每年也有 4200 万—4300 万元的军费投入。而中国在战前南北洋水师的军费仅为 1000 万两白银，加上陆军军费也不过 2000 余万两白银，不到日本的一半。如今战败为赔偿筹款，国家反而要减兵降饷、节省开支，这是舍本

---

1 参见〔清〕何启、〔清〕胡礼垣:《新政真诠》，第 190—192 页。

2 〔清〕何启、〔清〕胡礼垣:《新政真诠》，第 194 页。

3 同上，第 195 页。

4 同上，第 199 页。

逐末。越是没有武力作后盾，当然就越是割地赔款，"自弃其国"。正确的办法，应该是减兵增饷，打造适合现代战争的精锐部队。理想状况下，应该"去兵之一半，而增费之一半"。[1]

如此，又要赔款，又不减少军费，钱从哪里来呢？中国每年财政收入，地税银约 2508.8 万两，粮折银约 652.2 万两，盐课银 1365.9 万两，厘金银 1295.2 万两，洋关税银 2198.9 万两，本地税关银 100 万两，本地鸦片税并厘金银 222.9 万两，杂项银 550 万两，合计每年进银 8897.9 万两，合 12358.1944 万银元。而每年开支京师官俸、八旗兵粮、皇宫用度银 1947.8 万两，北洋水师银 500 万两，南洋水师并福州、广州战船银 500 万两，炮台、炮火、海防并洋人教习诸兵银 800 万两，八旗防御经费银 184.8 万两，甘肃、新疆防御经费银 480 万两，资助云南、贵州银 165.5 万两，还洋债利息等银 250 万两，拨建铁路银 50 万两，工务费用及黄河筑堤修防等银 150 万两，洋关经费及灯塔、缉私船银 247.8 万两，汉地十八省官俸兵饷 3622 万两，合计每年支出 8897.9 万两，合 12358.1944 万元，等于说国家每年开支没有任何盈余。[2] 这还是开战之前，甲午战后，仅以财政一项计算，便可知堂堂中华要"国非其国"。

解决方案在哪里呢？恐怕不加税是不行的。何启的建议是，必须依比例开征地税盐课，还要统一简化土药（鸦片）、土关（华人船只关税）和厘金（商业税）三项。地税盐课方面，"中国十八省之地约而计之方一千三百万里，而上腴之区居其大半……宜稼之地约方六百五十万里，而为良田者约二十八万万亩[3]，以至微之数而断，每亩纳税三分六厘，两

1　〔清〕何启、〔清〕胡礼垣：《新政真诠》，第 216—217 页。

2　同上，第 219—220 页。

3　实际上没有那么多。

税合计每年每亩纳税七分二厘，则所征收税银应二万万八千万元"[1]。再减去治理失方、水旱灾害、备荒征耗，也还有 1.5 亿元。但如今每年所获只有 4400 万元，为什么呢？因为如今的税基是清初制定的[2]，是因袭成规，而没有作事实上的国土资源核查。比如四川地税额银按规定本来是 66.8 万余两，如今实收 239 万两，而报给朝廷的只有 75 万两，其余都统计成了"羡货捐输之款"。这中间就有大量吏胥上下其手的空间。[3]

盐课方面也是同样道理。1751 年时，中国人口按一亿人计算，十八个省盐的消耗量是 2000 万担。彼时到 1898 年，按人口自然增殖，中国人口至少也增长到了 3 亿，消费量应该同比增长到 6000 万担；就算保守估计按 4000 万算，再折中盐价按每斤五文统计获利，则贩盐的利润也有 1.4 亿元，按 50% 收取盐课，就是 7000 万元，但如今所得只有 1365.9 万两，四分之一左右。与印度相比较，疆土较中国略小，人口数量近似，而英国每年从印度征收地税 1.4 亿元，盐课 5000 万元，征税能力远高于中国。[4]因此，新政要求进行细致的土地统计，重新按比例制定税基，这两项就有三四倍的进账。

鸦片方面，到 19 世纪末，汉地十八省中有 60% 都种植鸦片，每年产量约 22.4 万—33.4 万担，每担抽 60 两，大概就有 1800 万—2000 万两的税银，而如今只有 222.9 万两。[5]土关方面，华船的数量和规模比洋船并不差多少，但洋关收税 2200 余万两，而土关只有 100 万两，与贸易量其实是不成比例的。[6]厘金方面，洋关抽 5%，厘金抽 10%，而洋

1　〔清〕何启、〔清〕胡礼垣：《新政真诠》，第 222 页。

2　实际上是根据张居正时代的统计数据执行的，前文有介绍。

3　〔清〕何启、〔清〕胡礼垣：《新政真诠》，第 222—223 页。

4　同上，第 223—224 页。

5　同上，第 224 页。

6　同上，第 225 页。

关入项有 2200 万两，厘金却只有 1295 万两。按比例计算，厘金原本应该征收到 4400 万两才对，现在看来，几乎有四分之三的厘金都没能收上来，"可笑孰甚"。[1]

为什么中国财政的潜力如此之大，政府实际收上来的比例却如此之低呢？何启敏锐地捕捉到同时代其他思想家几乎都忽略掉的一个问题：财政合法性，也就是财税本质上关系到一种心理意义上隐含的"社会契约"：要给国家缴多少税金，是要看国家为纳税者做了多少事。或者说，就是国家收钱办事，提供公共服务。按何启的说法，是"欲取财于民者，必先计其民之悦不悦，欲敛财备用者，当先察其用之应不应"[2]。比如一县之地，有城市，有村乡，政府要维系治安、救火防灾、搭桥修路、铺设街灯、汲取饮用水、疏通河道、组织团练、修建义学、义举扶助鳏寡孤独，除此之外如灯塔、驳船、酒肆、歇店、渔船、湾头、经纪、小贩、钱台、车轿、收买、厘印、银纸、汇票、衙门、公司、嘱书、报穷、船讼、估价、医道、入册、招牌、独造都涉及公共服务和收费。如果在城市，一般国家的费用是从房屋租金中扣除，以用于公共服务。但在当时中国的大部分地区，地方政府并不承担这些公共责任，而是由民间自治机构承担。[3] 换句话说，就是政府没有提供服务，却要加税，民众当然心怀不满，税金也自然缴纳不齐。

在何启看来，政治现代化的本质，就是以选举的方式在民众和政府之间形成契约：组织议院厅局，议论地方财政。既然有民意支持，加税便是合法的，民众便不能再有怨言。而公共服务到位，实业进步，人民富裕，自然愿意支撑国家财政的汲取能力变强。"以上所陈为理财之

1　〔清〕何启、〔清〕胡礼垣：《新政真诠》，第 225 页。

2　同上，第 231 页。

3　同上，第 229—230 页。

大道，泰西各国无不仿此而行，而在中国实为创举。"[1] 当然也有人争辩说，中国的理财之法已经实行了两千年，怎么就不能继续呢？何启回应说，中国过去的理财之法其实是秦政独夫的无道之法。"不知始皇执棰拊以笞天下，为缰索以缚编氓，销锋镝以弱蒸黎，焚《诗》《书》以愚黔首……而万古称无道，秦则其遗法实为无道之法也。无道之法而能行之二千余年者，无亦以其法为于君臣之间各能自便其私计哉！"[2] 也就是说，那实行了两千年的办法，不是因为它管用，而是因为它符合独裁君主与臣属的私利，所以合谋压榨百姓而已。所谓"实行了两千年"，难道不是有不断的治乱循环，"兴，百姓苦，亡，百姓苦"么？

这篇名为讨论财政问题的《新政始基》，实际上是把国家能力、财政体制与民主合法性关联起来的一篇雄文，以我所见之中文史料，尚没有更早将其中的道理讲解得如此明白、计算得如此清晰的文章，其理论价值甚至在 1993 年发表的《中国国家能力报告》之上，直至北京大学李强教授发表《国家能力与国家权力的悖论》一文之后，方始追平。

第四篇《康说书后》，是针对 1898 年 4 月保国会成立时，康有为所发布的演说而作的。康有为这篇演说的基本立场是文化民族主义。他主张，西方"重学校，讲保民、养民、教民之道，设议院以通下情"皆与儒家经义相合，故致其强大；而清朝的经济、教育及政治制度其实与儒家经义相反，因此他要成立保国会，也是要保种保教，主张中华文化的民族主义，反对西方文化的入侵与霸凌。

对此，何启反驳的主要观点在于，其一，传统儒家士大夫不善于汲取西方经验，是业已为历史所证明的。比如明末意大利传教士艾儒略的《职方外纪》、清初比利时传教士南怀仁的《坤舆图说》等，记录内容

1 〔清〕何启、〔清〕胡礼垣：《新政真诠》，第 234 页。

2 同上，第 242 页。

之广博准确都是古代地理文献所不及的，而纪晓岚校订《四库全书》时却把它们跟《十洲记》《山海经》一类有大量虚构的地理著作混同了起来。利玛窦著《乾坤体义》，汤若望著《新法算书》，蒋友仁纂《地球图说》，实际上已经把哥白尼以来天文学革命、地圆地心的科学体系介绍到了中文世界，阮元却写了部《畴人传》来辩驳，说地圆说"上下易位，动静倒置，离经叛道，不可为训"。[1] 儒学中的精英分子尚且如此，其余衮衮诸公可想而知。"文治光华之世犹尚如是，则乱离之际可知。"[2] 归结起来，其根本原因还是儒生没有实际生活经验，因此缺乏现实感，尤其不理解商业文明是怎么一回事。

何启出身香港世家，对通商于人类文明的重要性感悟颇深。他说："夫通商者，天也，非人也。天之所为，人固不得而逆之也。"[3] 有些地方产毛皮，有些地方产丝绸，有些地方产禾黍，有些地方产铁器，这都是老天的安排，所以主张老死不相往来的说法，不能治天下。

其二，当时的政治精英，于亲西方和盲目反西方，实际上都不得法。何启举彭玉麟的例子说，他不喜欢西人，连带不喜欢洋法，尤其深恶痛绝轮船、铁路等事，虽然晚年有所悔悟，但因为痛恨西人，洋务运动也没有搞好。"夫西人岂无可恶者哉？而不得因其所可恶，而并恶其所可好之。"[4] 李鸿章则是另外一个极端。他"善酬酢，联缟带，赠宝星，可谓雅好西人；设电线，筑炮台，置铁甲，练水军，可谓深喜洋法"，但实际效果怎样呢？"初见于琉球，次见于台湾，三见于越南，四见于暹罗，五见于缅甸，六见于西藏，南北东西藩篱尽撤，至高丽之变、中

1　〔清〕何启、〔清〕胡礼垣：《新政真诠》，第249—250页。

2　同上，第250页。

3　同上，第251页。

4　同上，第259页。

东之役[1]，天下咎之。"[2] 一句话，就是不断丧权辱国。为什么呢？因为他亲西方的姿态只是为了自己的政治地位伪装出来的，并不是真的明白。其实我们只要问一个简单的问题："中国文武政治果胜于外洋，吾何故而用改？果其不及外洋，吾何为而不改？"[3] 然而洋务运动的现实是"既曰改矣，而一如未改"[4]，可见亲西方和盲目反西方都是表面，真正的要义在于如何坦率、真诚地回应时代问题，这显然是彭玉麟、李鸿章与康有为都未曾抓住的。以上是《康说书后》的主要内容。

第五篇《新政安行》，创作于戊戌政变之后，除了重申何启所坚持的新政理念之外，对维新派和保守派一年来的政治纷争也作了客观中立的点评。在何启看来，1898 年 4 月以来，朝廷实施新政的决心坚定，但有许多人"嫌其求治太急，听言太广，用人太滥"[5]，其实这些观点都有待商榷。新政急切，是因为弊病太重，没有人不想尽快治病，但根本问题在于"办事者非其人"[6]。当康熙之时，俄国之兴，也不过三十年就取得巨大成绩，那是因为他们新设十局（外务、兵务、水师、民籍、粮税、刑罚、世官、制器、开矿、通商）。[7] 日本之兴，就在光绪年间，也是因为设置了十局（皇宫、兵制、防海、内务、外务、刑务、户务、教务、农商、邮部）。[8] 那么中国的仿效为何失败呢？因为俄日在设局之前，都派出了大量精英去留学，归国后加以重用。这批人不是嘴上说

1　指中日甲午战争。

2　〔清〕何启、〔清〕胡礼垣：《新政真诠》，第 259—260 页。

3　同上，第 260 页。

4　同上。

5　同上，第 292 页。

6　同上，第 293 页。

7　指俄国彼得大帝改革。

8　指日本明治维新。

的通洋务，而是学到了西方的实学。而如今中国的新政设局，"既不闻中国通西学者实乎其中，又不闻外国名下之士充乎其列"[1]，许多所用之人名义上号召维新变法，实际上视西方为仇寇，不肯学习西方的先进之处，事当然办不成。

维新派的另一个问题，是党同伐异过于严重。他们往往急于有所成，夺权心切，由此出现了"一人谋之，十人起而阻之"[2]的现象。中国急需的是变法，不是变人，如果不能变法却要变人，那就理不平、情不近了。新政一下，数千人被罢官，衣食无着，立刻把君臣关系变为水火。试问旧兵真的到了不可用的地步吗？旧官真的到了必须全辞退的地步吗？这样做，是没有政治智慧的表现。

然而比起新党，旧党的责任更大。很简单，历朝历代、列国列邦都有党争，党争是正常的，但不能以杀人为目标。"新党未尝以杀人为事，旧党先以杀人为功，是党祸之开开自旧党也。"[3]

何启认为，不同党派之间的争驳夺权是正常的，但要出自公心，作君子之争，从自己的理解与立场出发，是自然之事。而要真正达到这种状态，还是要讲求本末。"本"是什么？是民权。唯有公器为民权所用，议员为民权所选，才能出现良好的政治竞争环境。本篇还论及取士、用人、通商、强兵之策，都是前文出现过的内容，我不再赘述。

第六篇《〈劝学篇〉书后》是驳斥张之洞《劝学篇》的作品。张之洞当时任两江总督，身为宦场老手，虽然知道维新势在必行，但清楚康梁的权术根本不足以支撑他们的理念，因此需要在新旧党之间寻找到适合自己的"第三条道路"。他撰写的《劝学篇》，正是从理论上要"会

---

1 〔清〕何启、〔清〕胡礼垣：《新政真诠》，第 294 页。

2 同上，第 296 页。

3 同上，第 306 页。

通中西，权衡新旧"[1]。然而，何启认为《劝学篇》实际上混淆了许多根本认知，因此逐篇加以驳斥。张之洞所谈论的多是从儒学体系出发而行的"微改良"，何启的驳论也是对许多细节的逐一辨析，而如今世殊事易，很多讨论在今天的价值已经不大，因此我不再一一详述引介，仅拣选两处印象深刻的予以简单介绍：

张之洞的《同心篇》辩保国、保教、保种应合为一心，是谓同心。何启则指出，张之洞以为天主耶稣之教是靠"以兵行教"，其实不然，任何宗教能够行之于天下，靠的都是情理民心。孔孟之道是情理民心，耶稣之教也是情理民心；大清起于东北，可以遵行孔孟之道；洋人没有孔孟之道，也可以情同此心、心同此理。实际上大可以多元观点来对待，不必采取文化民族主义的态度。一言以蔽之，就是但奉天道，不必保教。

张之洞的《守约篇》讲国学教育方法。所谓"守约"，指的是破除各学派的门户之见，求其共识（约）。他大略列举了读经、读史、词章、政治、地理、算学、训诂的基本教育方法。何启则认为，张之洞的方法过分重视理论，而轻视实学。他说，日本人学习汉学和西学，既不需背诵生僻字，也不需艰苦用功。老师为学生指明大致道理即可，关键在于与当下是否匹配，所以"学者不厌，而教者有功"，简单说就是要从实学入手，而不必像张之洞那样依然从中国古代的玄虚之学入手。

第七篇《前总序》是何启与胡礼垣决定出版文集后，为全书写的一篇前言。它本身没有太多新内容，主要是将之前文章的观点进行了系统整理，并作逐一简介。

第八篇《新政变通》则有关于中国传统思想史的通论，颇有新意，

---

1 〔清〕张之洞:《抱冰堂弟子记》，苑书义等主编《张之洞全集》第十二册，河北人民出版社，1998 年，第 10621 页。

简介如下：何启认为，上古尧、舜、三代，君王是愿意开启民智的。开启民智，民众才能获得自由，这与西方的理论相通，孔子也认可这一原则。所谓民智，不外"直道"与"自由"两者而已。只要允许直道（正）存在，人们就可以辨析善恶，分明黑白；只要允许自由（诚）存在，人们就可以坦诚地提出问题、解决问题，建立起相互信任。然而两种学术传统败坏了三代之道，其一是汉学，其二是宋学。

为什么这样说呢？何启认为，古代所谓的天子，指的是得民心之人。天心在民，能够像子女孝顺父母那样对待人民的人，才叫天子。但汉学家说，天子是天命所归，不是人谋能改变的，所以阴阳五行、谶纬祥瑞，都是为了猜测天命。这就否定了人类理性的可能性，而建立起了一种神权式的思想等级制："天子者无有不智者也，庶民者无能有智者也。天子之言虽极无道，庶民不得不从也；庶民之言纵极有理，天子可以不听也。"[1] 秦始皇以暴力征服民众的肉体，汉学家用谶纬征服民众的思想。

宋学的问题在于什么呢？学术之道，在于"其德日新，力求上进"，也就是每天都有进步，每天都在探求新的领域，而宋学家要求人"明善在于复初"。这在实践中就成了复古主义，也就是自我大脑封闭。何启说，西洋人把中国人比作老年童子，意思是虽然文明经历很久，但一直"所见不多，所游不远"，因为宋学崇尚复古权威的效果，就是令所有人都不敢直陈己见，遇事就推脱"有父兄在""有师长在"，一代如此，代代如此。从本质上说，这会导致混淆善恶，以恶为善。

何启认为，以治国而言，决宜用民之智，不能用君之智。一来一人见识有穷、精神有限，而亿兆万人见识无穷、精神无限。二来人心求

---

1 〔清〕何启、〔清〕胡礼垣：《新政真诠》，第 467 页。

私，君主不愿意人民开智，其本质是君主有私心，其事可欺。[1] 有人驳斥说，有许多应该由人民承担的职责，比如兴办轮船、铁路、银行、矿务等实业，国家鼓励，民众却逡巡不前、观望等待，因此君王必须予以引导。何启反驳说，这恰恰是长久不愿用民智之过。如果真愿意放开，用民之智兴物产，就算投资失败，人民也只会自怨思虑不周。反倒是君王总揽全包，民众会把一切责任都推给君王，令君位难安。[2] 这一段的说理逻辑和表达方式很像英国政治思想家小密尔在《代议制政府》中的经典论述。[3] 考虑到何启在英国取得法律专业资格，大概读过小密尔的作品，将其化用于自己的论证中，也属自然之理。

第九篇《后总序》写于 1900 年庚子事变之后，当时八国联军已攻占北京，保守派借文化民族主义掀起的排外运动全然失败，验证了何启此前政论文的正确判断。他写道：

> 民权为根本于帝王之治世各节，中国守经之士容有未及者，言之不敢不详，不敢不明，而要惟以验字为之主脑。盖无征者不信，有据则可凭，一之于验，所以熄天下之鼓簧，澄天下之观听也。虽然有脊有伦，有物有则者，此书之立言也。寰球一家，中国一人者，此书之宗旨也。前之总序，作于《新政变通》未刊之先，以故凡验之事，本之于经者，犹未达之于权，见之于正者，犹未征之于变。《新政变通》成于己亥孟冬，而庚子五月中国北方时局变出非常，然后知凡言之验之于经者，必能达之于权，验之

---

1 〔清〕何启、〔清〕胡礼垣：《新政真诠》，第 470 页。

2 参见〔清〕何启、〔清〕胡礼垣：《新政真诠》，第 472—474 页。

3 参见〔英〕J.S. 密尔：《代议制政府》第三章，汪瑄译，商务印书馆，1982 年，第 37—55 页。

349

于正者，必能征之于变也。今当汇印之余，请质诸时局之事，以明是书所言实无往而不验，然后将全书数十万言之宗旨揭出焉。[1]

如果我们把政治当作一门科学，那么民权就是实现真正帝王善治的根本，这就是一种政治规律，而中国的保守派人士认识不到。本书不但要讲清楚，还要让大家能够验证，然后各种无谓的争论就可以结束了。纵观该书，从批驳曾纪泽的"中国已醒论"，到批判康梁的执政理念，再到预言庚子年中国北方的时局变化，全部无往而不验。

本书之所以能够预言命中，其实不外乎情理。而书中讨论情理太多，后面要多聊一点"势"和"气"。如今国人咸谓天下大势是外人侵我土地、蔑我宪法、夺我权衡，到底我等之土地、我等之宪法、我等之权衡，是不是因为我们自己先不重视才被他人侵夺？如果追求本心之正，那么我们有许多华人，在海外经营甚久，见识到了外国之公平，却又不忍苛责中国之苛刻，因此愤懑填胸，决志维新。如今清政府杀戮新党，正是难申真正爱国华人之心，所以"气结于中"之时。这是人民"郁郁于心者"之处，而清政府"郁郁于心"的地方，与人民正相反。他们是仇维新，拒外国，没有胆略，只知抱怨，没有智谋，只知杀戮，还愚弄人民说，这就是保国，这就是卫民。现在战败了，又欠下巨额赔款。当年若是以此赔款行新政，"中国岂不豁然开朗？"[2]

讨论势与气到此地步，何启以为，中国之弱，之法纪败坏，之人心浇漓，之风俗颓靡，之邦交决裂，都在于不能以民权为本，不行新政。然而国事已然如此，天子已不可恃。何启将希望寄托在了地方实力派身上。

1　〔清〕何启、〔清〕胡礼垣：《新政真诠》，第22—23页。

2　同上，第26页。

1900 年 6 月 21 日，慈禧太后以光绪帝的名义颁布诏书，对十一国宣战。不过清政府对于战争并无把握，所以同时还向各省督抚发出谕旨一道，要求他们"联络一气，共挽危局"，实际上是向地方大员商量，是否有动员开战的把握。距京津最近的山东巡抚袁世凯收到电报后，于 6 月 23 日向李鸿章、张之洞、刘坤一、盛宣怀等转发电报，史称"沁电"，征求各位大佬的意见。而大员中最重要的李鸿章于 25 日复电盛宣怀说"廿五矫诏，粤断不奉。希将此电密致岘、香二帅"，与刘坤一、张之洞合谋南方诸省与各国领事"议互保长江，各不相犯"，此即著名的"东南互保"。[1]

何启本人曾深度介入 1900 年的一系列重大政治事件之中。早在清政府尚未对各国宣战时，何启便在请示港英政府后，接触孙中山的朋友、兴中会党人陈少白，建议兴中会与李鸿章合作，建立两广独立政府。6 月，李鸿章通过机要幕僚刘学询与孙中山接洽相关事宜。何启与部分兴中会成员讨论了两广独立后改造中国的方案，并起草了名为《平治章程》的政治方案：

> 设立省议会，由各县贡士若干名以为议员。所有该省之一切政治、征收、正供，皆有全权自理，不受中央政府遥制。惟于年中所入之款，按额拨解中央政府，以为清洋债、供军饷及官中府中费用。省内之民兵队及警察部，俱归自治政府节制。以本省人为本省官，然必由省议会内公举。至于会内之代议士，本由民间选定；惟新定之始，法未大备，暂由自治政府择之，俟至若干年始

---

1 主流说法是盛宣怀扣下诏令电文，李鸿章回复说"此乱命也，粤不奉诏"。今据北京大学尚小明教授《庚子粤督李鸿章"不奉诏"考辨——兼论东南互保之奠局》一文，考证为非。

归民间选举。以目前各国之总领事为暂时顾问局员。[1]

6月间，刘学询代表李鸿章与孙中山及其日本友人会面，表示在列强攻陷北京前，李鸿章"不便有所表示"，暗示两广独立需在北京易手后进行。而港英政府为了维护英国在珠江口的特殊利益，对促成李鸿章与孙中山合作之事也有极大的兴趣。不过，7月之后，李鸿章意识到清政府想要投降，便决定改变态度，离粤北上。而英国首相罗伯特·盖斯科因－塞西尔（第三代索尔兹伯里侯爵）和殖民地事务大臣约瑟夫·张伯伦再三禁止港督方面采取行动，所以何启参与的"两广独立计划"最终流产。

纵然如此，何启依然在著作中充分论述了他对地方自治方案的偏好。在《后总序》中，他为"东南互保"辩护说：

> 或谓督抚之行新政，恐其迹有同于叛逆，奈何？曰：叛逆孰有大于不奉诏书停解京饷者？各督抚已毅然为之，而人皆以为是，今以行新政为叛逆，则伊尹、周公皆罪在不赦之条矣，岂为通论。且君上之所重者，惟京饷。新政一行，饷源必裕，转饷不竭，绩比萧何，将见名列紫光功居第一。吾未见为督抚者何所惮而不行新政。此而不行，吾虽为之讳饰而不可得，窃恐无人心三字，无所逃于天下后世之口。[2]

可见他为李鸿章等地方督抚抗命互保进行辩护的根本依据，依旧是之前的"财政现代化"理论。中国只有以民权为根本实行新政，才能实

1　孙中山：《致港督卜力书》，广东省社会科学院历史研究室等合编《孙中山全集》第一卷，中华书局，1981年，第193页。

2　〔清〕何启、〔清〕胡礼垣：《新政真诠》，第44页。

现财政充裕。如今君上无力实施，京饷捉襟见肘，地方督抚谁施行了新政，谁能保障财政充裕，谁就是绩比萧何的大功臣。且英国全境不如中国两省之广，且一分为四，称为"合国"（United Kingdoms）；日耳曼面积仅 210 万平方里，民籍约 5220 余万，还分成二十六国；美利坚合众国面积 3000 余万平方里，民籍 6200 余万，分治五十一国[1]。中国各省人力与欧西一国相当，如果能明民权之理，通过地方自治的方式释放民力民智，富强、自由岂不位列世界首位？[2] "中国之督抚乎果其一念中国之生机气脉以保我国家，并保天下各国乎？则盖行新政乎？"[3]

这就是何启在 1900 年孟冬之月，在自己位于香港的无可无不可轩，为他本人从甲午战前到庚子事变之后所有重大政论文章，饱蘸忧国忧民之深情写下的结语。

财政合法性与大清亡国

虽然我作为政治学专业的学生，从事这个领域的阅读和写作已经很久了，但始终无法很好地回答一个问题：政治到底在多大程度上是一门科学？

如果说政治是一门科学，那我们好像就应该可以用严格因果逻辑的量化标准去处理它。但现实是，政治这门科学所处理的对象是有着七情

1　1898 年，美西战争爆发，西班牙战败后，以 2000 万美元的价格将菲律宾卖给美国，此应是何启文中"第五十一国"的由来，其实当时美国本土尚有许多领地未获得成州资格（statehood）。

2　〔清〕何启、〔清〕胡礼垣:《新政真诠》，第 59—61 页。

3　同上，第 68 页。

六欲、行为处事经常不够理性的人类，情和理本身就很难完全量化。像激情、意气、群氓心理、偶然状态这些不稳定因素，的的确确经常制造出巨大的政治事件，改变历史的进程。

如果说政治不是一门科学，那我们好像就没有办法作出准确的判断和预言，我们的所有尝试都像是玄学。但现实是，我们又确实看到历史上有不少人物，不管他们是实践者还是研究者，他们判断形势的理论和观点是有道理的、自洽的，甚至也是可以预言未来走向的。

思来想去，我只能用这样的说法来调和以上两种矛盾，那就是，政治当然是关于人的学问，人当然时常是不理性的，是不能完全量化的，但人间的情、理、势、气也有迹可循，也有因果关系可以去考究。甚至在特定条件下，这些情、理、势、气爆发出来的能量，比那些可以度量的能量还要远大得多。

拿晚清来说，如果我们以最量化的指标——财政收入水平——来度量清帝国的国家能力，而与很多人想象的相反的是，清末的十余年反倒是财政收入增长最快的十年。1891 年清政府的岁入总额是 8968.4858 万两白银，1894 年倒退到 8103.354 万两，而五年后的 1899 年就增长到1.156 亿两，此后逐年攀升，到 1909 年，政府岁入规模达到了 26321.97万两，比十年前增加了一倍多，是清代以来绝无仅有的财政收入增长速度。让任何学者来分析，这样的数据都会觉得清政府走出了一系列危机，国家能力蒸蒸日上吧，但那个时间距离它的灭亡只有两年。

造成这一现象的原因是什么呢？首先，我们从财政结构上来分析，考察 19 世纪 90 年代到 20 世纪一十年代，清政府财政收入结构变化的最大特点，是田赋在财税中的比重大幅下降，关税收入略有下降，盐课和厘金则大幅提升。1894 年，清政府田赋收入 3266.9086 万两，占比 43%；盐课收入 673.7469 万两，占比 9%；厘金收入 1328.6816 万两，占比 18%；关税收入 2252.3605 万两，占比 30%。到 1911 年，田赋收入 4810.1346 万两，占比 27%；盐课收入 4631.2355 万两，占比 26%；厘金收入 4318.7097 万两，占比 24%；关税收入 4313.9287 万两，占比 23%。除此之外，清政府还通过借用外债来弥补财政收入。1894 年以前，国外借款共计 4626 万两，每年收入平均仅占财政总收入的 4% 左右。1894 年以后到清朝灭亡，共借外债 12.04 亿两，每年收入还要占到财政总收入的 30%–50%。[1]

把以上数字跟何启在《新政始基》中财税改革计划估算的收入一对比，我们就会发现，何启的估计相当准确，尤其是在盐课和厘金的潜力方面。他估算，如果按比例征收，清政府的盐课收入大概能提升到 7000 万元，折白银约 5040 万两，而清末实收 4631 余万两。他估算厘金收入大概能提升到 4400 万两，而清末实收 4318 余万两。可见何启的改革方案具有很强的现实感。

电视剧《大明王朝 1566》中有句台词："历来造反的都是种田的人，没听说商人能闹翻了天。"从古代中国的财政结构看，这是亘古不变的大实话。我们之前在讲解宋代财政国家进化史时也介绍过，古代王朝但凡遭受财政压力，往往倾向于增开商业税，也就是把财政负担增加到商人头上。因为农民会造反，商人不会。清末的经验其实也是一样。自 1853 年开始征收厘金起，最初的比例只有 1%，并且只在部分地区征收，但很快就推行到全国，而且税率提高到 5%—10%。尤其是在一些消费能力较高的地区，例如上海，对油的厘金税率比咸丰年间增长了十余倍，对豆饼的税率则增长了三十余倍。[2]

1　以上数据参见申学锋：《清代财政收入规模与结构变化述论》，《北京社会科学》2002 年第 1 期。

2　参见申学锋：《清代财政收入规模与结构变化述论》。

我们从正面的角度看，可以说这是清帝国在被迫加入资本主义世界体系后，财政体制从技术上向现代财政国家靠拢的一种体现。1899年，美国国务卿海约翰向各国发起照会，希望列强保持中国的主权和领土完整，实行"门户开放"，也就是原则上所有的国家在中国都享有平等的工商业贸易权。1900年，列强原则上同意了这项决定。自此，清帝国与列国的贸易额不断增长，产业水平也得到提升。正所谓"大河有水小河满"，民间经济既已活跃，当然就可以支持政府在技术手段上实施何启倡言过的新政，也就是提升商业税水平。

不过我们不要忘了，何启倡言的新政，是包含一套完整的现代财政国家化方案的，也就是我们前文介绍过的"财政国家的社会契约"：要加税可以，要给民众提供公共服务，还要给民众选票。这也就是何启心心念念的"明民权"。无奈的是，清政府最后十年的财政改革只完成了前半段，它只在技术上提升了税率，却在民权问题上遮遮掩掩。

1906年，五大臣考察欧美各国宪政回国，结论是帝国内忧外患，原因在于皇权不张，因此需要削夺各省督抚（汉人为主）的军政大权，重新把权力集中到康雍乾时代的水平。于是军机处被调整到满洲旗人占7人、汉人占4人、蒙古占2人的水平。1908年，清政府颁布《钦定宪法大纲》，赋予君主比日本天皇更大的权力。1911年，清政府选举出的第一届内阁竟有半数为清宗室与满人，被讥讽为"皇族内阁"。名单一出，天下失望。清帝国的"人上人"靠不住成为各界精英的共识。[1]

在1906年清政府誓言推行新政的初期，袁世凯就在天津成立了自治研究所和天津县议事会。1908年，清政府亦开始筹备，设立了城镇乡及厅州县各级自治研究所，拟定《各省咨议局章程》。尽管这些咨议

---

1 参见卞修全《立宪思潮与清末法制改革》，中国社会科学出版社，2003年，第63—64页。

局只有参政、议政和质询权，并没有真正的立法权，但终究是为地方精英参与自治、商议国是开了个口子，赋予了合法性。由此，体制变动所产生的化学反应，将很快在催化剂的作用下，引发巨大的浪潮。

这催化剂的名字，叫作"保路运动"。

清朝第一条铁路是 1865 年由英国人杜兰德为展示这项新技术，在北京宣武门外自费修建的一条半公里长的展览铁路。铁路建成后，京城大骇，以为妖物，很快就被步军统领衙门拆除了。[1]1876 年，英商怡和洋行又在上海—吴淞间铺设吴淞铁路，也引发了社会的巨大排斥，于次年被清政府以 28.5 万两收购后拆除。1881 年，李鸿章下令铺设唐山—胥各庄铁路，用于运输开滦煤炭。1887 年，台湾巡抚刘铭传建成了台湾第一条客货两用铁路。自此之后，大清上下才意识到铁路的重要性。

我在《技术与文明》和《产业与文明》中，也曾就铁路对现代国家建设、军事体系构建、地缘政治和产业利益分配的影响进行过诸多讨论。铁路能够促进物资和人员流通，战时又能快速动员部队，因此对国家能力建设十分重要。反过来说，如果掌控了别国的铁路，对于侵占这个国家也一样重要。

比如，1900—1910 年间，关于中国东北的铁路路权，俄国和日本就发生过重要的地缘政治冲突。1896 年，李鸿章与俄国签署《中俄御敌互相援助条约》（即《中俄密约》），允许俄国在黑龙江和吉林修筑一条由私人公司运营的铁路，当时称"大清东省铁路"，或"清东铁路"，后称"中东路"。这条铁路从 1897 年开始建设，1902 年竣工。它将哈尔滨这个小定居点变成了国际化大都市，就像后来正太铁路和京汉铁路把石家庄变成大都市一样。不过，这个产业化过程是伴随着对中国主权

1　徐珂编撰:《清稗类钞》，中华书局，1984 年，第 6093 页。

的严重侵犯而展开的。放贷修筑中东路的华俄道胜银行总部设在圣彼得堡，由法、俄、清三国出资，在中国境内拥有收税、经营地方企业、铸币、代还公债利息、布设铁道及电线以及运营中东铁路的所有权力。中东路的管理局局长颁布了《哈尔滨自治公议会章程》，将哈尔滨市内的7平方公里土地变成俄国人有权选举执政的自治区。而1905年日俄战争以后，日本获得了长春以南铁路的路权，长春—大连的路段改称"南满铁路"。后来臭名昭著的满铁株式会社，就是为管理这段铁路而生的。当时的东北大城市，实际上处于日俄两国借管理路权而孳生出的大量租界的管辖之中。

有鉴于此，20世纪头一个十年，有爱国热情的社会贤达精英纷纷主张中国人要办自己的铁路。其中，四川方面，起初在1904年由留日学生倡导，后经四川总督锡良奏请，在成都设立了官办的川汉铁路总公司。公司采用四种募资方法，即认购之股（给有资格的投资者）、官本之股、公利之股（给公开市场股票买卖者）和抽租之股。抽租之股其实就是一种税收，也就是当时纳粮的百姓再多缴3%，可以按市价折为股票，每50两一股，按年领息，路成后可分红利。从这个意义上讲，凡是纳税的四川农户，都可以说是公司股东，也就是说，这是真正的全民所有制企业。而基于"全民所有"的属性，公司《集股章程》第55条也明确规定，本公司不借外债，不招外股，专集华股。

随着租股占川汉铁路公司股本的比重越来越大，四川绅民强烈要求改官办为商办。1907年，官股退出，名义上成为商办公司，但是公司管理层依然充斥各级官员，如该宜昌公司的总理李稷勋，为前邮传部参议；驻上海经理施典章，其在1905年升任公司经理前，曾任广州知府、琼州知府和榆林知府。

这位施典章正是催化剂中的关键人物。他从政界转向商界，手握各种人脉、特权，在上海十分吃香。当时川汉铁路已募集股本中有350万两交由施典章管理，公司风险防范章程要求这些公款在上海钱庄存放，每一钱庄的存款上限不得超过15万两。但施典章违规将其中113.5万两分为50万两、38万两和25.5万两三笔存进正元、兆康和谦余三家钱庄，又将另外一笔95万两的巨款存入利华银行。他选择这四家机构的原因是，他的好友陈逸卿是正元的老板，兆康和谦余的股东，也是利华银行的买办。也就是说，施典章将川汉铁路股本中的200万两白银都交给了好友陈逸卿打理。

20世纪初，汽车产业兴起，带动橡胶制品（当时称橡皮）的增长，这使得世界各地的橡皮公司不断成立并发行股票。受此影响，上海的金融市场也开始热炒橡皮股票。如兰格志公司股票最初发行时价值60两，到1910年3月以后涨到1400—1500两。斯尼王股价在1910年2月25日时是630两，到7月初已经涨到1375两。如此暴利，吸引大批钱庄购入股票。陈逸卿控制的正元钱庄买进橡皮股票达三四百万两，并与兆康的老板戴嘉宝（德商裕兴洋行的买办）、谦余的老板陆达生联合，先后发出庄票600万两，其中有359张远期庄票放在外资银行，总价值约140万两。陈逸卿、戴嘉宝还从花旗银行、华比银行和怡和洋行借得100万两，存放于三家钱庄。他们又从素有往来的森源、元丰、会大、协丰、晋大等钱庄调剂头寸，全部用于疯狂的股票投资。[1]

1910年，美国对橡胶实施限制消费政策，橡胶价格持续下跌，造成橡皮股票崩盘。7月21日，正元、兆康、谦余三家钱庄倒闭，随后森源、元丰、会大、协丰、晋大五家倒闭。上海道台蔡乃煌从沪关库款（海关国库）拨款300万两救市。但到了9月份，清政府要从沪关库款

1　Zhaojin Ji, *A History of Modern Shanghai Banking: The Rise and Decline of China's Finance Capitalism*, Routledge, 2002.

拨 190 万两偿还庚子赔款，发现沪关库款没钱之后，逼蔡乃煌还钱。蔡乃煌无奈，只能找被救的钱庄催要，进一步引发了全国范围内的钱庄倒闭。其中有一家叫作义善缘的大钱庄也受到波及，而这家钱庄的老板，正是李鸿章的侄子李经楚。

事情发展到这一步，就从金融风波变成政治风波了。陈逸卿当然已经被捕，施典章也被专案组进行了调查。但是，"人上人"所受的损失是实实在在的。政府要财政收入，要筹钱继续赔款，该怎么办呢？我们现在知道，他们最后商定的办法是由李鸿章的老部下盛宣怀出面，推动所谓"铁路干线国有政策"，将原来的全民所有制企业川汉铁路强收为国有，而且过去的集资概不退款，只换发国家铁路股票。本来川汉铁路由川人持股、川商经营，大家是信得过的，而橡皮股票风波刚过，清政府竟公然要挪百姓的血汗钱为己用，当然又引发了一波又一波的反对浪潮。1911 年 6 月，成都各团体两千人成立"四川保路同志会"。此前各级地方自治组织的议员纷纷响应，成立保路同志协会。8 月 2 日，清廷调湖北新军协助四川总督赵尔丰强力弹压民间抗议请愿活动。湖北新军调走，武昌兵力空虚，遂令辛亥革命一举成功。

纵观整个事件的前因后果，我们可以说其间存在种种偶然，但要是以何启强调以民权为本的现代财政国家的视角来看，又不能不说存在着一种必然。

的确，从 1900 年到 1911 年，大清不是没有实施新政，不是没有实施技术性改革，不是没有成功提升自身的税收能力，不是没有精英利用各种现代金融手段谋利，但恰恰是这些"半途而废"的现代化，使得它看起来强大，而实际上更加虚弱。因为现代金融的本质，就是借明天的钱，办今天的事。清政府最后十年财政收入迅速扩张，自然与技术改革有莫大的关系，但也与国家负债规模的不断提升密切相关。不管是用于赔款还是用于建设，国家发行的公债，在那个年代最终还是要靠税收来偿还，就像我们欠下的房贷最终要靠我们每个月创造现金流来偿还一样。不过，在一个真正现代化的国家，这种创造现金流的能力是依靠民权来支撑的，是国家为民众提供公共服务，民众有权以选票评判公共服务的提供者，工商业经济以实际的发展验证公共服务的价值，税源才可能不断扩大。如果缺失了民权这部分的建设，那么政府的财政能力必将随公权力相对于私权利不成比例的扩张，最终变成竭泽而渔。外表看起来与其他国家无异，也发行公债、也在股票市场上扩大资本的清帝国，基础创造现金流的能力却依然像古代暴力集团一样依靠压榨，制度先进性上并没有比宋朝超过多少，那么，一场金融危机袭来，正常现代国家能够承受住的，清政府这种伪装的现代国家则要经历社会契约破裂带来的革命，从而像一台破车一样崩盘散架。

同时，清帝国所处的全球环境与宋朝已大不相同。南宋时期，就算政府巧取豪夺，在"忠君爱国"的古代价值观的熏陶之下，商人也只能硬着头皮缴纳苛捐杂税，不断忍耐。然而在西方政治现代化理论已经成熟，先进思想和制度已经输入，像何启这样的人已经能把道理说得非常明白的情况下，要让中国商人们再像以前一样任凭专制政权摆布，那是难上加难了。这正是思想、情理和运势的力量胜于量化的硬指标的体现。以物质力量而论，晚清十年的财政收入能力乃中国历代王朝之最，然而像何启、孙中山这样的新政论者、革命者，却提供了另外一套完全不同的视角和说法，让中国商人们惊觉，不是因为朝廷的强大塑造了我们，而是因为我们的强大塑造了朝廷。在我看来，这正是何启提出以民权为本、提出地方自治方案的最大价值：它在中国人两千年受帝制约束的秩序理解之外开辟了一条新路，原来我们可以自己主宰自己的命运，自己决定自己的负担。

结语

何启提出的联省自治方案后来成为孙中山号召革命的理论基础，[1] 也成为辛亥革命后各省脱离清政府所采纳的第一方案，不过这方案最终还是在 20 世纪 20 年代初失败了。原因在于，"一战"后，原先由英国主导的远东国际秩序和条约体系逐渐解体。美日两国对中国虎视眈眈，各自培育势力范围，如果中国各省采取松散的联合自治方案，就很难摆脱波兰似的命运，也就是其中一个或数个军阀成为列强的代理人，挑起内战，分裂国家。这就是为什么孙中山在共和革命之初支持联省自治，而在 20 世纪 20 年代却开始反对联省自治。他说：

> 以中国各省之土地与人民，皆比世界各小国为大而且多，故各省之自治可不依附中央而有独立之能力。中国此时所最可虑者，乃在各省借名自治，实行割据，以启分崩之兆耳，故联省自治制之所以不适于今日之中国也。
>
> 至言真正民治，则当实行分县自治。盖县之范围有限，凡关于其一乡一邑之利弊，其人民见闻较切，兴革必易，且其应享之权利亦必能尽其监督与管理之责，不致如今日之省制大而无实，复有府街界限之争也。
>
> 分县自治，或不免其仍有城乡区域之分，然其范围狭小，人民辨别较易，以其身家攸关，公共事业之善否与是非，当不致为中级社会所壅蔽。且因其范围不广，故其对于中央必不能脱离而称独立也。

1　参见杨世宁：《略论港人何启对孙中山早年的影响》，《西南民族学院学报·哲学社会科学版》总 19 卷增刊，1998 年 10 月。

至如今日之所称为联省自治者，如果成立，则其害，上足以脱离中央而独立，下足以压抑人民而武断，适足为野心家假其名而行割据之实耳。吾之主张联省不如分县者以此，当世明达，必有决择也。[1]

　　从学术研究的角度讲，一种方案的价值并不完全看它是否有机会变成现实，而在于它的学理和逻辑是否自洽，是否有助于我们理解和预判人间事务的形势与趋向，是否能够启迪我们提出改善现实的更好方案。从这点说来，我认为何启理论的最大价值在于指出了政治现代化的本质，也就是基于税收和财政的社会契约关系。毕竟，那是一百多年前最深度参与过世界的华人翘楚，让我们尊重他们当年为拯救中国所作出的各种理论与实践方面的努力。

　　1　孙中山:《在俄国皇后号邮船上的谈话》，林家有编:《孙中山全集续编》第三卷，中华书局，2017年，第220—221页。

结语
"我们是谁"与"我们本可以"

一

我平生最钦佩的人之一，是在求学时期社团里认识的一位朋友。我们刚结识的时候，他很木讷，习惯性地躲在角落里，不跟任何人说话。我们那个时候被普遍教育，到社会上要懂得人情世故，要能跟人打成一片，要会来事。大家都刚做大学生，懵懵懂懂，涉世未深，忐忑又好胜地想要活成前辈口中的成功人士。而像他那样不善社交的人，会被默认为失败者，渐渐被遗忘在角落里。

然而许多年后，有些当年的成功者被人遗忘，或者人生之路并不顺遂，但再见到他时，我十分惊讶。他的气质全然变了，整个人似乎为之一新。虽然仍不爱说话，但举手投足之间，显然平添了许多自信。他携来的女友大方美丽，家境显赫，却小鸟依人，望向他时满眼都是光彩。

我们聊起他为什么转变如此之大，他没有正面回答问题，而是先给我们表演了一个魔术，我们才知道他刻苦学了多年，已经成为魔术圈里小有名气的爱好者。他告诉我们，刚进大学时，看别人神采飞扬，自己笨嘴拙舌，也十分焦虑。直到后来他鼓足勇气去学了魔术，才意识到，原来安静的人也可以成为别人关注的焦点。看到那些平时能言善辩的社交名人在他的戏法面前也瞠目结舌，成为给他鼓掌的观众时，他一下子就有了信心：原来所谓人情世故的天花板，永远比不上手里的真功夫。

他之前看似自闭的性格到了学习魔术那里，反而变成某种优势。因为他的安静，他的不善言辞，反而使他的注意力可以不为外务牵涉，可以集中于自己的方寸天地，聚精会神琢磨种种手法，反复练习也不觉得枯燥。我问他，魔术表演岂不还是需要许多与观众沟通的社交技能？他回答说：沟通需要真心相对，表演却是将真心遮蔽起来的最好伪装。如果我知道我可以用技巧和手法控制你的反应与情绪，那么我一定会认为，其实没有必要跟你作真心的沟通。因此，表演和沟通其实是相距最远的两种互动行为。

练习魔术使他获得的另一个好处是，他体验到了学习一项技能可以给人带来扎扎实实的改变，这种经验给他带来许多快乐。他的女朋友不无骄傲地跟我们炫耀，他在日常生活中是一个很有趣的人，他会弹吉他，会填一些不着调的歌词，会做些木工，会玩魔方，还在自学沙画。不知不觉间，他从当年那个木讷而自闭的少年，变成安静而自信的男人。我们举杯，真心为他的变化感到高兴。

我之所以钦佩他，正是因为这种变化。"变化"对绝大多数人来说是一件非常困难的事，至少就我认识的大多数人而言是这样。有许多人在你认识他的第一天时其实就已经定型了，之后不管再过多少年，他都仍然活在当初束缚他的那个躯壳里，识见格局都没有什么变化，或者坦白说，经常变得更糟——更世故，更庸俗，更格调低下。当然，也会有一些人，因为经历了重大变故——比如父母去世、离婚或者遭受不幸——而发生巨大的变化，但这些终究也是因为外力所致。能够纯靠自己的力量不断改变自己，尤其是三十岁以后还在改变自己的人，真是凤毛麟角。然而，仔细考究这些人为何能改变自己，我又往往发觉，那些促使他们改变自己的力量，其实早就镌刻在他们的灵魂之中，只是等待他们自己鼓起勇气，走出那一步而已。

二

谈起勇气，我又不得不想起她，来对比那位魔术师。

她是我的山东老乡，读书期间也是校园里的风云人物，自信，美丽，成绩优异，还拥有让所有人都羡慕的校园爱情，大学三年，情比金坚，从未变心。

然而对于校园爱情来说，毕业季往往是考验真正的开始。她的家境不错，而父母不愿意女儿走远，坚持要她回到身边，至少不能出山东。她遵从父母的意愿回家乡小城考了个公务员。她的男朋友是四川人，愿意为爱奔赴千里，参加山东省考，但是没有考上。随后，他去济南找了份工作，但并不满意。这个男生在读大学期间颇以文采出名，思维敏捷，言行作为有锐气。到我们山东来，语言又不通，被老干部思维的上级一管辖要挟，又觉得气不顺。彼时两人因为这些事多有争吵，一气之下，分手得无比惨烈。男生回到北京创业，她则在父母的安排下开始了相亲历程。

我有时感慨，我们山东人似乎在某一个时刻，很容易"基因觉醒"。读书时指点江山、激扬文字、充满理想、蔑视体制，然而一毕业，或者工作几年，因为不确定性而备感焦虑时，就很容易回到那个熏陶自己的文化基因中去寻找安全感。想考公务员，想做老师，想回到家乡亲人身边找关系。其实这些选择，好像都不能说错。一个女生，回到爸妈身边有什么错？找个安稳工作有什么错？不把青春赌在一个男生的青春上有什么错？（那小子最终创业失败，找个大厂上班去了。）然而有些时候，你做出的人生选择按常理来讲都是安全之举，或者肯定是最不差的那种。但不知怎的，十年后回头一看，不是一步步往上走，而是一步步往下走。

她相亲的最初几年，也见了不少当地的青年才俊，但谈吐举止终不能与考去全国 Top30 高校的天之骄子相比。而彼时刚分手的她，青春靓丽、工作体面，相处时又不自觉拿前男友的标准来要求相亲对象，给人的印象自然是眼高于顶、难以伺候。蹉跎几年，也剩下了。父母虽然要她在膝畔常伴，但其实在体制内并没有什么影响力，不能为女儿铺路。工作几年，她成了单位里写材料的"干将"，加班时长多，提拔机会少，熬夜焦虑，身体发福，脸上坑洼，神采不再。三十岁后，终于草草结了婚。我后来去她家拜访，她丈夫一根接一根地抽烟，屋子里烟雾缭绕。想起她大学期间最烦吸二手烟，甚至还跟教务处吵过架，现在只能不胜唏嘘。原来当年的惊艳众人，只是因为被人无条件地爱着。然而遇上没那么爱的人，一切都有了条件。胶原蛋白的流失没有真情实意的滋润，就只剩下中年人的脱发与谢顶，肚腩与黑眼圈。

我最近时常想起这两个例子，因为他与她，选择求变或求不变，都不是因为外力的干扰，而是因为本就内在于自己基因／性格中的某些因素。也就是说，他和她都在人生历程中回答"我是谁"时，做出了截然不同的选择，进入了截然不同的生活状态。为什么会这样？这个答案或许只有神圣的命运才知道。我琢磨不透，只能感慨于生活的多样、造化的无常。

然而我常常思考的其实是另外一个问题：个人如此，国家、民族也会如此吗？

三

我们很多人对很多民族都容易形成刻板印象，但读多了历史，你就会发现，许多刻板印象并不是"自古以来"，它们形成的时间其实都相当短暂。

今天的瑞士给人留下的印象是富庶、进步和"永久中立"，但在1848年以前，此地多属农村，又在阿尔卑斯山间，穷乡僻壤，是环境恶劣的"四战之地"。瑞士雇佣兵曾因骁勇善战著称，曾于1499年击败施瓦比联盟，但也在1515年败给法军。此后他们虽然很少从事对外战争，却因为宗教改革经常爆发内战（1656年的维尔梅根战争，1712年的托根堡战争，1798年被法军占领，1847年独立同盟战争）和农民起义。今天富庶的瑞士，是工业化之后才诞生的。

今天人们普遍认为法兰西的军队软弱而德意志的军队强悍，然而在两百年前，人们对这两个民族的印象是相反的。托尔斯泰的小说《战争与和平》创作于1865—1867年，描写的是拿破仑战争时代的事。那里面安德烈公爵的父亲老博尔孔斯基对拿破仑的评价是："波拿巴（即拿破仑）生来有福分。他的士兵很精锐，而且他先向德国人进攻，只有懒人才不打德国人。自从宇宙存在以来，大家都打德国人。他们打不赢任何人。他们只晓得互相杀戮。他就是凭这一手闻名于世的。"这便是当年德国人给欧洲其他民族留下的印象。德国人扭转这个印象，也不过是最近一百五十年的事。

今天日本给人的印象是干净、整洁、秩序井然，福利制度全面且贫富差距不大。然而在1910年日本作家长冢节的小说《土》中，尽管日本已经开始了成功的工业化，但农村妇女因为医疗条件差而死亡，儿童普遍挨饿，女孩被送到惨无人道的黑心工厂去工作，每天十二个小时轮班，宿舍肮脏至极无法入眠，大城市周边贫民窟无处不在。即便在"二战"前，日本的工业建设也不过就是那个样子，而日本人扭转这个印象，也用了三十年的时间。

今天许多中国企业家在"出海"时，计算越南、印度尼西亚、墨西哥、埃塞俄比亚或苏丹的劳动力性价比，认为那些地方工人懒惰、愚昧、教育水平低下，不如中国人勤劳勇敢、聪明刻苦。然而倒退回20世纪80年代，日本、新加坡、中国香港或中国台湾的企业家看大陆，其实也带有类似的偏见。大陆人扭转这种刻板印象，也用了一代人的时间。

沧海桑田，世殊事异，谁说是什么就一定是什么？过去的失败不代表将来会一直失败，过去的辉煌也不代表将来会一直辉煌。只有那些永远不拥抱变化的民族，才无法甩去他人对自身最消极的刻板印象。

历史学里有一个说法：我们的历史观取得进步，往往不是因为发现了新的史料，而是因为我们用全新的视角看待自己的过去。19世纪中叶的德意志民族用"懒惰"定义自己吗？并不是这样。李斯特在《政治经济学的国民体系》中发现，德意志人从中世纪开始就是精于商贸和探索的民族，他们有辉煌的汉萨同盟，而今德意志人要复现这种传统。19世纪中叶的日本民族用"闭关锁国"定义自己吗？并不是这样。吉田松阴开塾授课，所讲的内容也不过是《论语》《孟子》《孝经》《礼记》《庄子》《孙子兵法》《史记》《资治通鉴》《三国志》《后汉书》《新论》和《日本书纪》《古事记传》等中日经典著作，然而维新派就是可以从中开出变法自强的新道。

一百年前，有不少绝顶聪明的才学之士讨论过国民性问题，他们讨论中国人的身份认同，不外乎要重新树立中国人的骄傲。然而张之洞写《劝学篇》，以"教忠""明纲"为先，似乎不感念大清之爱民，不以三纲五常为本，便不配做中国人。至于倭仁论"以忠信为甲胄、礼仪为干橹"，似乎连搞了洋务运动、学了洋枪洋炮的，都不配做中国人。至于19世纪中叶政府收购了洋人修筑的铁路，再行拆毁，那意思是坐火车都不配做中国人了。

为什么定义"中国人是谁"要以限制某种可能性为前提呢？

在这个意义上，我更钦佩的是梁启超、何启这样的人。有人说中国人的民族性格中无武勇，梁启超便挖掘中国历史上的武士精神，说中国人也可以做武士；有人说中国人的民族性格中不开拓，梁启超便挖掘中国历史上的殖民英雄，说中国人也可以大航海；有人说新学旧学势同水火，何启便写文章说，孔孟之道与西人讲自由、民权殊途同归，中国人不必限制自己的可能性。

在我看来，这才叫知识分子里的真英雄。

四

亚里士多德有一种关于事物变化的学说，叫作"潜能与现实"理论。

所谓"潜能"，就是事物可能呈现的样子。譬如一块木头，它可以成为一只碗，也可以成为一张桌子，也可以成为一尊精美的神像。它成为什么，这要看在雕刻它的木匠眼中，它可以成为什么。如果这位木匠一辈子只会做碗，那么再好的木头，也只能变成一只碗。木匠头脑中束缚自己的框架，就成了木头的桎梏。

而这个"现实"，在哲学界前辈的文献中，有一个非常浪漫且优美的译法，叫作"隐德来希"。这既是对拉丁语 entelecheia 的音译，也是对它的意译："隐在事物中之德如何能按我们的希望到来。"这便是"现实"。其实我倒以为，这个词可以有一个更地道的中文翻译：成全。在诸多可能性中，把最好的那个带出来，便是成全。

被局限的头脑想要的成全，其实往往不是成全。郑渊洁以前有篇童话，说上帝想让大灰狼罗克成为第一个攻克癌症的人，所以赋予他喜爱观察生物的天赋。但罗克的父母想要培养他做钢琴家，于是砸锅卖铁给他请钢琴老师。上帝希望纠正他们的做法，便让钢琴出故障，而罗克的父母卖血也要让罗克学钢琴。上帝没有办法，只能把人类攻克癌症的时间推迟一百年。

被局限的成全不是成全，只有让一个人、一个民族、一个社会意识到在自己体内本来具有无限的可能性，由此催生出那种积极昂扬感，才有可能锻造真正的成全。

在这本书里，我想写的故事，曾经被那么多人忽略，却是关于我们这个文明的可能性。

其实所有的历史写作，本质上都是筛选。同一个时代有亿万生灵、亿万个故事，其中因为个体本身的成就和故事本身的精彩而得以被记录、保留，或者被口头传颂从而诞生的一手史料，本就筛选去了百分之九十九，余下百分之一。而当时的历史记录者可能为了刻画时代的风气与精神，又会按照自己头脑中对时代的理解，再从这些一手史料中筛选剩下的百分之一，把它们缀连起来，录入史籍。后世的历史学家如果写一部通史，就只能从这些史籍中再筛出百分之一，让它构成对这个时代的记忆。而如果诸位读者不想费心力去读汤因比的《历史研究》或者威尔·杜兰的《世界文明史》那些大部头的通史著作，只愿意从我们这些"二道贩子"手里择些东西浅尝辄止，则又要经历一道百分之一。

连续四个百分之一的筛选，就只剩亿分之一。这就是真相：人类社会百分之九十九的人所阅读到的历史，可能只是原始历史资料的亿分之一。而这从亿到一的筛选中，如果有任意两到三步是被记录者或者写作者头脑中的框架所束缚，那么你能获得的，就只是世代积累的刻板印象的加总，距真正丰富无限的历史，可谓远矣。

当然，没有人能还原那"亿分之亿"的历史真相，但是我们有另外一种办法，那就是，以不同的标准进行筛选。譬如，如果过去我们以为中国人长于道德讨论而弱于科技研发，那么我就想告诉你，中国之所以名为"中国"，就是因为我们曾经是科技最先进的古文明。如果过去我们以为中国与世隔绝，那么我就想告诉你，中国历来不曾远离世界，也不可能远离世界。如果过去我们以为游牧与农耕势不两立，那么我就想告诉你，也有从事游牧的中国人，他们对中国历史的塑造，或许比农耕者更深刻。如果过去我们以为中国人错过了大航海时代，那么我就想告诉你，也有在大航海时代雄霸一方的中国人，有共和立国的中国人，有身兼中西之长的中国人，有跟莱特兄弟同时造出飞机的中国人。

世界之中，也可以说是把世界还给中国，就是把这样一些可能性还给我们自己。我们明明可以好好说话，明明可以好好拥抱这个世界，明明可以在科技、商业和文化领域拔得头筹，为什么要封闭自己，不去睁眼，看看别人所思所想的到底是什么，是不是我们流俗的民粹主义意见中表达的那些东西？为什么我们的先辈都能够正视这个世界，正视我们自身不可或缺的世界性，而我们有些人却不能？高铁、5G、移动互联网，这些进步中哪一项能够缺少与世界的健康交流，但为什么还有那么多人只是用这些成就来助长另一些人的骄傲自大、固步自封？

我相信再优秀的人，他生命中真正重要的东西，他自己也可能只懂其中的十分之一。而对其余事物的理解，很可能是被某些并不优秀也不专业的人塑造的。这剩下的十分之九中，历史理解与历史记忆也许占到很大的比重，因为我们多数人都不会选择成为历史学家，但多数人愿意从历史阅读中汲取智慧与力量。不过，如果我们的历史记忆是被那些固步自封的想法筛选掉的，甚至这种筛选将我们定义得越来越窄小，那将对我们所有人造成不可磨灭的伤害。因为世间最大的遗憾，并不是我们"做不到"，而是我们"本可以"。

　　我想在这本书中送给你的，就是历史上我们曾经做到的那些事，和它们可能启迪我们在这个时代应该做到的那些"本可以"。

世界之中
SHIJIE ZHI ZHONG

图书在版编目（CIP）数据

世界之中 / 张笑宇著 . -- 桂林 : 广西师范大学出版社 , 2025. 3. -- ISBN 978-7-5598-7953-0

Ⅰ . K209

中国国家版本馆 CIP 数据核字第 2025K1B585 号

广西师范大学出版社出版发行

广西桂林市五里店路 9 号　邮政编码 : 541004
网址 : http://www.bbtpress.com

出　版　人 : 黄轩庄
责任编辑 : 郑　伟
特约编辑 : 李　馨
装帧设计 : 尚燕平
内文制作 : 张　佳
全国新华书店经销
发行热线 : 010-64284815
北京盛通印刷股份有限公司
　北京市经济技术开发区经海三路 18 号　邮编 : 100023
开本 : 920mm×1270mm　1/32
印张 : 12　图 : 38 幅　字数 : 274 千
2025 年 3 月第 1 版　2025 年 3 月第 1 次印刷
定价 : 79.00 元